杜伟泉 / 著

走出庇护：

社会转型期国企子弟的命运与抉择

ZOU CHU BI HU:

SHE HUI ZHUAN XING QI GUO QI ZI DI DE

MING YUN YU JUE ZE

图书在版编目（CIP）数据

走出庇护：社会转型期国企子弟的命运与抉择 / 杜
伟泉著. — 南京 ：江苏人民出版社，2025.1. —ISBN
978 - 7 - 214 - 29498 - 2

Ⅰ. F279.241

中国国家版本馆 CIP 数据核字第 2024MN1361 号

书　　　　名	走出庇护：社会转型期国企子弟的命运与抉择
著　　　者	杜伟泉
责 任 编 辑	鲁从阳
出 版 发 行	江苏人民出版社
出 版 社 地 址	南京湖南路 1 号 A 楼　　　邮编　210009
印　　　刷	南京鸿润印刷有限公司
排 版 设 计	南京东汉文化传播有限公司
开　　　本	710mm×1000mm　1/16
印　　　张	16.5
字　　　数	265 千字
版　　　次	2025 年 1 月第 1 版
印　　　次	2025 年 1 月第 1 次印刷
标 准 书 号	ISBN 978 - 7 - 214 - 29498 - 2
定　　　价	92.00 元

（江苏人民出版社图书凡印装错误可向承印厂调换）

序　言

社会分层与流动是社会学的重要分支，取得了非常丰富的成果。在我国社会转型时期，由于社会结构调整、经济体制转型、利益诉求分化等因素的影响，产生了各种"二代"，既有社会舆论比较关注的"官二代""富二代"，也有处于弱势地位的"农二代""贫二代"等等。这些"二代"群体，要么拥有优势资源，要么处于社会底层。对"二代"的研究是透视社会分层结构的重要视角，也是探索解决阶层固化、促进社会流动的重要依据。相比于其他"二代"群体，国企子弟作为处在社会中间阶层的"二代"群体，具有其特殊性，学术界关注甚少，甚至都没有明确的定义。作者能将其纳入研究范畴，并进行大胆探索，说明了作者具有"社会学的想象力"。这一研究具有理论意义，拓展了社会分层和流动的研究范畴；也有现实价值，有利于客观、理性地认识国企子弟这一群体，促进社会团结。

作者在跟随我攻读博士学位时，参与了我主持的国家社科基金重点课题、重大课题等项目，参与了全国多地调研和论文写作，受到了规范的社会学研究方法训练，学术水平有了大幅度提升，为本研究的开展奠定了坚实的基础。在国企子弟研究中，作者用了一年半的时间，克服疫情等状况的影响，完成了80位国企子弟的访谈，调研足迹从南方到中原，再到东北，积累了丰富的田野资料，为本书写作奠定了坚实基础。

本书首先对"庇护体制"的内涵、生成与变迁进行了比较深入的阐述和论证，为后续分析国企子弟的命运提供了宏观的社会背景。在此基础上，作者在本书的主体部分从儿时生活、教育经历、职业发展、地位认同四个方面描述与论证了三代国企子弟的命运与抉择，并进行代际比较。

本书基于生命历程理论的视角，将国企子弟的命运置于"庇护体制"变迁的宏观背景，构建了"结构—能动性"这一理论框架，用以解释社会转型时期影响国企子弟社会流动的动力机制。本书认为，在市场转型宏观背景和行业发展的中观背景下，国企职工家庭及国企子弟一方面受到"结构"因素的巨大约束，这种结构形塑了国企子弟的惯习；我们也不能忽视国企子弟的主观能动性，他们在选择接受教育和职业时，有自身的主观能动性。"结构—能动性"共同形塑了国企子弟的生命历程。

本书的创新点主要体现在以下方面：第一，在现有研究的基础上，提出了"庇护体制"，并对庇护体制进行了比较充分的论证，以庇护体制的变迁作为解释国企子弟命运的结构性因素，具有理论创新性。与过去研究单位制"庇护"的概念有所区别，主要是解释了家—国体制下单位对国企职工及其家属的庇护。第二，在解释国企子弟的命运时，作者构建了"结构—能动"的视角，将影响国企子弟命运的宏观和微观因素、主观和客观因素有机结合，很好地回答了社会转型期国企子弟的命运，能够与现有研究进行理论对话，具有较高的理论价值。

当然，本书也存在一些不足之处，第一，在研究方法方面，还可以再结合定量的研究方法，进一步分析因果关系，弥补定性研究的不足。第二，资料搜集方面，还可以通过更加深入地到国有企业进行档案查阅、实地考察，对本书的背景资料加以扩充。

米力

2024 年 8 月 7 日

目　录

第一章　绪论

第一节　研究缘起

一、国有企业及国企子弟

新中国成立之初，我国通过没收接管官僚资本和继承解放区公营经济等途径，建立了控制国家经济命脉的国有经济，这些直接由中央和地方政府直接经营的国有经济组织被称为国有企业①。我国国有企业（下文简称国企）经历了从计划经济时期到市场经济时期的转型发展，尤其是经过 1998—2000 年的三年全面深化改革，摆脱困境的同时，国有企业结构发生了根本性的转型，核心竞争力显著增强，积极参与到全球竞争当中，为中国特色社会主义提供了重要物质基础和政治基础。在新中国 70 余年的历史中，国企作为国民经济的主要支柱，在中国特色的国民经济体系占有举足轻重的作用，为我国中国式现代化做出了不可磨灭的贡献。正如习近平总书记指出，国企"为我国经济社会发展、科技进步、国防建设、民生改善做出了历史性贡献，功勋卓著，功不可没"②。

计划经济时期，国企的单位制具有党政合一的特征，具有经济、政治、社会和文化的多重功能，是连接国家和社会之间的纽带，承担了管理单位人的职责。曹锦清、陈中亚认为单位的产生有以下原因：第一，与"支部建在连上"的政治传统有关，"支部建在连上"确立了党、军合一的建制原则，这一传统在解放后建立的各种单位得到了贯彻和延续；第二，从文化背景来看，单位制与我国传统村落文化有关。他们认为单位制类似于宗族组织，个人与宗族组织有忠诚与保护关系，在村落共同体里，宗族组织也具有经济和社会等职能。第三，单位制是通过政权的力量人为组织起来，依靠行政力量和意识形态力量加以维系。第四，单位制是与社会主义公有制和计划经济相适应的，是适应公有

---

① 邵丁，董大海：《中国国有企业简史（1949—2018）》，人民出版社 2020 年版，第 12 页。
② 习近平：《坚持党对国有企业的领导不动摇 开创国有企业党的建设新局面》，《人民日报》2016 年 10 月 12 日第 1 版。

制和计划经济的需要建立起来的[①]。

与庞大的国企体系相应的，国企的诞生造就了大批国企工人。随着国有企业的发展和改革，这一数据发生了巨大的变化。据统计数据表明，截至 1995 年，我国国企工人数量已经达 10955 万人，到 2002 年下滑到 6924 万人[②]。庞大的国企职工队伍成家立业、生儿育女，与此相联系的是数千万国企子弟群体的诞生。随着国企地位的起伏，国企子弟这一群体的命运经历了跌宕起伏的演变过程。

国有企业体制的建立之初，为国企职工提供了"从摇篮到坟墓"的体制庇护，在国有企业改革中这种庇护体制发生转型，再到国有企业建立现代企业制度之后庇护体制的式微。从社会分层的视角来看，在这种转型中，国企子弟作为特殊的群体，经历了资源性身份决定论模式、身份决定论模式式微和资源代际传递模式的身份—资源传承的变迁。这种宏观—微观的双线变迁逻辑中，国企子弟的命运发生了巨大变化。

基于此，本研究主要探讨的核心问题是：在宏观社会转型过程中，国企子弟的命运与抉择与宏观社会结构、国企兴衰有何种内在关联；这种关联有何社会学的意蕴；国企子弟的命运变迁对于社会阶层关系的协调又有何种启发。

二、研究意义

（一）理论意义

现有的单位制研究中，对于国企的研究有两条路径：一是研究作为单位制的国企。分析国企改革过程中，研究单位制的演变和式微的过程，探讨单位制发展的历史脉络。二是研究单位制中国企与职工之间的关系，分析庇护体制给国企职工带来的主要影响。这两条路径对于我们的研究都有启示意义，但是现有单位制研究没有关注到国企子弟这一群体，我们认为国企子弟应当是单位制研究中值得关注的群体。因为国企子弟本身有很大一部分是国企职工，也有一部分并不是国企职工，但是他们父母所经历的下岗失业和再就业的过程很大程度上会影响他们的生活水平、教育经历、就业流动和身份认同。本研究不限于在研究国企本身和国企职工，而是试图基于现有研究，探讨同样受到国企庇护体制影响的三代国企子弟在庇护体制的转型到瓦解过程中，生命历程受到何种影响。对国企子弟的研究将有利于拓宽单位制研究的范围，为单位制研究提供新的视角。

---

① 曹锦清，陈中亚：《走出"理想"城堡——中国"单位"现象研究》，海天出版社 1997 年版，第 77—81 页。

② 中华全国总工会：《中国工人阶级四十年（1978—2018）》，中国工人出版社 2018 年版，第 125—126 页。

当前社会分层与流动研究中，对于"二代"的研究更多的是将其归纳为阶层再生产的受益群体（如"官二代""富二代"），或者将其视为阶层固化的利益受损群体（如"农二代""贫二代"）。国企子弟既有受益群体，也有受损群体，他们在国企发展的不同阶段遭遇的处境截然不同，不能简单地一概而论，现有研究的理论框架对于国企子弟这种特殊群体解释力不足。而且，国企子弟是具有中国特色的"二代"群体，他们的个体生命历程受到社会转型的宏观背景影响。国企子弟的社会流动不仅受到宏观社会结构和行业变迁的制约，也受到家庭资源因素影响，还不能忽视个体选择和努力的主观能动性。通过对国企子弟群体的研究，从纵贯性的视角审视三代国企子弟的生命历程，有利于修正和补充现有"二代"研究的不足，以中国本土经验弥补西方社会分层与社会流动理论的不足，为社会分层与流动理论提供更加有解释力的理论命题。

（二）现实意义

我国国企子弟由于所处历史发展阶段的不同，他们的社会流动模式和身份认同并不完全一致。尤其是曾经享受过接替父母职位，又被国企改革大潮所冲击成为下岗工人的这一批国企子弟，他们的相对剥夺感会更加明显，部分下岗失业的国企子弟甚至陷入社会底层，影响他们的生存，累积了一定的社会风险。此外，少数的垄断性国企管理阶层的国企子弟享受了改革红利，却在网络空间发布一些不当言论，引发公众对国企子弟的非议，陷入阶层固化的舆论漩涡，加剧了社会不同阶层的情绪对立。这些对立情绪的存在，某种程度上造成社会共同体的撕裂，成为威胁社会稳定的巨大隐患。

通过对国企子弟群体的研究，探讨不同类型的国企子弟社会流动的特征，可以发现国企子弟群体社会流动过程中存在的社会结构性问题和潜在的社会冲突，为优化社会政策提供有力的理论支持，为进一步优化社会阶层结构、推进共同富裕提供经验支撑。通过这一研究，客观地评价国企子弟的社会阶层地位，有利于减少不同群体之间的错误认知，缓和社会矛盾，增加国企子弟与其他社会群体的互相了解，扩大各社会群体之间的最大公约数，促进和谐社会建设。

第二节 文献综述

一、国内研究综述

（一）单位制与国有企业

国企改革的变迁历程也同时反映着我国制度安排的变化，新中国成立之后，我国城市基层社会管理体制经历了从单位制向街居制再向社区制的转变①，且建国以来几乎所有的国有企业普遍采取单位制②，单位是中国社会中的一个高度整合和低度分化的基本组织形态③。单位是适应计划经济体制而设立的一种特殊的组织形式，具有政治、经济与社会三位一体的功能，以行政性、封闭性、单一性为特征①。一个极具我国特色的现象是，国有经济制度中任何一个单位都会有党组织的存在，这种管理方式深深地打上中国单位社会的制度烙印。

早期，单位制发挥了积极的作用。首先，在社会不稳定因素较多的建国初期，单位制在大规模地组织群众投入各种政治运动、建设国家工业化体系、推动社会整合等方面发挥了重要的作用。其次，单位制度下的国家控制资源也通过单位调配，那么对于单位成员来说，他们的工资收入、住房、副食品补贴、退休金、救济金、医疗保障等等都来自单位，甚至还能确保子女的就业问题得到妥善处理①。另外，这种厂办大集体式的"单位共同体"也缓和了建国后积累的一些社会矛盾，提供了较多的就业岗位[4][5]。1978 年，我国工人队伍中大约 75% 是国有企业工人，25% 是集体企业工人[6]。

这种"单位大集体"也带来了一些问题，如国营母厂与厂办大集体的"父子联结"、"化大公为小公"的处事方式等造成的管理混乱和资源被侵蚀现象等[6]。传统单位体制下单位内部的权力结构是庇护主义和派系结构共存的格局[7]，单位社会的组织形态基本上是按照"国家—单位—个人"的体系建构起来的，由此衍生出来的"单位依赖"和"单位福利依赖"等现象也成了单位制的遗留问题，单位组织中"复数单位人"的结构便是指子女能够获得国企岗位的接班资格或是加入厂办大集体的机会，单位制通过资源垄断和空间封闭实现了单位成员对单位的高度依附，造就了单位成员的依赖性人格[8]，在缺乏体制外自由流动资源的情况下，离开单位就等于失去一切[9]。还有一个共识，即国

① 何海兵：《我国城市基层社会管理体制的变迁：从单位制、街居制到社区制》，《管理世界》2003 年第 6 期。

② 田毅鹏：《"典型单位制"对东北老工业基地社区发展的制约》，《吉林大学社会科学学报》2004 年第 4 期。

③ 李汉林：《变迁中的中国单位制度 回顾中的思考》，《社会》2008 年第 3 期。

④ 田毅鹏，金青蓝：《国企"单位关系主义"的生成、演变及改革》，《社会科学研究》2022 年第 4 期。

⑤ 田毅鹏，李佩瑶：《国企家族化与单位组织的二元化变迁》，《社会科学》2016 年第 8 期。

⑥ 李培林：《改革开放近 40 年来我国阶级阶层结构的变动、问题和对策》，《中共中央党校学报》2017 年第 6 期。

⑦ 李路路，苗大雷，王修晓：《市场转型与"单位"变迁 再论"单位"研究》，《社会》2009 年第 4 期。

⑧ 田毅鹏：《中国国企"单位依赖"结构的生成演变及其改革调适》，《武汉大学学报（哲学社会科学版）》2022 年第 5 期。

⑨ 何海兵：《我国城市基层社会管理体制的变迁：从单位制、街居制到社区制》，《管理世界》2003 年第 6 期。

有企业作为国民经济的命脉和国家政权重要的经济基础，总是能优先获取由国家权力调拨的各类资源，而不同国企单位中职工的社会地位差距也仰仗于不同单位在资源、地位、声望等方面的差异①。即使转型经济时期的市场因素在不断加强，但与非国有部门相比国有企业仍然保留了较多再分配体制的特征，单位和地区就是再分配体制下的两大结构壁垒，尤其单位是资源控制和运用的主体，父代的单位地位影响着子代的地位获得②。因此，有观点认为当前我国的社会结构以及社会分化的加剧是在原有城乡差别的基础上，加之体制内和体制外两种社会机制共同作用的结果③。

单位依赖的影响深远，工业化和市场化并没有完全消除这种影响，即使已经走向开放性社会，家庭阶级出身这个符号性因素仍然严重影响着社会地位的获得过程，父代的单位部门对子女的初职或现职单位部门的地位获得具有直接且显著的影响力④。

（二）国企改制的历史

2020 年，面向新发展阶段的未来征途，我国发布了《国企改革三年行动方案（2020—2022 年）》，为国有企业的改革继续向纵深发展提供了行动指南⑤。回顾国企改革历史，改革开放以后，随着单一所有制结构的松动以及社会主义市场经济体制的建设与完善，国有企业开启了改革之路①，根据不同的改革内容大致可将其分为四个历史时期。

国企改革的初始阶段发端于 1978—1988 年国家对国有企业经营管理方式的改革，这一阶段主要包括放权让利和两权分离两大块内容，这也是计划经济体制下的一段曲折探索，其主要特征是依据高度集中的指令计划做阶段性调整⑥⑦。自 1988 年到 1998 年，这是国有企业的制度改革时期，这一阶段国企改革主要包括转换企业经营机制、建立现代企业制度与国有企业重组等内容。伴随着社会主义市场经济体制的逐步建立，也创新性地提出、推广国营企业经

① 王小章，巫微涟：《认知与认同之间——单位制解体背景下杭州市国企工人的自我身份意识》，《浙江学刊》2009 年第 1 期。

② 边燕杰，李路路，李煜，郝大海：《结构壁垒、体制转型与地位资源含量》，《中国社会科学》2006 年第 5 期。

③ 刘平，王汉生，张笑会：《变动的单位制与体制内的分化——以限制介入性大型国有企业为例》，《社会学研究》2008 年第 3 期。

④ 张翼：《中国人社会地位的获得——阶级继承和代内流动》，《社会学研究》2004 年第 4 期。

⑤ 李政：《改革开放 40 年国企改革的基本逻辑与宝贵经验》，《光明日报》2018 年 12 月 04 日，www.sasac.gov.cn/n2588025/n2588134/c9912733/content.html，2024 年 3 月 28 日。

⑥ 李娟伟，任保平：《新中国成立以来国有企业改革的历史阶段、理论逻辑及政策启示——基于马克思主义政治经济学视角》，《当代经济研究》2022 年第 4 期。

⑦ 田毅鹏，金蓝青：《国企"单位关系主义"的生成、演变及改革》，《社会科学研究》2022 年第 4 期。

营权与管理权相分离的租赁制、承包制，试点推行股份制等形式。国企改革的第三阶段是国有资产监督管理体制改革时期，主要包括国有经济战略性调整、设立国资委、完善国有企业法人治理结构和垄断行业改革等内容。这一时期大致发生于1998—2012年，开启了以建立现代企业制度为核心的全面深化阶段①②。从2012年党的十八大召开至今，是深化国企改革时期，以分类改革为前提，以发展混合所有制经济为突破口，继续推进相关各项改革。

（三）地位获得

国企改革历时较长，除了企业制度的大调整，这场改制也造成了国有企业工人群体的大变动，国企子弟想要通过"子女顶替"政策获得工作岗位的想法破灭，广大国企工人的去向更是天南海北。

1. 国企子弟——子女顶替

"布劳·邓肯地位获得模型"认为越是在工业化社会，先赋性因素对个人社会地位获得的影响越弱；反之，越是在传统型社会，先赋性因素对个人社会地位获得的影响则越强③。自致机制引发了地位流动，这也是工业社会分层体系的本质特征，但改革前的国企子弟获得职业地位却主要依赖继承机制④。

上世纪五六十年代，作为一项特殊的招工政策，国有企业中"子女顶替"制度通过一系列文件得以正式确立。至七十年代，由于经济发展停滞导致的巨大就业压力虽然通过知识青年上山下乡的方式得到一定的缓解，但职工队伍老龄化的趋势仍然是亟待解决的问题，因此在"文革"时期短暂停滞的"子女顶替"制度得以恢复。随着劳动制度改革的深入发展，1986年7月12日，国务院颁布《关于发布改革劳动制度四个规定的通知》，《国营企业招用工人暂行规定》中明确提出废止"子女顶替"制度⑤，至此，这场制度层面上"子承父业"的大戏落下了帷幕，国有企业的关系主义已经表现出削弱的态势⑥。不过，尽管"子女顶替"的接班政策已经宣告终结，边燕杰等提出与格兰诺维特"弱关系假设"相异的"强关系假设"印证了关系主义不仅在再分配体制下的职业流动中发挥着作用，而且在双轨制时代和转型时代同样发挥着重要的作

---

① 李政：《改革开放40年国企改革的基本逻辑与宝贵经验》，《光明日报》2018年12月04日，www.sasac.gov.cn/n2588025/n2588134/c9912733/content.html，2023年3月26日。

② 胡秀荣：《国企改革的历史演进及问题争议》，《中国党政干部论坛》2012年第5期。

③ 张翼：《中国人社会地位的获得——阶级继承和代内流动》，《社会学研究》2004年第4期。

④ 边燕杰，李路路，李煜，郝大海：《结构壁垒、体制转型与地位资源含量》，《中国社会科学》2006年第5期。

⑤ 田毅鹏，李珮瑶：《计划时期国企"父爱主义"的再认识——以单位子女就业政策为中心》，《江海学刊》2014年第3期。

⑥ 田毅鹏，金青蓝：《国企"单位关系主义"的生成、演变及改革》，《社会科学研究》2022年第4期。

用，进入国企尤其是限制介入型的垄断性国企仍然需要"强关系"①。

2. 国企职工——下岗、流动

职业流动是市场经济的重要特征⑦，八九十年代以来围绕着城市经济体制改革和国有企业"减员增效"的制度变革造成了大规模的失业②，市场化的转型试图将国企工人推向一个纯粹商品化的劳动力市场③。国企改制的这许多年以来，国企工人群体的内部发生了较大的分化，社会的流动性也在不断增强。曾有学者以国有企业职工的身份为划分标准，把国企改制中的行动主体分成国有企业退休职工、全民所有制固定工、国企合同工以及国企内部的集体企业职工四类④，从纵向角度来看，他们的身份经历了"一家两制""双体制人""下岗职工""失业职工"等渐变的过程②。

曾有学者围绕某国企二次改制过程中工人的社会流动情况展开了分析，观察了管理人员群体、技术工人群体与普通工人群体三大群体的流动方向和流动影响等，总结发现管理人员的流动方向较为单一，而工人群体的流动方向较为多样；国企改制对于管理人员群体的生存状况与社会地位影响较小且更加积极，对于工人群体产生了较大的消极影响。此外，技术工人的职业选择范围较另外的群体更为宽广⑤。有研究提出知识型工人是国有企业最核心的人力资源，然而体制改革不彻底带来的管理不善、以月薪制为主的低工资低奖金、管理过程缺少人情味等问题，使得大量个性较强、自主性较高的知识型员工流向民企和外企等单位⑥。国企改革带来的大量下岗职工也是不可忽略的一大痛点，下岗造成了职工人力资本积累的断裂，由此产生了"人力资本失灵"现象，也即以往下岗职工在技术水平、工作经验和文化程度等方面积累的人力资本，对他们的收入水平和社会态度的理性化发挥作用有限⑦⑧。

3. 心态变化

职业地位、社会生活的动荡必然也会引发心理状态的转变，随着大量下岗

① 边燕杰，张文宏：《经济体制、社会网络与职业流动》，《中国社会科学》2001年第2期。

② 刘平：《从新二元社会分析到社会政策选择——老工业基地下岗失业治理问题研究》，《社会科学辑刊》2005年第1期。

③ 郭伟和：《身份政治：回归社区后的北京市下岗失业职工的生计策略》，《开放时代》2008年第5期。

④ 吴清军：《国企改制中工人的内部分化及其行动策略》，《社会》2010年第6期。

⑤ 何雪松，袁园：《国企改制、员工流动与权力延续——以长江中下游某金属冶炼企业为例》，《华东理工大学学报（社会科学版）》2014年第6期。

⑥ 徐明：《国有企业知识型员工流动问题研究》，《中国人力资源开发》2007年第1期。

⑦ 李培林，张翼：《走出生活逆境的阴影——失业下岗职工再就业中的"人力资本失灵"研究》，《中国社会科学》2003年第5期。

⑧ 刘平：《"人力资本失灵"现象与东北老工业基地社会——从李培林、张翼在东北的发现谈起》，《中国社会科学》2004年第3期。

工人涌入不同的行业，以往"单位大院"式的生活氛围一夜之间烟消云散，工人群体怅然若失的情感弥漫许久。

以东北老工业基地为例，这是一个典型的以计划经济时期形成的单位制生活方式和价值体系为相关社会群体主体认同的习惯社会[7]。同大多数的单位集体一样，这里同样存在复杂的内部血缘关系和亲缘关系，大部分的国有企业均呈现出"家族化"或称"国企家族化"的特征[1]，以单位大院为载体，单位人及其家属在这里体验到强烈的"单位办社会"氛围[2]。

国企改制造成大量工人下岗后，很多人对市场经济的认识不够成熟，他们对自由竞争、再就业服务中心等存有很大疑虑，担心失去国企的"铁饭碗"后断了后路[3]。计划经济体制下，政府大包大揽的就业观念根深蒂固，国企工人普遍存在等、靠、盼的依赖思想，很长时间内都未从计划经济"超常稳定就业"的状态走出来[4]，抵制市场化就业，迫使政府提供公共就业援助和社会福利[5]。事实上，从经济收入、政治待遇、职业声望等来看，国企工人的地位相比于以前的确呈现明显的下滑，地位的变化也在他们的心理上引起了明显反应[6]。文化和心理层面的融入是社会融入的最高境界[7]，但如今国企工人对于自身所处的边缘化的身份地位有着清楚的认知，在其内心并不是心甘情愿地接受当下的身份地位[6]。一项针对北京市失业下岗职工的生计研究发现，主流意识形态试图把这群人类比为外来的市场上的打工商贩[8]，国企工人之外的一般他人对于国企工人的看法评价构成了一种"压迫性"的社会文化和心理环境，在某种意义上"强迫着"国企工人去接受其现今的身份[6]。

以往国有企业的全面官僚制度影响了工人的劳动积极性，一旦提倡大刀阔斧式地废除这种全面官僚管理体系，实行企业改革，自然会给国企个人造成巨大的心理冲击，随即而来的市场化转型同时把职工的基本工作保障权利和社会福利保护权利抛弃[8]。因此，一段时间内国企工人内部产生较大的分化，后续

---

① 田毅鹏，李佩瑶：《国企家族化与单位组织的二元化变迁》，《社会科学》2016年第8期。

② 田毅鹏，李珮瑶：《计划时期国企"父爱主义"的再认识——以单位子女就业政策为中心》，《江海学刊》2014年第3期。

③ 济南市总工会宣教部：《关于部分国企职工对"下岗"、"进中心"心态的调查与思考》，《中国工运》1999年第7期。

④ 岳兴平，胡松：《国企下岗职工心态趋向》，《中国经贸导刊》1998年第15期。

⑤ 郭伟和：《身份政治：回归社区后的北京市下岗失业职工的生计策略》，《开放时代》2008年第5期。

⑥ 王小章，巫微涟：《认知与认同之间——单位制解体背景下杭州市国企工人的自我身份意识》，《浙江学刊》2009年第1期。

⑦ 张庆武，卢晖临，李雪红：《流动人口二代社会融入状况的实证研究——基于北京市的问卷调查分析》，《中国青年研究》2015年第7期。

⑧ 郭伟和：《身份政治：回归社区后的北京市下岗失业职工的生计策略》，《开放时代》2008年第5期。

基于身份、生存压力、再就业能力和制度设计要素等，国企工人不断调整各自的生存策略以谋求更好的出路，也在过程中不断接受着身份的转变①。

（四）社会流动

社会流动，尤其是社会阶层的代际流动，能够在很大程度上反映社会的封闭程度以及社会分层体系的变化和发展状况②。而在代际流动不断更迭的过程中，随之兴起的"二代"现象典型地表现着其中的特征与变化，国企子弟在某种程度上也可以被认为是"二代"群体中的一部分，他们的发展现状也能据此得到验证。

1. "二代"现象

"二代"现象，大体上指改革开放之后出生成长的年轻一代，从父代继承了身份、职位、财富、机会等资源禀赋差异所形成的内部剧烈分化的现象。无论是优势阶层还是弱势阶层，各阶层均呈现出较为明显的代际继承性特征③。分开来看，一边是从二代阶层中分化出来的处于强势地位的强势二代阶层，他们依靠世袭或者其他途径占据财富、官职或者其他职位等有利资源，如"官二代""富二代"等④。另外一边是如"农二代""穷二代"等的弱势二代阶层，举例来说，"穷二代"是相对于"富二代"的叫法，在中国改革开放环境下社会经济发展客观上造成了社会分层，在改革开放中的普通工人、农民以及未能享受政策带来财富的人依然贫穷，将这类人称之为"穷一代"，而他们的子女由于基础环境差，同时得到教育少，仍然未能摆脱贫穷，称之为"穷二代"⑤。当前我国的代际流动继承性越来越强，而代内流动的流变性越来越弱⑥。有学者提出，"二代"现象反映的核心问题是群体的阶层继承率高⑦，代际间的确仍存在着继承性占主导地位的关系模式，通过收入、职业和财富等方式进行代际的传承⑧。

---

① 吴清军：《国企改制中工人的内部分化及其行动策略》，《社会》2010年第6期。

② 陈云松，贺光烨，句国栋：《无关的流动感知：中国社会"阶层固化"了吗?》，《社会学评论》2019年第6期。

③ 叶春辉，卞伟，卓妮，张林秀：《中国农村居民代际社会流动研究——基于全国5省101村大样本问卷调查》，《浙江农业学报》2017年第10期。

④ 陈家喜，黄文龙：《分化、断裂与整合：我国"二代"现象的生成与解构》，《中国青年研究》2012年第3期。

⑤ 陈祥蕉：《"穷二代"不愿生"穷三代"引发争议》，《南方日报》2010年9月10日第20版。

⑥ 邓志强：《青年的阶层固化："二代们"的社会流动》，《中国青年研究》2013年第6期。

⑦ 顾辉：《近十年来中国社会流动研究的新进展——社会流动视野下的"×二代现象"研究综述》，《学术论坛》2014年第4期。

⑧ 阳义南，连玉君：《中国社会代际流动性的动态解析——CGSS与CLDS混合横截面数据的经验证据》，《管理世界》2015年第4期。

　　我国城乡各职业阶层都具有较强的代际职业传承性，流动性偏弱①。有研究提出，家庭人力资本投资是造成代际流动的一个重要原因⑦，家庭中的代际经济支持呈现双向流动，不过向下的经济支持较为普遍，且支持力度也较大②。家庭背景和社会关系网络在子女工作搜寻过程中扮演重要的角色，代际之间的职业传承是普遍存在的现象⑦。在弱势二代阶层中，有学者认为"农二代"是努力打破城乡的阶层固化，践行高等教育促进社会分层的主要力量，但是由于长期的乡土思维惯性，他们在利用自己的职业技能、职业精神、社会能力等兑换经济资本、文化资本、社会资本的过程中，存在很大的劣势③。即使出身为农村家庭的子女，父代从事非农职业可以在某些程度上降低其初次就业从事农业的概率，助力实现职业的向上流动，但农村家庭子女实现职业向上流动的通道并不通畅，存在明显的"天花板效应"④。而从强势二代阶层的角度来看，对于社会中上层而言，父代能够运用自身多年从事特定职业积累的社会资本，迅速而有效地为其子女谋取与之相同的职业⑤。以上足以说明阶层再生产的现状，阶层再生产指父代和子代的职业地位、阶层地位等具有较高的同一性、相似性，阶层再生产很容易造成阶层的凝固化，使得社会地位的代际继承增强，资源在代际之间的继承性也随着加强⑥。

　　"二代现象"的愈演愈烈也是社会资源的分配机制较少地向"大多数"群体倾斜从而导致"马太效应"的体现⑦，资源的紧张和分配的不公导致许多资源积聚在少数政治精英、经济精英和社会精英手中⑧，贫富差距拉大加剧了不同阶层之间的社会疏离感④。如若精英群体脱离了大众群体，也极易造成社会认同危机和社会分裂⑨，扩大人民内部矛盾。此外，社会经济文化的高速发展导致未发生向上流动的群体，产生了自己也会产生向上流动的主观感知，这也

　　① 周兴，张鹏：《代际间的职业流动与收入流动——来自中国城乡家庭的经验研究》，《经济学（季刊）》2015年第1期。

　　② 吴帆，尹新瑞：《中国三代家庭代际关系的新动态：兼论人口动力学因素的影响》，《人口学刊》2020年第4期。

　　③ 潘峰：《高职"农二代"的文化资本与社会流动——来自厦门高职毕业生的案例考察》，《职教论坛》2018年第5期。

　　④ 周兴，张鹏：《代际间的职业流动与收入流动——来自中国城乡家庭的经验研究》，《经济学（季刊）》2015年第1期。

　　⑤ 马传松，朱挢：《阶层固化、社会流动与社会稳定》，《重庆社会科学》2012年第1期。

　　⑥ 边燕杰，芦强：《阶层再生产与代际资源传递》，《人民论坛》2014年第2期。

　　⑦ 王晓东：《贫富差距的代际传承——对"穷二代"现象的透视与反思》，《甘肃社会科学》2011年第3期。

　　⑧ 邓志强：《青年的阶层固化："二代们"的社会流动》，《中国青年研究》2013年第6期。

　　⑨ 李培林：《改革开放近40年来我国阶级阶层结构的变动、问题和对策》，《中共中央党校学报》2017年第6期。

影响着不同阶层的分配公平感①。这种由阶层间差距产生的生活隔离和心理不平衡，十分不利于社会的稳定和谐④。

2. 社会流动与阶层固化

李煜曾提出我国社会流动的三种理想模式，第一，绩效原则下的竞争流动模式，也即绩效主义成为机会分配中最具合法性的原则；第二，社会不平等结构下的家庭地位继承模式，即父代凭借其占有的社会经济资源，子女通过教育间接或直接传承其社会地位；最后是社会主义意识形态下的国家庇护流动模式，国家出于对劣势工农阶级子女的偏好而采取庇护性政策②。陆学艺早在二十年前根据经济结构调整与经济发展状况，总结了我国已经形成的由十个社会阶层组成的现代化社会阶层结构，分别是国家与社会管理者阶层、经理人员阶层、私营企业主阶层、专业技术人员阶层、办事人员阶层、个体工商户阶层、商业服务人员阶层、产业工人阶层、农业劳动者阶层以及城乡无业、失业、半失业阶层，这个组成结构将会维持很长的一段时间③。

孙立平使用"断裂"一词说明不同阶层之间的壁垒，他认为我国优势阶层与弱势阶层之间存在着越来越大的区别④⑤。各个二代阶层的内部分化剧烈，一定程度上出现阶层固化与断裂、阶层抱团以及阶层对立等争议和现象⑥，社会上层、中产阶层和小资产与办事人员阶层等强势阶层的固化趋势较为明显，代际封闭性不断加强⑦，社会的分层系统也表现出强烈的"社会封闭"现象⑧。同时，我国社会还呈现出一定的"精英再生产"特征，也即社会中上层的变化不大，精英阶层趋于固化④。郑杭生指出，"一个社会中，上层永不松懈，中层永不满足，下层永不绝望，这种社会结构是比较有弹性的。"从阶层流动的角度来看，上述区分包括两个层面的内涵，第一个层面为"是否有机会流动"，第二个层面是"能否实现流动"⑨。从已经实现了现代化国家的历史经验看，

---

① 张顺，祝毅：《代际流动轨迹与分配公平感——影响机制与实证分析》，《社会学评论》2021年第3期。

② 李煜：《代际流动的模式：理论理想型与中国现实》，《社会》2009年第6期。

③ 陆学艺：《当代中国社会阶层的分化与流动》，《江苏社会科学》2003年第4期。

④ 孙立平：《我们在开始面对一个断裂的社会？》，《战略与管理》2002年第2期。

⑤ 孙立平：《中国社会结构的变迁及其分析模式的转换》，《南京社会科学》2009年第5期。

⑥ 陈家喜，黄义龙：《分化、断裂与整合：我国"二代"现象的生成与解构》，《中国青年研究》2012年第3期。

⑦ 叶春辉，卞伟，卓妮，张林秀：《中国农村居民代际社会流动研究——基于全国5省101村大样本问卷调查》，《浙江农业学报》2017年第10期。

⑧ 李路路：《再生产与统治——社会流动机制的再思考》，《社会学研究》2006年第2期。

⑨ 郑杭生：《五大挑战催生中国式"紧绷"——社会弹性与社会刚性的社会学分析》，《人民论坛》2009年第10期。

中间大两头小的橄榄型结构是维护社会稳定的最佳选择①，中间阶层是一个社会流动的中间地带和中间桥梁，理想的"橄榄型"社会主要是由庞大的中间阶层比例作为支撑的②。作为社会流动链条的中间环节，中产阶层和小资产与办事人员阶层实现向上流动的机会增多是积极有益的③。然而，当前中国中间阶层，尤其是缺少代际遗传性优势的中间阶层处于一个边缘化的处境④。市场化和再生产"双重流动机制"下的菱形结构模式，使得处于中间阶层的大量普通社会成员的流动模式趋向自由竞争模式，带来了较多的不稳定因素⑤。根据清华大学李强教授的计算和参考其他学者的数据，我国的中间阶层目前大约仅占全体就业者的 25%，且他们中的大部分人地位并不稳定，研究证明中国中间阶层的 73% 处于边缘状态，这意味着一旦受到经济上的冲击，便很有可能跌入低收入群体⑥。

总之，阶层固化是中国转型时期的一种客观存在，从观念上讲，长久以来形成的子承父业观念是阶层固化现象存在的思想根源⑦。此外，家庭社会资本的不均等、现行制度的漏洞等也是其形成的原因⑧。不过从其他的角度来看，虽然我国社会阶层大变动、大调整的火热时期已经冷却，但持续的转型升级仍让社会充满活力，社会流动的频率不会很低⑨。且从社会整体来看，我国为阶层的流动提供了多种渠道，比如教育便可以为低阶层出身的个体提供向上流动的机会⑩。虽然代际继承的现象显著，但新媒体时代也提供了更为多元的阶层流动途径，如网络虚拟场域的产生推动了不同阶层的平等交流，信息的快速共享也有助于缓和阶层固化⑪。有学者认为，代际流动轨迹还会通过资源获得机会与资源占有两条路径影响分配公平感，因此，保持经济快速良好发展的同时

① 陆学艺：《当代中国社会阶层的分化与流动》，《江苏社会科学》2003 年第 4 期。

② 浦仕勋：《刍议"二代"现象》，《人民论坛》2013 年第 8 期。

③ 叶春辉，卞伟，卓妮，张林秀：《中国农村居民代际社会流动研究——基于全国 5 省 101 村大样本问卷调查》，《浙江农业学报》2017 年第 10 期。

④ 郑杭生，邵占鹏：《舆论焦点掩盖下的中国阶层流动现实》，《人民论坛》2014 年第 2 期。

⑤ 李煜：《代际流动的模式：理论理想型与中国现实》，《社会》2009 年第 6 期。

⑥ 李强：《21 世纪以来中国社会分层结构变迁的特征与趋势》，《河北学刊》2021 年第 5 期。

⑦ 李强：《中国中产社会形成的三条重要渠道》，《学习与探索》2015 年第 2 期。

⑧ 马传松，朱挢：《阶层固化、社会流动与社会稳定》，《重庆社会科学》2012 年第 1 期。

⑨ 李培林：《改革开放近 40 年来我国阶级阶层结构的变动、问题和对策》，《中共中央党校学报》2017 年第 6 期。

⑩ 刘诗谣：《资源枯竭型城市矿二代代际流动研究》，《青年研究》2020 年第 3 期。

⑪ 黄庆丰，宋健，宋娜：《新媒体时代下的阶层固化与阶层流动——基于社会分层与社会流动的视角》，《改革与开放》2017 年第 14 期。

提升体力劳动者的收入水平，增强城镇居民分配公平感[1]；打破身份壁垒，让出身不再成为不同群体间身份与意识的鸿沟[2]；确立代际正义，整合利益诉求，拓宽流动渠道[3]，建立健全上下通畅的人才流动机制[4]，形成庞大的中等收入层等[5]均是维持社会稳定、维护长治久安的重要举措。

（五）影响社会阶层流动/二代现象的因素

阶层流动以及二代现象的产生与现状是多重因素影响的结果，现有的研究多是从制度层面及文化社会学的层面对此进行解读，并形成了以下结论。

1. 制度因素

影响社会分层模式变化的因素不仅包含经济机制的作用[6]，在有关社会地位获得或者社会流动的讨论中，制度结构是已有研究最常提及的影响因素之一。制度安排对个人的社会地位获得，"富二代"与"农二代"、"官二代"与"贫二代"等的阶层代际传承性问题具有根本性的影响[7]，二代现象的出现也是制度性壁垒的遗产[8]。林宗弘等将新马克思主义的阶级分析法用于研究中国社会分层结构及其转变，认为从改革开放前的制度结构来看，户口制、单位制与干部身份制界定了对生产性资产的所有权，也深远地影响着社会的分层与流动现象[9]。

单位制的影响在前已有论述，单位作为一种特殊组织和社会分层机制，个人所在单位的性质、级别、地位就基本上决定了个人的社会地位[10]。改制时期由于转型期的制度规范不健全，再加上单位制本身的体制性漏洞，一些官员、

① 张顺，祝毅：《代际流动轨迹与分配公平感——影响机制与实证分析》，《社会学评论》2021 年第 3 期。

② 浦仕勋：《刍议"二代"现象》，《人民论坛》2013 年第 8 期。

③ 陈家喜，黄文龙：《分化、断裂与整合：我国"二代"现象的生成与解构》，《中国青年研究》2012 年第 3 期。

④ 顾辉：《从社会流动率看当前"X二代"的代际继承》，《安徽师范大学学报（人文社会科学版）》2016 年第 2 期。

⑤ 郑杭生：《社会公平与社会分层》，《江苏社会科学》2001 年第 3 期。

⑥ 李路路：《制度转型与分层结构的变迁——阶层相对关系模式的"双重再生产"》，《中国社会科学》2002 年第 6 期。

⑦ 顾辉：《近十年来中国社会流动研究的新进展——社会流动视野下的"X二代现象"研究综述》，《学术论坛》2014 年第 4 期。

⑧ 陈家喜，黄文龙：《分化、断裂与整合：我国"二代"现象的生成与解构》，《中国青年研究》2012 年第 3 期。

⑨ 林宗弘，吴晓刚：《中国的制度变迁、阶级结构转型和收入不平等：1978—2005》，《社会》2010 年第 6 期。

⑩ 李路路，苗大雷，王修晓：《市场转型与"单位"变迁 再论"单位"研究》，《社会》2009 年第 4 期。

国企领导人将自己拥有的权力、财富和地位以不正当的方式转移给下一代①。改革开放以后，劳动力市场和新兴职业也更多发端于体制外单位，体制内单位的职业较少发生变化②。另外，在失业下岗职工再就业的渠道中，很多地区仍然习惯利用"单位安排"的方式来增加就业③。阶层流动向来与资源紧密相关，阶层流动的实质就是经济、政治和文化等资源占有情况的变动，但这种庇护主义深刻限制着资源和阶层的流动④。

干部身份制是指在中国社会主义的劳动人事制度下，国家干部是一种身份，包括行政管理干部和专业人员，他们或拥有权威，或拥有技术，并以此获益。户籍制度自上个世纪五十年代起开始实施，便一直被当作限制农村人口向城市迁移和分配各种资源及生活机会的主要工具⑤。户籍制度是我国城乡流动最为突出的制度障碍⑥，事实上，城乡户口的实质是对个人权利的权威性界定，而城镇户口比农村户口被赋予了更广、更多的权利与福利⑦。户籍制度被认为是一种"社会屏蔽"制度，它将社会上的一部分人屏蔽在分享城市资源的范围之外，这种城乡二元体制的存在进一步剥夺了子女通过后天的艰苦努力而获取与其父辈不一样职业的可能性⑧，可以说户籍制度产生了"社会隔离"，对农村人口的城市化有着负面的影响⑨。市场转型促进了劳动力市场的开放，也使社会流动性尤其是农业户口和小城镇户口的职业及单位流动性提高，但地位晋升机会获得仍受到户口限制，若想从根本上消除户籍制度与社会差别的联系，便不能回避制度本身的变革⑩。当然，除了上述三项主要的社会制度，计划经济时代延续至今的部分就业制度、人事制度和社会保障制度等也或多或少地起到了惯性作用⑪。

---

① 陈家喜，黄文龙：《分化、断裂与整合：我国"二代"现象的生成与解构》，《中国青年研究》2012年第3期。

② 阳义南，连玉君：《中国社会代际流动性的动态解析——CGSS与CLDS混合横截面数据的经验证据》，《管理世界》2015年第4期。

③ 李培林，张翼：《走出生活逆境的阴影——失业下岗职工再就业中的"人力资本失灵"研究》，《中国社会科学》2003年第5期。

④ 邓志强：《青年的阶层固化："二代们"的社会流动》，《中国青年研究》2013年第6期。

⑤ 吴晓刚：《中国的户籍制度与代际职业流动》，《社会学研究》2007年第6期。

⑥ 李强：《影响中国城乡流动人口的推力与拉力因素分析》，《中国社会科学》2003年第1期。

⑦ 陆益龙：《户口还起作用吗——户籍制度与社会分层和流动》，《中国社会科学》2008年第1期。

⑧ 马传松，朱挢：《阶层固化、社会流动与社会稳定》，《重庆社会科学》2012年第1期。

⑨ 张翼：《中国人社会地位的获得——阶级继承和代内流动》，《社会学研究》2004年第4期。

⑩ 陆益龙：《户口还起作用吗——户籍制度与社会分层和流动》，《中国社会科学》2008年第1期。

⑪ 顾辉：《近十年来中国社会流动研究的新进展——社会流动视野下的"╳二代现象"研究综述》，《学术论坛》2014年第4期。

2. 教育

从文化社会学的视角来看，教育在个人社会地位获得中的作用也是与社会流动密切关联的重要因素。中国社会转型的一个重要特征是国家主导的渐进式变革，市场机制的引入和发展导致与再分配体制相联系的政治因素在社会地位获得中的作用下降，教育在再分配体制中和在市场体制中对于人们获得某些社会地位都具有显著的影响作用，且不断在维持和延续①。随着市场化发展，职业分化得越细越密，同时受教育程度对人们职业地位获得的影响也越大②。教育在代际之间的职业流动中扮演着十分重要的角色，子女接受教育可以显著地降低其职业向下流动的概率③。教育程度对农村居民初职社会地位获得的影响也十分显著④。

但事实上，大量的研究已证实传统教育在提升个人社会地位中的作用减弱，教育面前机会不平等的现象仍然严重⑤。边燕杰等认为，以往研究通常将教育作为自致性因素与先赋性因素相对应，但教育不是人力资本的唯一指标⑥。由于国企改制造成大量工人下岗，为缓解就业压力，教育逐渐向产业化发展，教育投资回报率在下降⑦。同时，教育作为影响阶层流动的主要机制，其作用的发挥也与地区经济发展水平密切相关，实证结果表明越是经济发展水平高的地区，教育所能发挥的作用越充分，依靠教育实现代际阶层向上流动的可能性越大⑧。当前"体制内二代"与"体制外二代"接受不同的教育资源，教育效果也存在显著差异，教育在"二代们"的社会流动中逐渐转变成先赋性因素⑨。市场转型和高等教育扩招并没有缩小阶层之间的教育水平的差异，不同阶层间的直接排斥包括特权和经济等方面的排斥，而隐性的排斥则是由于非优势阶层承担风险能力和对未来预期教育回报都比较低⑩。作为地位获得的主要影响因素之一，教育资源的获得如果存在阻碍，那么底层群众想要进入精英

① 李路路：《制度转型与阶层化机制的变迁——从"间接再生产"到"间接与直接再生产"并存》，《社会学研究》2003 年第 5 期。

② 张翼：《中国人社会地位的获得——阶级继承和代内流动》，《社会学研究》2004 年第 4 期。

③ 周兴，张鹏：《代际间的职业流动与收入流动——来自中国城乡家庭的经验研究》，《经济学（季刊）》2015 年第 1 期。

④ 叶春辉，卞伟，卓妮，张林秀：《中国农村居民代际社会流动研究——基于全国 5 省 101 村大样本问卷调查》，《浙江农业学报》2017 年第 10 期。

⑤ 余秀兰：《教育还能促进底层的升迁性社会流动吗》，《高等教育研究》2014 年第 7 期。

⑥ 边燕杰，李路路，李煜，郝大海：《结构壁垒、体制转型与地位资源含量》，《中国社会科学》2006 年第 5 期。

⑦ 郭东杰：《制度变迁视阈下中国社会流动机制演进分析》，《浙江社会科学》2020 年第 11 期。

⑧ 刘诗谣：《资源枯竭型城市矿二代代际流动研究》，《青年研究》2020 年第 3 期。

⑨ 邓志强：《青年的阶层固化："二代们"的社会流动》，《中国青年研究》2013 年第 6 期。

⑩ 郑辉，李路路：《中国城市的精英代际转化与阶层再生产》，《社会学研究》2009 年第 6 期。

阶层会变得异常困难①。

目前来讲，我国受教育水平构成趋向高层次发展，教育代际传递性很强，教育代际间的流动性较低，下层阶级很难通过教育实现向上的社会流动，而上层阶级很容易留在上层社会，很难流入下层阶级，继而引发了"二代现象"②。但教育是我国社会地位筛选的最主要渠道，其筛选机制就是高考，自高考恢复以来该机制成为社会地位流动最为正规的渠道③。尽管我国教育制度仍存在问题，但相对于其他影响社会不平等结构性因素来说，教育制度已经相对公平④。教育起点与机会的均等是实现社会流动机会均等原则和打破"阶层固化"现象的前提和保证，因此大力推进教育资源的有效和合理配置是维护社会有序流动的应有之策⑤。

另外，还有少数研究提到信息化时代的网络纵向流动链条断裂，缩减了处于相对弱势的新生阶层向上流动的机会⑥，但也有观点承认网络时代的公民可以通过非常规的途径完成阶层流动，这可能促进阶层流动越发活跃⑦。家族观念的持续影响，费孝通所讲的中国乡土社会就是以农耕经济为基础的封建宗法社会结构⑧，家庭的社会资本自然在不同程度上为子女提供较大差距的支持。

影响不同"二代"阶层流动的因素自然不胜枚举，但以上论述已经在很大程度上解释了其中的关联。我国公民对政府的信任度很高，倘若经济发展的成果不能惠及广大民众，普通公民向上流动的机会受到阻塞，政权将很有可能失去合法性根基。因此，政府需要建设和完善民主透明的执政程序，推动社会保障制度和分配制度的完善，为低阶层民众创造更多向上流动的机会和渠道⑨⑩。

二、国外研究综述

社会流动分为地理空间上的流动和社会地位上的流动，地理空间上的流动

---

① 边燕杰，芦强：《阶层再生产与代际资源传递》，《人民论坛》2014 年第 2 期。

② 赵红霞，冯晓妮：《我国教育代际流动性及地区差异的比较研究——基于 CHARLS 2013 数据分析》，《中国青年研究》2016 年第 8 期。

③ 李强：《中国中产社会形成的三条重要渠道》，《学习与探索》2015 年第 2 期。

④ 阳义南，连玉君：《中国社会代际流动性的动态解析——CGSS 与 CLDS 混合横截面数据的经验证据》，《管理世界》2015 年第 4 期。

⑤ 马传松，朱挢：《阶层固化、社会流动与社会稳定》，《重庆社会科学》2012 年第 1 期。

⑥ 陈家喜，黄文龙：《分化、断裂与整合：我国"二代"现象的生成与解构》，《中国青年研究》2012 年第 3 期。

⑦ 黄庆丰，宋健，宋娜：《新媒体时代下的阶层固化与阶层流动——基于社会分层与社会流动的视角》，《改革与开放》2017 年第 14 期。

⑧ 邓志强：《青年的阶层固化："二代们"的社会流动》，《中国青年研究》2013 年第 6 期。

⑨ 马传松，朱挢：《阶层固化、社会流动与社会稳定》，《重庆社会科学》2012 年第 1 期。

⑩ 盛智明：《社会流动与政治信任 基于 CGSS2006 数据的实证研究》，《社会》2013 年第 4 期。

仅仅表现为从一个地方移动到另一个地方，如中国的进城务工人员从小城镇移动到大城市和美国的移民等等。社会地位上的流动又可以分为代内流动与代际流动。代际流动是指一个家庭中上下两代人的社会地位变化。国外关于代际流动方面的研究由来已久，大多数都集中于对代际社会流动的变迁趋势和背后的机制进行探究。

20 世纪 70 年代至 90 年代，国外的代际流动研究遵循两种范式，一种是以美国学者 Peter Blau 和 Otis Dudley Duncan 为首的"地位获得"范式，另外一种则以 Robert Erikson 和 John Harry Goldthorpe 为代表的"阶层流动"范式。Blau 和 Duncan 将职业地位进行评分并考察子代职业地位评分与父代的职业地位评分间的关系及影响因素，指出子代受教育程度是影响现代工业社会代际流动主要因素[1]。但是他们的研究忽视了社会结构的流动性及社会成员流动方式的差异性，也对于社会流动抱有过分乐观的态度，没有给予社会中阻碍流动的因素以足够的重视。Erikson 和 Goldthorpe 则从社会阶层的角度研究子代与父代之间职业的变化与关联，提出以相对流动率为基础的对数线性模型这一分析工具来反映社会流动阻碍因素的疏密程度[2]。与 Blau 和 Duncan 模型假设检验的研究方法不同，英国学者保罗·威利斯采用民族志的方法研究文化在阻碍社会流动时发挥的负面作用。通过对英国典型的工业城镇中，出身于工人阶级家庭的男孩们自毕业前 18 个月至工作半年的这段时间内学习和生活的研究，探究他们最终子承父业、没能跳出原先社会阶层的原因，并对传统的社会再生产理论作出新的理论解释。他指出工人阶级子弟潜移默化中接受了家庭中反抗权威的文化和特质，并将其带入到学校生活中塑造了反学校文化，由此完成了文化生产和阶层固化的过程[3]。

从研究内容上对代际流动相关研究进行分类，已有的研究成果大致可以分为以下几个主题。

(一) 代际流动的变迁趋势

首先，关于代际流动的变迁趋势的研究，主要是基于各国国情并纳入时间因素来考察本国的代际流动性趋向。如 Emily Beller 和 Michael Hout 考虑到社会经济背景对美国职业流动性的影响，指出与 20 世纪 40 年代到 60 年代相

---

① Blau，P. M.，& Duncan，O. D.，*The American Occupational Structure*，John Wiley & Sons Inc.，1967，pp. 160—162.

② Erikson，R. C.，& Goldthorpe，J. H.，*The Constant Flux：A Study of Class Mobility in Industrial Societies*，London：Oxford University Press，1992，pp. 25—28.

③ Willis P.，*Learning to Labour：How Working Class Kids Get Working Class Jobs*，London：Routledge，2000，p. 225.

比，职业流动性在 70 年代有所增加，但有一些证据表明，到了 80 年代和 90 年代，职业流动性已经下降到过去的水平[1]。Gary Solon 也注意到代际流动中的时间因素，指出多代人的流动性在不同的时间和地点表现出差异[2]。也有学者对 PSID 数据进行了分析，研究代际环境流动性，揭示了美国社区中经济地位从一代到下一代的显著连续性。在美国社区，很久之前就存在的种族不平等现象现在依然存在[3]。有英国学者改进了在阶级流动趋势研究中使用的数据集，指出无论是绝对流动性还是相对流动性都没有下降，就女性而言，事实上有证据表明流动性在增加[4]。

（二）基于教育视角的代际流动

个人的受教育程度对于其代际流动的可能性方面的影响一直以来都是社会学研究的主题，教育作为改变个体社会阶层的自致性因素，对于调节社会流动性的作用受到学者们的广泛关注。

Fabian T. Pfeffer 注意到了教育不平等中的时间和国家维度，分析了 20 个工业化国家的代际教育流动过程，认为家庭中父母教育对孩子教育成就的影响程度在不同国家之间存在差异，教育不平等的程度与国家教育体系的制度结构有关[5]。

与传统的教育对社会流动影响的观点有所不同的是，John H. Goldthorpe 认为无论是绝对流动性还是相对流动性，通过教育可以实现的目标似乎是有限的[6]。Alice Sullivan 和 Samantha Parsons 等人对 1970 年英国队列研究的数据进行分析，指出了教育优势对职业成就的积极效应，社会职业成就的从低到高的变化与教育机制存在关联[7]。Deirdre Bloome 和 Shauna Dyer 等人关注了由于父母收入导致的教育不平等和教育经济回报的上升却没有带来代际持久性增

① Beller, E., & Hout, M., "Intergenerational Social Mobility: The United States in Comparative Perspective", *Future of Children*, Vol. 16, No. 2, 2006, pp. 19-36.

② Beller, E., & Hout, M., "Intergenerational Social Mobility: The United States in Comparative Perspective", *Future of Children*, Vol. 16, No. 2, 2006, pp. 19-36.

③ Sharkey, P., "The Intergenerational Transmission of Context", *American Journal of Sociology*, Vol. 113, 2008, pp. 931-969.

④ Bukodi E., Goldthorpe J. H., Waller L., et al., "The Mobility Problem in Britain: New Findings from the Analysis of Birth Cohort Data", *British Journal of Sociology*, Vol. 66, No. 1, 2015, pp. 93-117.

⑤ Pfeffer F. T., "Persistent Inequality in Educational Attainment and its Institutional Context", *European Sociological Review*, Vol. 24, No. 5, 2000.

⑥ Goldthorpe J. H., "Understanding and Misunderstanding-Social Mobility in Britain: The Entry of the Economists, the Confusion of Politicians and the Limits of Educational Policy", *Journal of Social Policy*, Vol. 42, No. 3, 2013, pp. 431-450.

⑦ Sullivan, A., Parsons, S., Green, F., et al., "The Path from Social Origins to Top Jobs: Social Reproduction via Education", British Journal of Sociology, Vol. 69, No. 3, 2018, pp. 776-798.

长的问题，量化了教育在代际收入持续性方面的全部力量，认为高等教育的扩张和教育群体内部的变化在一定程度上能使得代际收入保持持久性稳定，而教育政策应该更多关注谁完成大学来达到减少代际持续性的目的[①]。Florencia Torche 利用针对博士学位获得者的调查数据集探究美国教育精英的代际流动性，发现博士学位获得者之间具有相当大的流动性[②]。

（三）基于家庭视角的代际流动

代际流动性与家庭的社会阶级背景有关，然而传统的研究只衡量了包含父亲特征的家庭社会阶层背景，却忽视了母亲的经济参与对于社会流动的影响，20 世纪 70 年代末和 80 年代学界才开始将女性纳入分层研究中。Maithijs Kalmij 研究了母亲的职业地位对儿童的受教育程度的影响，利用全国家庭调查数据（NSFH），指出母亲职业产生的影响增加了，而父亲职业产生的影响减少。母亲提供的经济资源和职业角色榜样和传统由父亲提供的一样重要[③]。Emily Beller 利用 GSS 数据证明了家庭的阶级资源是由父母的阶级资源共同决定的[④]。Jani Erola 和 Sanni Jalonen 等人分析了父母在儿童生命历程中的社会经济特征及其变化对于儿童成年后的职业地位的影响，指出是父母的教育而非收入对家庭中兄弟姐妹的职业差异具有最大的解释力度[⑤]。

家庭资本强调一个家庭的社会背景、拥有的资源和人际关系等，也是社会资本、人力资本和文化资本的交叉。家庭是儿童社会化的最主要场所，会对儿童成年后的代际流动产生深远影响，将家庭资本作为一种资源来在孩子身上进行投资至关重要，而其实父母分配给孩子的时间和经济资源在不同的家庭中差异很大，一些优势能够通过这种父母投资在家庭中实现代际传递。Teodora Boneva 研究了父母对于在孩子童年的不同时期进行投资所得回报的看法，指出父母一般认为在孩子上学生活早期就投资所得的回报比在童年后期进行投资的生产力要低[⑥]。Daniel Schneider 和 Orestes P. Hastings 等人用来自消费者

① Bloome, D., Dyer, S., & Zhou, X., "Educational Inequality, Educational Expansion, and Intergenerational Income Persistence in the United States", *American Sociological Review*, Vol. 83, 2018, pp. 1215-1253.

② Torche F., "Intergenerational Mobility at the Top of the Educational Distribution", *Sociology of Education*, Vol. 91, 2018, pp. 266-289.

③ Kalmijn M., "Mother's Occupational Status and Children's Schooling", *American Sociological Review*, Vol. 59, 1994, pp. 257-275.

④ Beller E., "Bringing Intergenerational Social Mobility Research into the Twenty-first Century: Why Mothers Matter", *American Sociological Review*, Vol. 79, 2009, pp. 507-528.

⑤ Erola, J., Jalonen, S., & Lehti, H., "Parental Education, Class and Income over Early Life Course and Children's Achievement", *Research in Social Stratification and Mobility*, Vol. 44, 2016, pp. 33-43.

⑥ Boneva T., Rauh C., "Parental Beliefs about Returns to Educational Investments—the Later the Better?", *Journal of the European Economic Association*, Vol. 16, No. 6, 2018, pp. 1669-1711.

支出调查和美国人时间使用调查的 30 多年的微观数据来分析父母投资中存在的阶级差距和收入不平等之间的关系，当收入不平等水平较高时，家庭对于儿童的投资差距也会显著扩大，最终减少代际流动性[1]。

另外，家庭结构的变动也可能会影响代际流动。Timothy J. Biblarz 和 Adrian E. Raftery 利用 1973 年职业变化调查（OCG）数据，采用霍特的 SAT 模型进行分析，发现家庭破裂会削弱代际遗传和相似性，来自非完整家庭背景的男性更大几率会进入较低职业阶层而非最高职业阶层[2]。Kristina Lindemann 和 Markus Gangl 利用德国社会经济小组（SOEP）的纵向调查数据，实证分析父母失业对儿童接受教育过程中的影响，尤其是对其高中教育的影响，认为父母的失业尤其是父亲的失业会产生强烈的负面影响，降低了他们接受高等教育的可能性，而增加了他们接受职业培训的概率[3]。

有学者对 50 名以色列第一代接受高等教育的学生进行半结构化访谈，证实了家庭在儿童学业成就方面的重要作用，这些学生的家人或其中一名家庭成员是他们打破家庭教育劣势循环，成为第一代接受高等教育家庭成员的原因。因此在教育政策中要充分考虑到家庭的积极作用[4]。Josipa Roksa 和 Daniel Potter 利用收入动态小组研究（PSID）及其儿童发展补充研究（CDS）的数据探讨来自不同类别的社会背景的父母在实际养育孩子过程中存在显著差异及其社会背景如何与孩子的学业成就有关，比如来自稳定中产阶级家庭的孩子比来自稳定工人阶级家庭的孩子更有可能参与高地位的文化活动[5]。也有学者注意到了家庭中的学术文化氛围对孩子未来的受教育程度的影响，M. D. R. Evans 和 Jonathan Kelley 等人用来自 27 个国家的数据分析，指出家中有很多书的孩子的受教育程度将会大大提升，而这与父母的教育、职业和阶级无关[6]。

（四）基于收入视角的代际流动

国外学者对于收入代际流动方面的研究主要采用实证分析方法，家庭财富

① Schneider, D., Hastings, O. P., & LaBriola, J., "Income Inequality and Class Divides in Parental Investments", *American Sociological Review*, Vol. 83, 2018, pp. 475-507.

② Biblarz, T. J., & Raftery, A. E., "The Effects of Family Disruption on Social Mobility", *American Sociological Review*, Vol. 58, No. 1, 1993, pp. 97-109.

③ Lindemann, K., & Gangl, M., "The Intergenerational Effects of Unemployment: How Parental Unemployment Affects Educational Transitions in Germany", *Research in Social Stratification and Mobility*, Vol. 62, 2019.

④ Gofen A., "Family Capital: How First-Generation Higher Education Students Break the Intergenerational Cycle", *Family Relations*, Vol. 58, 2008, pp. 104-120.

⑤ Roksa J., Potter D., "Parenting and Academic Achievement: Intergenerational Transmission of Educational Advantage", *Sociology of Education*, Vol. 84, 2011, pp. 299-321.

⑥ Evans, M. D., Kelley, J., Sikora, J., & Treiman, D. J., "Family Scholarly Culture and Educational Success: Books and Schooling in 27 Nations", *Research in Social Stratification and Mobility*, Vol. 28, 2010, pp. 171-197.

积累、人力资本等都是影响代际收入流动的机制。如 Adrian Adermon 和 Mikael Lindahl 等人考察了代际财富的持续性及财富传递的机制，指出父母与孩子间阶级相关性为 0.3—0.4，而祖父母与孙辈之间的阶级相关性为 0.1—0.2，继承是代际财富相关性的重要中介，除了物质转移之外，财富的代际传递也可能通过人力资本和劳动力市场生产率渠道[①]。Fabian T. Pfeffer 和 Alexandra Killewald 利用收入动态小组研究数据，指出祖父母财富是孙辈财富的独特预测因素[②]。有英国学者探究对于用相同数据集分析代际收入和阶层流动的变化却得出差异性的结果的原因，在代际流动方面，父亲阶层和孩子阶层之间的关联比家庭收入和孩子收入之间的关联更强[③]。

（五）代际流动性与社会环境因素的关系

一部分学者主要关注代际流动性与社会经济不平等或者再分配政策的关系。加拿大经济学家迈尔斯·克拉克曾提出"了不起的盖茨比曲线"，即越是经济不平等的国家，代际流动性就越低，社会越不平等。John Jerrim 和 Lindsey Macmillan 对了不起的盖茨比曲线进行进一步的探究，实证分析了受教育程度在收入不平等和代际流动性之间关系中的潜在中介作用，认为公共财政资源在不平等程度较大的国家的代际优势传递方面发挥重要作用[④]。有意大利学者利用代际流动性可比指标来探讨其与社会、经济结果的相关性，指出流动性与经济活动、教育和社会资本呈正相关，与不平等呈负相关[⑤]。社会经济不平等与代际持久性强烈正相关。有学者认为由于富裕家庭对后代的投资大于贫穷家庭的投资，经济地位具有代代相传性[⑥]。Shekhar Aiyar 和 Christian Ebeke 指出当社会中机会分配更平等时，更容易逆转收入不平等的加剧，进而加速社会经济增长和发展[⑦]。另外，国外学者关于再分配政策支持与代际流动间

① Adermon A., Lindahl M., Waldenstrom D., "Intergenerational Wealth Mobility and The role of inheritance: evidence from multiple generations", *Economic Journal*, Vol. 128, No. 612, 2018, pp. 482-513.

② Pfeffer, F. T., & Killewald, A., "Generations of Advantage: Multigenerational Correlations in Family Wealth", *Social Forces*, Vol. 96, 2018, pp. 1411-1441.

③ Erikson, R., & Goldthorpe, J. H., "Has Social Mobility in Britain Decreased? Reconciling Divergent Findings on Income and Class Mobility", *British Journal of Sociology*, Vol. 61, No. 2, 2010, pp. 211-230.

④ Jerrim, J., & Macmillan, L., "Income Inequality, Intergenerational Mobility, and the Great Gatsby Curve: Is Education the Key?", *Social Forces*, Vol. 94, No. 2, 2015, pp. 505-533.

⑤ Güell, M., Pellizzari, M., Pica, G., et al., "Correlating Social Mobility and Economic Outcomes", The *Economic Journal*, Vol. 128, 2018, pp. 353-403.

⑥ Becker, G., Kominers, S. D., et al., "A Theory of Intergenerational Mobility", *Journal of Political Economy*, Vol. 126, 2018, pp. 7-25.

⑦ Aiyar S., Ebeke C., "Inequality of Opportunity, Inequality of Income and Economic Growth", *World Development*, Vol. 19, 2019, p. 1.

关系的研究也较为丰富。代际流动往往和社会层级的分化与不平等有关，政府会通过出台分配、再分配政策等措施来防止极端不平等现象的出现，不同国家对于再分配政策的偏好存在差异。有学者调查了法国、意大利、瑞典、英国、美国对再分配的偏好，研究人们关于社会流动性的认知对再分配支持的影响。美国人对代际流动性比欧洲人持更乐观的态度，尽管努力工作可以摆脱贫困和中产阶级，但他们都很少相信这种个人努力的影响程度可以大到弥补贫穷的家庭背景。对流动性感到更悲观的受访者倾向于更慷慨的再分配政策和更高水平的政府参与①。

（六）基于社区视角的代际流动研究

个人童年时期居住的社区也会对其成就与未来阶层产生影响。比如Patrick Sharkey 和 Jacob W. Faber 研究居住环境和与认知技能、学业成就和教育成就相关的个人结果之间的关系②。Raj Chetty 和 Nathaniel Hendren 研究美国来自通勤区和各县的家庭，指出社区对儿童代际流动性的暴露效应影响，即儿童成长的社区会塑造他们的收入、大学出勤率、生育率和婚姻模式，比如每多一年在永久居民收入较高的地区成长，他们的收入就会更高③。

除了以上几种主要的研究主题以外，也有不少学者对于代际社会流动的研究提出了与众不同的考察视角。比如 Phillip Brown 评估了社会流动性的前景，指出现有的关于社会流动性的研究需要关注到社会拥挤和机会陷阱，社会流动不仅仅是通往更公平社会的重要途径，实际上也会因为对类似资源的竞争而造成整个教育系统和就业市场的拥挤④。

另外，有关下一代在很大的程度上会延续上一代的职业地位的现象，有学者分析来自美国、瑞典、德国和日本的代表性数据，认为应当重视职业在将机会从一代转移到下一代过程中的作用，父母由于积累特定职业的资本，认同自己的职业，因此也会引导他们的孩子关注并对这个职业进行投资，职业也因此成了社会再生产的重要渠道⑤。也有学者从文化、社会心理学等视角来研究代

---

① Alesina A., Stantcheva S., Teso E., "Intergenerational Mobility and Preferences for Redistribution", *American Economic Review*, Vol. 108, No. 2, 2018, pp. 521-554.

② Sharkey P., Faber J. W., "Where, When, Why, and For Whom Do Residential Contexts Matter? Moving Away from the Dichotomous Understanding of Neighborhood Effects", *Annual Review of Sociology*, Vol. 40, 2014, pp. 559-579.

③ Chetty R., Hendren N., "The Impacts of Neighbourhoods on Intergenerational Mobility I: Childhood Exposure Effects", *Quarterly Journal of Economics*, Vol. 133, 2018, pp. 1107-1162.

④ Brown P., "Education, Opportunity and the Prospects for Social Mobility", *British Journal of Sociology of Education*, Vol. 34, No. 5-6, 2013, pp. 678-700.

⑤ Jonsson, J. O., Di Carlo, M., et al., "Microclass Mobility: Social Reproduction in Four Countries", *American Journal of Sociology*, Vol. 114, No. 4, 2009, pp. 977-1036.

际流动现象，有学者研究了作为洛杉矶第二代移民的中国人、越南人和墨西哥人的流动模式，指出公民身份、家庭期望、文化记忆及外部帮助等是社会流动的关键机制，并且存在路径依赖现象，即第二代学习借鉴第一代的方式进行教育和职业选择，获得进步[①]。Sam Friedman 和 Dave O'Brien 等人引入"代际自我"的概念来解释为什么来自特权背景的人经常误认为自己出身是工人阶级这个问题，通过对 175 个从事专业和管理职业的人的访谈，认为以往的研究忽视了阶级身份的时间维度，受访者对工人阶级身份的认同来源于他们对自己与工人阶级大家庭历史的亲缘关系的强调，根植于家族历史故事和符号[②]。

虽然大多数对于代际流动的研究只关注到两代人之间的地位关系，但也有学者注意到社会地位在多代人间的延续。有学者研究发现，在几代人中，德国的职业和教育成就的持续存在比两代人的估计结果要大[③]。Paula Sheppard 和 Christiaan Monden 关注家庭中祖父母一代对于社会代际流动的影响，利用来自欧洲健康、老龄化和退休调查的数据分析，指出受过高等教育的祖父与孩子获得大学学位的几率增加有关，而且如果祖父和外祖父都受过教育，这种几率甚至更高[④][④]。此外，以往对于代际流动性的研究只局限于少数几个国家，Erzsébet Bukodi 和 Marii Paskov 等人将研究的视角扩大至欧洲 30 个国家，利用新构建的基于欧洲社会调查（ESS）的比较数据集，指出绝对代际阶层流动率由于阶级结构变化以及程度和模式存在的国家差异而变化很大[⑤]。

综上所述，目前国外对于代际社会流动方面的研究成果颇丰，研究主题也较为多元。一部分学者主要关注国家代际流动性上升或下降的变迁趋势，一部分学者是从教育、收入、职业等入手，着眼于这些层次的代际流动及其背后的影响机制。也有学者分析了包括家庭成员及其个体特征因素、家庭资本和家庭结构等在内的家庭环境因素和社区因素对于代际流动的影响，除了微观环境以外，宏观层面的诸如历史、文化、社会经济不平等等因素对于社会流动的作用

---

① Zhou M., Lee J., Vallejo J. A., et al., "Success Attained, Deterred, and Denied: Divergent Pathways to Social Mobility in Los Angeles's New Second Generation", *Annals of the American Academy of Political And Social Science*, Vol. 620, 2008, pp. 37-61.

② Friedman S., O'Brien D., McDonald I., "Deflecting Privilege: Class Identity and the Intergenerational Self", *Sociology*, Vol. 55, 2021, pp. 716-733.

③ Braun, S. T., & Stuhler, J., "The Transmission of Inequality Across Multiple Generations: Testing Recent Theories with Evidence from Germany", *Economic Journal*, Vol. 128, No. 609, 2018, pp. 576-611.

④ Sheppard, P., & Monden, C., "The Additive Advantage of Having Educated Grandfathers for Children's Education: Evidence from a Cross-National Sample in Europe", *European Sociological Review*, 2018, n. pag.

⑤ Bukodi, E., Paskov, M., Nolan, B. et al., "Intergenerational Class Mobility in Europe: A New Account", *Social Forces*, Vol. 98, 2019, pp. 1000-1195.

也同样是学者们的关注重点。然而，在研究内容上，大部分学者仅仅围绕单一主题对代际流动进行研究，对于教育、收入代际流动等方面的交叉研究较少。另外，对于社会转型与变迁过程中产生的诸多变化给代际流动带来的影响方面的研究不足。在研究方法上，利用数据和模型进行量化分析仍然是这一领域研究的主流，但采用个案研究、民族志等质性方法研究的文献数量较为匮乏。

第三节　核心概念、理论基础与研究设计

一、核心概念

本书指的国有企业是全民所有制企业；既包括从事产品制造的工厂和矿山等制造行业的国企，也包括通信、电力和商业等服务型国企；从国企的规模来看，大到位居世界五百强的大型中央直属国企，小到县级所属的小型国企。这些国企有的在改革中重组或上市做强做大，也有的在改制或破产之后完全退出市场。

所谓的国企子弟，就是其父母至少一方目前在国企工作或曾经在国企工作过的国企职工子女群体。国企子弟这一群体的年龄跨度范围可能从1950年代到2000年代出生的国企子女。因为本研究的对象是成年国企子弟，最年轻的研究对象可能出生在 2005 年①，而最年长的国企子弟可能是出生在新中国成立之初的 20 世纪 50 年代，已经超过 70 周岁。

为了更加深入分析国企子弟的特征，本书先将国企庇护体制分为完全庇护阶段、庇护转型阶段和庇护瓦解阶段。本书基于国企子弟不同出生世代，结合国企庇护体制的三个发展阶段，将国企子弟划分为三代，本书的第三章到第五章分别探讨了三代国企子弟的群体样貌。第一代国企子弟出生于 20 世纪 50—60 年代，这一代人是完全享受到了庇护体制的一代，他们享受到了福利分房、就业庇护（顶职、接班、内部招工等）、医疗卫生资源庇护和生活福利庇护。第二代国企子弟出生于 20 世纪 70—80 年代，第二代国企子弟当中有 20 世纪 70 年代早期出生的小部分享受到了庇护体制的福利，但是大多数第二代国企子弟并没有享受到庇护体制，他们经历了国企庇护体制的转型阶段。第三代国企子弟出生于 20 世纪 90 年代到 2000 年以后，这一批国企子弟完全没有享受到国企庇护体制，他们成长在完全市场化的体制。需要说明的是，这种划分是相对粗略的，也是一种理想类型，不能完全涵盖不同世代的国企子弟的特征。

---

① 本书写作时间为 2023 年，这一年度年满 18 周岁的国企子弟出生于 2005 年。

二、理论基础

（一）市场转型理论

自 1978 年中国从计划经济向市场经济转型以来，引发了波澜壮阔的社会变革，引起了西方学界的广泛关注和激烈讨论。西方社会科学学界将其称为"市场转型"，在这些实证研究和理论争鸣中形成了市场转型理论。

市场转型理论最初是倪志伟研究中国从再分配经济向市场经济转型过程中社会结构如何变化的产物。上个世纪八十年代末，学者倪志伟提出的市场转型理论，从市场权力、市场刺激和市场机会三个层面阐述了市场化进程中社会分层日趋平等化的趋势和全新的社会流动渠道，基本上奠定了我国社会流动研究的理论基调。[1] 市场转型理论强调，中国的经济改革导致资源分配机制发生根本性转变，以政治为导向的体系转向了以市场为导向的体系，这种根本性的转变有利于积极参与市场活动的"直接生产者"，并削弱了"再分配者"的特权。在转型过程中，政治资本回报会下降，人力资本回报和创业资本会增加，性别收入差距会缩小[2][3][4][5][6]。

市场转型理论主要关注以下议题：一是市场转型是否改变了中国社会的机会结构，促进了社会（阶级、阶层、职业与性别等）平等或扩大了社会不平等。二是政治（权力）资本、人力资本的效用是提升、下降还是基本保持不变等等[7]。

市场化是一个多维的历史进程，在这个过程中政府经济职能转变和市场作用发挥同步进行，双轨制的经济改革帮助实现了三个市场的建立。首先是商品

---

① 倪志伟，康郑汉，索尼娅·奥珀等：《创新理论：中国的市场转型、财产权与创新活动》，《国外理论动态》2013 年第 8 期。

② Nee, V., "A Theory of Market Transition：From Redistribution to Markets in State Socialism", *American Sociological Review*, Vol. 54, 1989, p. 663.

③ Nee, V., "Social Inequalities in Reforming State Socialism：Between Redistribution and Markets in China", *American Sociological Review*, Vol. 56, 1991, p. 267.

④ Nee, V., "The Emergence of a Market Society：Changing Mechanisms of Stratification in China", *American Journal of Sociology*, Vol. 101, 1996, pp. 908-949.

⑤ Nee, V., & Matthews, R., "Market Transition and Societal Transformation in Reforming State Socialism", *Review of Sociology*, Vol. 22, 1996, pp. 401-435.

⑥ Nee, V., & Cao, Y., "Postsocialist Inequalities：The Causes of Continuity and Discontinuity", *Research in Social Stratification and Mobility*, Vol. 19, 2002, pp. 3-39.

⑦ 唐斌斌，刘林平：《市场转型理论哪一些研究结论是可信的？——对市场转型实证研究结果的 Meta 分析》，《社会学评论》2021 年第 5 期。

价格大多通过市场机制调节，完整的产品市场体系逐渐确立；其次，劳动力市场不断完善，非国有经济的发展对劳动力的流动发挥了巨大作用；而资本市场的发育较为缓慢，政府始终对金融活动进行干预和调节[①]。

事实上，由于市场转型具有阶段性，转型中的阵痛使得宣扬阶层固化问题的声音不绝于耳，而实证研究的结果表明，自1978年改革开放以来，优势阶层所占比例下降，普通社会阶层向上流动的规模不断扩大，先赋性因素对人们职业获得和经济地位等的影响不断缩小[②]，我国社会的流动机会和流动规模仍是可观的。

市场化与收入分配存在密切联系，因此市场转型对于政治资本和人力资本效用的发挥持续存在争论。[③]边燕杰认为，劳动力市场和资本市场的发展对提高人力资本和政治资本的经济回报都有着积极作用。[④]此观点得到了不少研究的证实，中国市场转型过程中政治资本的作用不但没有下降，反而有所增强，拥有政治资本的人在收入方面具有明显优势，且人力资本对于经济回报的正向影响同样明显[⑤]。

与其他激进型的转型模式不同，我国是渐进转型变迁的代表。市场转型在我国的表现可以从职业流动等层面得以窥见，研究发现我国体制内劳动力部门的从业人数随着年龄减小而不断下降，而在私有类型劳动力部门中的从业人数随着年龄减小而不断上升。这种职业流动也导致了劳动力部门的变迁，初职为体制内单位的人数比例随着年龄减小而不断下降，初职为私有类型劳动力部门的人数比例则相反[⑥]。在众多的劳动部门中，国有企业管理者的双重角色也是研究的热点。

全民所有制的国有企业从计划经济的单位转变为市场导向的企业主体，是社会主义国家经济转型的关键举措，作为兼具公务人员和经理人员双重身份的

---

① 边燕杰，张展新：《市场化与收入分配——对1988年和1995年城市住户收入调查的分析》，《中国社会科学》2002年第5期。

② 胡建国，李伟，蒋耐平：《中国社会阶层结构变化及趋势研究——基于中国社会流动变化的考察》，《行政管理改革》2019年第8期。

③ 唐斌斌，刘林平：《市场转型理论哪一些研究结论是可信的？——对市场转型实证研究结果的Meta分析》，《社会学评论》2021年第5期。

④ 边燕杰，张展新：《市场化与收入分配——对1988年和1995年城市住户收入调查的分析》，《中国社会科学》2002年第5期。

⑤ 唐斌斌，刘林平：《市场转型理论哪一些研究结论是可信的？——对市场转型实证研究结果的Meta分析》，《社会学评论》2021年第5期。

⑥ 梁玉成：《渐进转型与激进转型在初职进入和代内流动上的不同模式——市场转型分析模型应用于中国转型研究的修订》，《社会学研究》2006年第4期。

国有企业管理者，他们能够获得企业带来的经济和政治的交叉回报，并在必要时首先服从政治角色，体现了我国社会主义市场经济的特色。①

市场转型理论在我国的应用也不止于此，基于我国农村地区广泛存在的行政命令和市场相结合的现实，②林南提出"地方市场社会主义"来整合市场、基层行政和地方社会文化背景因素，以此解释中国农村地区改革开放后的变迁情况。③

市场转型理论是本研究的重要理论视角之一，市场转型背景下国企庇护体制变迁的主要动力是市场转型。由于我国从计划经济向市场经济转型的背景，国企庇护体制经历了从全面庇护、庇护式微到庇护瓦解的过程，庇护体制的演变是国企子弟命运转折的重要背景，尤其是对第一代国企子弟的影响更为深刻。我们在研究中贯穿了市场转型理论，用市场转型理论的视角，分析市场转型对国企庇护体制的影响，剖析市场转型对国企子弟儿时生活、教育经历、职业发展、社会流动和身份认同的影响，从中总结出市场转型对国企子弟命运与选择的综合性影响。

（二）社会流动理论

社会阶层流动，尤其是阶层的代际流动，一直以来都是社会分层研究中赓续不断的主题之一，代际流动指的是父母与子女两代人之间的职业和社会地位的流动，它反映了社会的封闭程度以及社会分层体系的变化和发展状况。④

我国学者关于不同职业的代际流动研究较为多元化。首先，针对不同职业的社会流动率，即"X二代"群体的代际继承问题，学者们得到了以下研究结果。顾辉的研究发现，不同精英阶层的固化程度不同，"官二代"的代际继承率比较低且代际流动相当分散；企业负责人阶层的继承率也不高，但随着第一代私营企业主陆续进入退休年龄，"富二代"的继承率会有所上升；专业技术人员阶层的继承率较为稳定，"知二代"的继承率较高。⑤但叶春辉等提出了不同的观点，他们认为优势阶层的固化趋势较为明显、代际封闭性在不断增强，呈现出一定的"精英再生产"特征。⑥对于"农二代""贫二代"等下层阶级的代际流动，学者们基本上一致认为这一弱势阶层的代际继承性在不断减

---

① 边燕杰，雷鸣：《国有企业管理者的双重角色》，《浙江学刊》2015年第4期。

② 陈家建：《中国农村治理研究的理论变迁》，《江汉论坛》2015年第1期。

③ Lin, N., "Local Market Socialism: Local Corporation in Action in Rural China", *Theory and Society*, Vol 24, 1995, pp. 301-354.

④ 陈云松，贺光烨，句国栋：《无关的流动感知：中国社会"阶层固化"了吗？》，《社会学评论》2019年第6期。

⑤ 顾辉：《从社会流动率看当前"X二代"的代际继承》，《安徽师范大学学报（人文社会科学版）》2016年第2期。

⑥ 叶春辉，卞伟，卓妮，张林秀：《中国农村居民代际社会流动研究——基于全国5省101村大样本问卷调查》，《浙江农业学报》2017年第10期。

弱，尤其是青年人群体的向上流动机会不断增多。

其次，在影响阶层流动的主要因素方面，学者们都不约而同地提及传统教育在提升个人社会地位中的作用减弱。教育机会不平等的现象仍然严重。[①] 当前新世代农民工的主流群体是 90 年代出生的"农二代"占据，接受高职教育的"农二代"在利用自己的职业技能、职业精神、社会能力等兑换社会资本的过程中存在很大劣势。[②] 我国教育代际传递性很强，但教育代际间的流动性较低，且代际流动率的地区差异性显著，因此下层阶级很难通过教育实现向上的社会流动，各类"二代现象"也由此产生。[③] 教育作为影响阶层流动的主要机制，其作用的发挥与地区经济发展水平的相关性较强，经济发展水平越高，教育能够发挥的作用也愈加显著。[④] 同时国企改制造成大量工人下岗，为拉动需求、缓解就业压力，我国的教育产业化启动，随之而来的大众化教育质量下降，教育投资回报率下降问题日益凸显。[⑤]

虽然代际继承的现象显著，但新媒体时代也提供了更为多元的阶层流动途径。黄庆丰等认为新媒体时代的各级阶层具有二元场域的特征，信息共享有助于缓和阶层固化，网络虚拟场域推动了不同阶层的平等交流。[⑥] 此外，也有部分学者研究了代际社会流动对于婚姻匹配的影响。代际社会流动与婚姻匹配的关系呈负相关，如经历了向上流动的城市男性更容易向下匹配，经历了向下流动的城市女性与农村男性更容易向上婚配。[⑦]

由此可见，我国学者对于当前社会流动的研究大多集中于各类"二代"群体的代际继承率问题，提出优势阶层的封闭性不断增强，处在下层阶级的"农二代""贫二代"等很难通过传统教育实现阶级向上流动的观点。而有关国企子弟代际继承的研究甚为缺乏，何雪松等曾以某国有企业为研究对象，调查了国企内管理人员群体、技术工人群体与普通工人群体的社会流动现象，[⑧] 但是并未在研究中调查"工二代"们的流动情况。国企改革以前，国有企业"世袭

① 余秀兰：《教育还能促进底层的升迁性社会流动吗？》，《高等教育研究》2014 年第 7 期。

② 潘峰：《高职"农二代"的文化资本与社会流动——来自厦门高职毕业生的案例考察》，《职教论坛》2018 年第 5 期。

③ 赵红霞，冯晓妮：《我国教育代际流动性及地区差异的比较研究——基于 CHARLS2013 数据分析》，《中国青年研究》2016 年第 8 期。

④ 刘诗瑶：《资源枯竭型城市矿二代代际流动研究》，《青年研究》2020 年第 3 期。

⑤ 郭东杰：《制度变迁视阈下中国社会流动机制演进分析》，《浙江社会科学》2020 年第 11 期。.

⑥ 黄庆丰，宋健，宋娜：《新媒体时代下的阶层固化与阶层流动——基于社会分层与社会流动的视角》，《改革与开放》2017 年第 14 期。

⑦ 石磊：《社会阶层、代际流动与婚姻匹配》，《中央民族大学学报（哲学社会科学版）》2020 年第 6 期。

⑧ 何雪松，袁园：《国企改制、员工流动与权力延续——以长江中下游某金属冶炼企业为例》，《华东理工大学学报（社会科学版）》2014 年第 6 期。

接班"的现象屡见不鲜，随着市场化就业机制的逐步建立，不能"接班"的国企子弟何去何从的问题等等同样值得我们关注。

代际流动通常被认为是衡量一个社会机会平等程度的指标。[①] 国外学者对不同国家或地区的代际流动情况作了比较研究，认为不平等与国家层面的经济流动性之间存在关联。[②] 首先，代际流动似乎在北欧国家最为迅速。其次，美国和英国的代际流动率低于其他的发达工业化国家，其不平等程度更高。最后，发展中国家，尤其是拉丁美洲的代际流动性更低。[③④] Alesina Alberto 等使用人口普查数据研究了非洲自独立以来教育程度的代际流动性，较发达的地区城市化程度较高，服务业及制造业的就业率较高，因此其向上流动率更高。[⑤] 对历史、人口和经济趋势的探索表明，经济发展的区域差异以及收入和财富不平等的波动是影响代际流动的主要因素。[⑥]

国外学者亦认为与提高代际流动性相关的首要因素便是教育。北欧国家代际流动性最高的原因在于普遍和高质量的托儿服务，从早期护理到高等教育的各个层面的渐进式教育筹资促进了向上流动。[⑦] Florencia Torche 调查了美国教育精英之间的代际流动性，与受教育程度较低的人相比，拥有大学学历的这一群体代际流动性更高；研究生学历持有者的流动性下降；博士学历持有者群体之间的流动性又很高。[⑧]

目前，在国外研究代际流动最具创造性的新方法之一是使用姓氏作为识别共同血统的一种方式。Maia Guell 等人开发了一个复杂的模型，该模型展示了如何使用包含稀有姓氏的人口数据以及社会经济结果来提供关于代际流动率的

① Steve N. Durlauf & Irina Shaorshadze, *Intergenerational Mobility：Emerging Trends in the Social and Behavioral Sciences*, Wiley Online Library, 2015, pp. 1-13.

② Torche, F., "Analyses of Intergenerational Mobility：An Interdisciplinary Review", *The Annals of the American Academy of Political and Social Science*, Vol 657, 2015, pp. 37-62.

③ Mazumder, Bhashkar, *Intergenerational Mobility：A Cross-National Comparison*, Wiley Online Library, May 2015, pp. 1-14.

④ Torche, F., "Analyses of Intergenerational Mobility：An Interdisciplinary Review", *The Annals of the American Academy of Political and Social Science*, Vol. 657, 2015, pp. 37-62.

⑤ Alesina, A., Hohmann, S., et al., "Intergenerational Mobility in Africa", *Political Economy-Development：Comparative Regional Economies eJournal*, 2019, pp. 1-35.

⑥ Olivetti, C., & Paserman, D., "In the Name of the Son (and the Daughter)：Intergenerational Mobility in the United States, 1850—1940", *American Economic Review*, Vol. 105, 2015, pp. 1-47.

⑦ Fox, Liana, Florencia Torche, & Jane Waldfogel, "Intergenerational Mobility" in *The Oxford Handbook of the Social Science of Poverty*, Oxford Academic, 5 Apr. 2017.

⑧ Torche, F., "Intergenerational Mobility at the Top of the Educational Distribution", *Sociology of Education*, Vol. 91, 2018, pp. 266-289.

洞察，这种方法也克服了依赖多代数据来衡量流动性的问题。[①] Claudia Olivetti 和 M. Daniele Paserman 也利用这种新颖的实证方法研究了美国父亲与子女之间的代际流动性，认为名字传达的有关社会经济地位的信息可用于创建跨代的伪链接。他们的研究计算了两性在不同时间点的社会流动程度，能够更准确地确定移动性发展的关键拐点，为 19 世纪末和 20 世纪初美国的代际流动提供了一个新的视角。[②]

比较发达国家和发展中国家的流动性差异是当前国外学者们的一个研究趋势，跨国比较也有助于讨论或借鉴其他国家有利于促进流动性的公共政策或制度。仅以美国为例，过去几十年间经济和教育不平等的加剧导致美国的代际弹性已经在下降，因此结合经济学知识探究代际流动与收入、家庭收入、阶级和职业地位等因素的相关性也是学者们关注的主要内容。Florencia Torche 也提出，迄今为止，大多数有关代际流动的分析均基于样本量较小的调查数据，并依赖对父母和子女收入的有限衡量，因此在不同的研究中经常出现结果不一致的情况。[③]

社会流动是本研究关注的核心命题，社会流动理论为本研究提供了重要的理论视角。首先，我们在研究中借助社会流动的理论视角，探讨国企子弟作为"二代"群体，在代际流动中有何规律，比较三代国企子弟在儿时生活、教育经历、职业发展、身份认同等方面的异同；其次，我们也探讨国企子弟代内流动的特征，尤其是自评社会地位、职业流动特征，分析国企子弟在生命历程的不同阶段社会地位和职业身份的变化趋势。

（三）生命历程理论

生命历程理论率先出现在上个世纪六十年代的美国，最初属于发展心理学对生命跨度的研究范畴，埃尔德在《大萧条时代的孩子们》中对该理论的阐释将其带入里程碑式的发展，他提出"个体在一生中会不断扮演的社会规定的角色和事件，这些角色或事件的顺序是按年龄层级排列的"。埃尔德创造性地提出生命阶段、社会需求、控制循环、彼此联系的生命和强调机制这五种联结机制。[④] 生命历程理论试图寻求个体与社会的结合点，找到将生命的个体意义和社会意义相联系的方式，在埃尔德之后得到了学界的广泛关注。[⑤]

[①] Mazumder, B., *Intergenerational Mobility: A Cross-National Comparison*, Wiley Online Library, May 2015, pp. 15-23.

[②] Olivetti, C., & Paserman, D., "In the Name of the Son (and the Daughter): Intergenerational Mobility in the United States, 1850—1940", *American Economic Review*, Vol. 105, 2015, pp. 1-47.

[③] Torche, F., "Intergenerational Mobility at the Top of the Educational Distribution", *Sociology of Education*, Vol. 91, 2018, pp. 266-289.

[④] 周晓虹：《口述史与社会记忆：现状与未来》，《南京社会科学》2020 年第 3 期。

[⑤] 包蕾萍：《生命历程理论的时间观探析》，《社会学研究》2005 年第 4 期。

不同于生命周期、生命跨度和生活史等概念，生命历程理论研究范式中最核心的四个原理分别是一定时空中的生活、个人能动性、相互联系的生活和生活的时间性。[①] 生命历程理论关注整个生命历程中宏观事件和社会历史力量对个人生活史的影响，关注个体年龄的社会意义、相关联生活群体的效应以及个体的主动性等。[②]

年龄、轨迹、转变、延续和累积等概念建构了完整的生命历程研究体系，其中转变是指个体在某方面生命轨迹的变化，经常以结婚、工作变动等"转折性事件"为标志，往往会改变生命轨迹的发展方向，因此转变的概念在研究中受到了重视。[③] 生命历程理论形成了两个传统的研究范式，一是从社会文化的角度关注各年龄层在社会结构中的位置，二是从同龄群体及其历史的角度分析个体的生活经历和体验。同时，对于特殊群体家庭、教育、工作等生命历程的考察也逐渐成为热点。[④]

二十世纪八十年代，该理论将生命历程与经济水平和福利国家之间建立联系，现代中国剧烈的历史变动和社会变迁与生命历程理论的基本视角相契合。李强认为，在中国这样一个结构变迁不断发生的社会，有必要将研究的问题与社会变迁结合起来考察。从"三反""五反"运动到"知识青年上山下乡"再到恢复高考、改革开放以及国企改制等一系列堪称巨变的社会转型对无数国人产生了深刻影响。[⑤] 集体主义时期，我国治国理政的基本逻辑是促进客观经济发展的同时进行社会主义社会形态和社会关系的改造。有学者以妇女劳动模范郝建秀的故事展现了我国社会主义改造过程中实现阶级与性别双向的"翻身叙事"，单从生产关系这一方面来看，我国社会主义改造对于劳动者的影响便是改变传统资本主义利益优先和效率优先原则下的剥削与压迫，缩小工人和技术、管理等精英人群的地位差异。[⑥] 国内运用生命历程理论对知青群体和下岗职工群体等特殊人群的研究不乏其数，它能够为群体生活轨迹和社会事件及社

① 李强，邓建伟，晓筝：《社会变迁与个人发展：生命历程研究的范式与方法》，《社会学研究》1999年第6期。

② 杨汇泉，朱启臻：《农村留守儿童家庭抚育策略的社会学思考——一项生命历程理论视角的个案考察》，《人口与发展》2011年第2期。

③ 董云芳，范明林：《女性农民工的生命轨迹与职业流动：生命历程视角的分析》，《华东理工大学学报（社会科学版）》2020年第4期。

④ 江立华，袁校卫：《生命历程理论的知识传统与话语体系》，《科学社会主义》2014年第3期。

⑤ 李强，邓建伟，晓筝：《社会变迁与个人发展：生命历程研究的范式与方法》，《社会学研究》1999年第6期。

⑥ 原璐璐，Nicola Spakowski，周晓虹：《20世纪50年代工业化与社会主义改造时期的性别平等、技术革新与"翻身"叙事——以郝建秀的工作法及其生命历程为例》，《妇女研究论丛》2023年第6期。

会问题进行深入的了解和阐释。[1]

随着现代化的深入发展，社会领域的新形势和新变化也为生命历程理论研究提供了新的社会事实，并逐渐分离出北美范式和欧陆范式，前者强调以能动性为导向的个体毕生发展，而后者突出社会环境特征和过程约束的作用，认为生命历程是社会力量作用的结果。现有观点认为上述两种范式均存在一定不足，因此有学者将二者进行整合，结合了事件史与序列分析方法，融合发展出"生命历程立方体"这一全新命题，将影响个体生活的复杂性因素简化为时间、层次和生命领域三个维度，提出了"竞争轨迹分析"的观点。[2]

本研究基于生命历程理论，对国企子弟的生命历程事件进行深入分析，主要关注的是国企子弟的儿时生活、教育经历、职业发展、身份认同和社会流动等方面，这些方面贯穿了国企子弟从儿时到当下，涵盖了他们生命历程的主要阶段。我们对国企子弟的生命历程分析借鉴了"生命历程立方体"，既关注国企子弟所处时代的社会结构性因素，也关注他们生命历程发展中个体的主观能动性的作用，力图能够刻画出国企子弟生命历程的立体图景。

三、研究设计

（一）研究框架

本研究的核心问题是庇护体制变迁对国企子弟的命运与选择带来什么改变。紧扣这个问题，从以下方面进行研究：

（1）庇护体制变迁背景下国企子弟命运的分析框架

通过理论检索和文献回顾，梳理以下内容：①对国内外关于市场转型理论、社会流动理论和生命历程理论的研究成果进行梳理与评价，并得出一般性理论启示，从不同维度分析庇护体制变迁背景下国企子弟命运的内涵和外延。②运用市场转型理论、生命历程理论和社会流动理论，对庇护体制变迁背景下国企子弟命运进行分析。

（2）国企庇护体制的内涵、生成与变迁

通过梳理国企改革发展的历史资料和国企子弟的访谈资料，总结我国国企庇护体制的内涵；探讨我国国企庇护体制是如何生成的，其背后的原因是什么；总结我国国企庇护体制的变迁过程，探讨其因果关系。

---

[1] 江立华，袁校卫：《生命历程理论的知识传统与话语体系》，《科学社会主义》2014年第3期。
[2] 王殿玺，赵玉峰：《理论融合与方法竞合：生命历程研究新趋势》，《中国社会科学评价》2022年第4期。

（3）庇护变迁三阶段国企子弟的命运与抉择

在庇护变迁三阶段背景下，三代国企子弟的生活状况、教育经历及教育流动、职业发展和地位认同。这是本书的重点内容，充分展示宏观庇护体制变迁的背景下国企子弟个人命运状况，并通过相关理论进行解释。

（4）对国企子弟群体的理论探讨

这一部分总结本书的主要结论，与现有研究进行对话，对研究的主要理论进行提升。一方面认为庇护体制变迁是解码国企子弟命运的钥匙，另一方面认为要客观看到国企庇护体制式微的社会价值，它能够促进社会流动。在此基础上总结本研究不足，对未来研究提出展望。

（二）研究思路

总体思路：围绕"国企庇护体制内涵、生成与变迁；庇护变迁三阶段国企子弟的群体样貌如何；庇护体制变迁背景下国企子弟命运变迁有何理论价值"三个问题，按照"框架设计—理论建构—调查研究—理论提升"的思路进行研究。

具体思路：（1）文献回顾与研究设计。对国内外市场转型理论、社会流动理论、生命历程理论的相关文献进行梳理，研读现有的相关档案文件和历史资料，对研究方案进行细化，设计访谈提纲等。（2）理论建构。基于市场转型理论、社会流动理论、生命历程理论，以及现有单位制研究的成果，提出国企庇护体制的理论分析框架。（3）调查研究。通过深度访谈、参与观察等方式获取第一手资料，分析庇护变迁三阶段三代国企子弟的群体样貌。（4）理论提升。基于前期调查材料，总结本书的主要结论，并与现有研究进行对话，对研究的主要理论进行提升。

（三）研究方法

1. 搜集资料的方法。本研究从 2021 年 5 月启动田野调查，到 2022 年 11 月结束，历时一年半。一是采用深度访谈法。以被访者驱动抽样[①]的方式获取 80 位国企子弟作为访谈对象。调研对象涵盖了江苏、辽宁、吉林、黑龙江、河南、山西、陕西、山东、江西、四川、甘肃、新疆等 12 个省（自治区）。受

---

① 被访者驱动抽样（Respondent-Driven Sampling）中，样本通过被访者推荐的方式进行收集。第一个接受访问的对象被称为"种子"（seed），他/她在接受访问的同时，以物质奖励的方式激励其邀请目标群体中的其他成员参与调查；以此类推，后续的被访者也被激励推荐其他成员参与调查，这个过程一直持续到样本实现"均衡"。被访者驱动抽样可以作为缺乏抽样框群体抽样的有效的替代性方法。引自刘林平，范长煜，王娅：《被访者驱动抽样在农民工调查中的应用：实践与评估》，《社会学研究》2015 年第 2 期。

新冠肺炎疫情影响，有部分访谈是采取电话访谈的方式。通过对 80 位国企子弟的深度访谈，通过生命历程的视角，了解他们个人命运在国企庇护体制变迁中的发展变化，访谈内容主要是探讨他们的生活状况、教育经历（教育流动）、职业发展与职业流动、地位认同与代际流动等方面的状况。二是采用参与观察法。研究团队深入到工厂、煤矿、农场等厂矿，了解国企历史和现状，观察国企子弟曾经工作生活的场景，试图还原他们生活轨迹；观察国企子弟当下的生活状况和生活场景，丰富本研究的背景资料。

2. 分析资料的方法。通过查阅现存的学术文献、规范性文件（法律法规、政策文件）、统计数据、档案资料和口述资料，采取内容分析法和统计分析法等，梳理国企庇护体制形成的宏观背景和历史逻辑。第一类资料是学术文献，我们对现有的关于社会流动、市场转型和生命历程的文献资料进行全面的梳理，对现有的文献进行比对分析，梳理出研究的理论框架。第二类是规范性文件，梳理并分析关于国企产生、发展和改革的相关法律法规和政策文件，试图从宏观上把握影响国企子弟命运的制度性因素。第三类是统计数据和档案资料，从权威的官方数据和研究资料中梳理相关的数据资料，从档案记载中寻找国企庇护体制演变的历史脉络，为研究国企子弟提供有力的事实证据。第四类是口述资料。对本研究所获得的访谈资料进行梳理，归纳国企庇护体制发展演变的历史过程，总结国企子弟生命历程的发展规律，比较三代国企子弟命运变迁的异同。

第二章 国企庇护体制的内涵、
生成与变迁

第一节 国企庇护体制的内涵

一、国企庇护体制的内涵

按照现代汉语的解释，"庇护"的定义是"袒护；保护"①。其中，"袒护"是贬义词，而本文采用"保护"这一释义，属于中性词，主要是指计划经济时代国企对职工提供全方位的保障这一现象。

在现有研究中，"庇护"包含两层内涵，一层是国企对职工提供的庇护。社会主义制度下对于工农阶层子弟的额外照顾可称之为"国家庇护"（state-sponsored）。这一概念是由 Titma 等学者在研究苏联教育获得时提出的②。学者周雪光曾将其观点概括为以下三个方面：其一，指令性经济赋予下层干部在资源分配上的垄断权力。普通群众只能通过与这些干部建立庇护性的依赖关系才能获得益处。这样，庇护关系遂成为国家与社会之间的一个主要纽带。其二，单位的封闭性以及社会关系的感情纽带导致了这种庇护关系的稳定性。其三，这种庇护关系具有重要的政治意义，它加强了国家渗透与协调社会的能力，导致了人们对现有制度的认可，促进了社会群体的分化，减弱了社会自主的集体行为的能力③。

另一层是单位内部上级对下级的庇护。正如"单位"研究的开启者华尔德在其代表作中所说的那样，他的目的是通过分析工作场所（即"单位"）中的权力关系来透视中国社会主义社会独特的社会结构，特别是政治关系。在华尔德看来传统体制下工厂中的权力结构表现为：在车间中存在着一个由领导和少数积极

---

① 中国社会科学院语言研究所词典编辑室：《现代汉语词典》，商务印书馆 2005 年版，第 75 页。

② Titma, M. K., Tuma, N. B., & Roosma, K., "Education as a Factor in Intergenerational Mobility in Soviet Society", *European Sociological Review*, Vol. 19, 2003, pp. 281-297.

③ 周雪光：《西方社会学关于中国组织与制度变迁研究状况述评》，《社会学研究》1999 年第 4 期。

分子建立的施恩回报关系网络（patron-client network），即庇护关系网络①。华尔德则提出所谓庇护关系论，认为共产党社会中"新传统主义"有两大特质：制度性依附结构和有原则的特殊主义，描述了在城市工厂单位中的关系互动模式，以个人的忠诚和礼节性的贿赂换取上级的庇护，上下级之间建立施恩回报的循环关系②。

从这两种庇护关系来看，两者的区别在于第一种属于制度性依赖，国家—社会的框架中，国企充当了资源分配者的角色，将国家配置给国企的资源再次分配，也可以认为是国家资源分配的代理人。正如田毅鹏所言，在"国家—单位—个人"的纵向体系中，"单位依赖"的实质是国家依赖，是由单位体制和组织所承载的各种保护政策直接影响作用下的产物，单位人只要进入单位组织，便自然会获得一种来自体制和组织带有较强覆盖性的强力保护③。第二种庇护关系是国家依赖的再转化形式。不管国家还是单位，都是抽象的资源所有者，在资源分配层面上需要具体的执行人。在国企内部，资源分配的执行人是单位领导，单位领导掌握了就业岗位、社会福利、晋升机会等资源的分配。某种程度上，对于国家和单位的忠诚是抽象的，而对于国企领导的忠诚是具体的，而且能够带来直接的回馈，比如得到更多的晋升机会、更好的工作岗位、优先的福利分房机会等等。正因为如此，产生了华尔德提出的庇护关系论，体现在国企内部，少数的积极分子对领导的忠诚和贿赂，目的是换取更多的资源，这种忠诚—施恩的循环，造就了一种国企领导与职工之间的庇护关系网络，属于这个庇护关系网络的人员自然能得到更多的资源和发展机会。

国家通过单位给职工提供"几乎是从摇篮到坟墓的终生社会福利制度，以及囊括工作、家庭、邻里、社会存在以及政治身份的关系网络"④。在本书中，庇护体制是指在计划经济时代，国企作为一个社会共同体单位，对职工提供全方位的社会保障体系和情感庇护，主要包括就业身份庇护、社会保障庇护、情感庇护、家属就业庇护四个方面，在这种庇护制度下国企职工形成了对单位的资源依赖。无论是职工还是其家属，都对企业产生一种强烈的依附，这种"依附"所带来的对"企业的内部认同"也是非常强烈的⑤。

---

① ［美］华尔德：《共产党社会的新传统主义》，龚小夏译，香港：牛津大学出版社1996年版，第201—203页。

② ［美］华尔德：《共产党社会的新传统主义》，龚小夏译，香港：牛津大学出版社1996年版，第201—203页。

③ 田毅鹏：《中国国企"单位依赖"结构的生成演变及其改革调适》，《武汉大学学报（哲学社会科学版）》2022年第5期。

④ Yeh Wen-Hsin，"Republican Origins of the Danwei：The Case of Shanghai's Bank of China"*Danwei：The Changing Chinese Workplace in Historical and Comparative Perspectives*，1997.

⑤ 田毅鹏：《"典型单位制"对东北老工业基地社区发展的制约》，《吉林大学社会科学学报》2004年第4期。

二、国企庇护体制的表现

（一）就业身份庇护

中华人民共和国成立以后，国家为了社会稳定，实行国家"调配就业"和自主择业相结合的劳动就业制度。1956年以后，企业招工的自主性被收紧，国家"统包统配"就业成为国企招收工人的主要方式。所谓"统包统配"就业，指的是对社会劳动力由国家授权劳动部门统一招收和安置，统一调配和调剂。国家新建单位根据经常性生产、工作需要，通过劳动行政部门办理招收录用手续，未规定工作期限，长期使用的工人[1]。这种用工方式被人们习惯称为"固定工"或"固定职工"，与"临时工""季节工"相对应。1952年，政务院规定，各单位原则上不能再辞退职工。1955年政府颁发了禁止辞退职工的规定[2]。这两个规定意味着中国逐步确立了"只能进不能出"的就业体系。随后，国家虽然也进行了劳动用工制度改革，要求企业多用临时工，少用固定工。在"文化大革命"期间，之前的用工制度改革的成果被否认，大量的临时工、季节工转换为固定工，实际上是固化了固定工制度，使得劳动用工制度日益单一。

对于国企职工个人而言，一旦成为国企固定工，就相当于端上了"铁饭碗"，与企业建立了长期固定的终身雇佣制，一般情况下不会轻易被企业辞退，不会受到外部市场影响。终身雇佣制给国企职工带来安全感，每个月准时的工资发放，起码能够保障职工的基本生活无忧。这种保障与农民或非固定就业人员相比，有很大的优势，国企职工对未来有相对稳定的预期，起码不用担心下个月或者下一年家里收入不稳定的问题，这种预期能给人安全感，不会存在吃了上顿没下顿的焦虑。一位国企子弟也是国企职工这么说：

我们客观地说也不是富裕到什么程度。第一，我们从精神层面来说，首先是自己有家，感觉是在家里，从精神层面来说我不害怕这个月工资用完了，下个月15号就准时发下来了，很准时，一天都不会拖。工资虽然不高，但是它足以可以让你吃饱饭，而且一般的花销都是有的。所以我们那时候感觉是比较有保障的，相比较这个周边的农村，我们条件已经非常好了。（20220319GHF）

这种终身雇佣制度有利于稳定职工队伍，培养长期使用的人才，尤其是留

---

① 蔡伏虹：《身份继替与劳工再造：子女接班制度演变过程研究》，博士学位论文，上海大学，2015年，第52页。

② 蔡伏虹：《身份继替与劳工再造：子女接班制度演变过程研究》，博士学位论文，上海大学，2015年，第67—68页。

住技术骨干，增强职工对组织的归属感，就像上述访谈者所说的"自己有家"，激发职工的"爱厂如家"的主人翁精神。当然，我们也要看到其弊端，这种制度使得人们的就业观念变得比较狭隘，认为不是固定工就不是正式工作。这种观念根深蒂固，甚至影响至今。终身雇佣制意味着职工"能进不能出"，没有淘汰机制，容易造成少数职工消极怠工，出工不出力，不利于激发职工的工作积极性，不利于职工队伍的优胜劣汰。相比之下，现在的国企打破了终身雇佣制，企业不再给职工提供终身的就业保障，也带来一些负面效应，比如无法留住一些技术骨干、管理骨干，企业职工对国企的忠诚度、归属感大大下降。

（二）公共服务庇护

公共服务在不同的历史时期有不同的概念界定，在当前的公共管理理论视野下，"公共服务主要是指由法律授权的政府和非政府公共组织以及有关工商企业在纯粹公共物品、混合性公共物品以及特殊私人物品的生产和供给中所承担的职责"[①]。根据新公共管理理论，国企所提供的公共服务既包括公共卫生健康与传染病防治、义务教育等基本公共服务，也包括养老保险、医疗保健、失业保险等这一类混合公共物品，需要由国家、单位和个人共同承担；此外，还包括公共浴池、理发室、影院、食堂、非义务教育等私人物品。当然，这种公共服务的享受并不是一视同仁，有明确的身份界限。国营企业职工能享受全额劳动保险和退休金，还有食堂、诊所、节假日福利和福利分房等，但是临时工与集体企业职工只能享受到这些福利待遇的部分项目。这种现象被华尔德称为"生活条件的身份等级"[②]。

在1994、1995年那是好得很。我们有广播站，每周六广场上会放电影，不需要钱，就是那种露天的。吃饱了就不管啥，无忧无虑的，大家都吃一样的。福利发得多，过年米、面、肉、油、水、饮料都发的。一家子五六口都在厂子里，一家五十斤油，你想吓人啊，那大钢盆的咧。（20220505HKX）

应该指出，虽然这里使用了"公共服务"的概念，但是此处提到的公共服务面向的对象并不是通常意义上的全体公民，而是只是指国企内部的职工及其家属，严格意义上来说，应该称为"准公共服务"或者"有限公共服务"。此外，即使是公共浴池、理发室、影院、食堂等在现在看来属于私人物品，在当时背景下也是福利性质的，一般只能给国企职工免费提供或廉价享受。正如一位国企子弟说：

免费住房、免费医疗、免费上学，这三项全是免费的，那时候没有什么是

---

① 马庆钰：《公共服务的几个基本理论问题》，《中共中央党校学报》2005年第1期。

② 吴清军：《国企改制与传统产业工人的转型》，博士学位论文，清华大学，2007年，第204页。

收费的，更不要说现的收费补习班，根本都是不存在的。我在我的企业工作，企业按照你的工龄年限，按照一定的规定，分给你一套住房或者一间住房，你在我企业上班的福利，其中就包括住房。我们医疗是免费的，幼儿园初中高中全是免费的，我们所掏的费用只是成本费，所谓的成本费比如说上学是书本费，比如说看病，我们那时候叫卫生所，有时候叫保健站，那时候厂里的人去看病，都是就挂个号，掏几分钱的挂号费，交基本的一些成本费用，其他所有的费用全部是厂子出的，那时候真正享受公费医疗制度。（20220319GHF）

在当时的计划经济条件下，全国社会福利水平普遍比较低，这种免费住房、免费医疗、免费教育的政策确实非常诱人，能够吸引很多年轻人想方设法到国企工作，甚至有些职工从政府部门转到国企就业。即使是今天高度市场化的社会，这些优惠条件也非常吸引人。

我们上班的时候算是厂里最辉煌的时候，好得很，像我们厂，好多我们周边现在来说特别好的企业，铁路系统的好多人，还有供电系统，当时苦得很，好多人走后门，都要往我们厂调。调来之后，最后这个企业也完了，那些人就后悔。（20220315TJZ）

这些公共服务庇护的产生有其特定的历史背景。早期国有企业刚刚建立起来，在计划经济时代又缺乏配套的生活服务，尤其是一些厂矿企业远离城市，独立于城市的生活服务之外，必然需要安排配套的社会设施，提供必要的生活服务；还有些国有厂矿企业都是独立于城市的存在，或者是先有厂矿企业，然后才有城市，例如山东东营、黑龙江大庆等资源型城市都是这样发展起来的。大多数国企为了便于职工上下班，采取了"前厂后院"的布局。所谓的"前厂后院"的模式，就是把工厂放在重要的位置，在附近地块再建设家属区。这种生活服务设施建设都是围绕企业生产服务的，甚至有些企业为了方便职工三班倒的作息时间，开设可以夜间为上夜班的职工照料孩子的幼儿园。这种做法确实有其存在的合理性，因为企业运行中需要统一安排，降低职工通勤支出和时间，减轻职工在生活服务方面的负担，有利于激发职工的工作积极性。

（三）情感庇护

国企对职工的庇护不仅体现在日常的居住、出行、饮食、娱乐等方面，还体现在对职工生活细致入微的关心。在父爱主义的体制下，国企领导就像一位大家长，要关心每一位职工的思想动态，过问每一位职工结婚、离婚、家庭纠纷等家庭事务。职工在国企的大家庭感受到社会共同体的温暖，感受到单位的情感庇护。正如一位国企子弟所言：

这个厂因为工人为主，不像现在这么复杂，那时候讲人情味，都是上海过来的，人数是很足的。不管是工作上还是其他方面，跟领导讲，领导立马能帮忙，比如你想找女朋友，领导都可以安排给你介绍，你现在跟领导讲我没有女朋友，人家睬都不睬你。当时一对夫妻离婚都要做好工作，他们要做很多工作，现在你离婚，跟我有什么关系，所以以前人情味还是很足的，现在没有人情味。（20211029HZH）

这个案例可见，当时国企对职工的庇护可谓细致入微，大龄青年的婚恋介绍、家庭矛盾调解这类事务当时也是国企领导关心的范畴，这种事务在当下来看已经纯粹属于个人事务，没有多少单位领导会主动关心，除非这种事务已经影响到下属的工作。过去国企领导对职工婚恋问题、离婚问题细致入微的关照，充分体现了单位制浓厚的"父爱主义"，有利于增强职工对国企的认同感，营造单位共同体的人情味，增进单位内部的团结，确实有其必要性。1964年，《关于大庆油田会战情况的报告》总结道："在日常生产和生活中，抓紧进行一人一事的活的思想工作。"这份报告中还提到正因为依靠群众随时随地做思想工作，群众中大量的思想问题，就能及时得到帮助和解决①。大庆油田的做法也印证了单位制下国企对职工个人思想问题、困难的关心确实有其必要性。从组织认同感的角度来看，这种单位共同体下的组织对职工事无巨细的关怀有其特殊的意义，有利于素质职工对国企的组织认同，他们自然而然地把单位当作"我们"这个共同体，有利于提升他们对组织的忠诚度和归宿感。过去一些老工人，谈到所属的企业时，习惯于用"我们厂""我们单位"指代，而不是用企业的具体名称，也可以说明他们对单位的组织认同感较强。因为组织认同强调个体在自我定义中，把自己和组织融合为一体，从"我"变成"我们"的过程，表现为个体对于组织在归属感、自豪感和忠诚度等方面流露出的情感归依②。

在当前市场经济背景下，国企领导在关心下属、做思想工作的方面并不像过去那么重视。从现在的眼光来看，领导过于关心下属的家庭事务，似乎是一种工作和生活的界限不明确，在当前人们强调个性和独立的思维方式中并不能接受，因为当前没有多少职工愿意让自己的家庭琐事为领导所掌握。单位领导对下属的关心减少，一方面是由于市场经济条件下，很多事务已经不在单位关注的议事日程，国企的重心在于发展生产，提高经济效益。另一方面，随着国外思潮的影响，过去的集体主义思想在国企已经比较单薄，而个体的权益、隐私、自由这些因素被凸显出来，在此背景下婚恋、家庭矛盾等家庭事务在职工个人看来属于个人隐私，不需要领导的介入。此外，由于劳动用工制度的改

---

① 邵丁，董大海：《中国国有企业简史（1949—2018）》，人民出版社2020年版，第189页。
② 魏钧，张勉，杨百寅：《组织认同受传统文化影响吗——中国员工认同感知途径分析》，《中国工业经济》2008年第6期。

革，通过市场化招聘方式已经是国企职工的主要就业方式，劳动合同制已经成为主流的聘用方式，还有些国企采取了劳务派遣等多种方式，国企职工流动性也比过去大得多，与私营企业、外资企业的雇佣合同制并没有太大区别。领导与下属之间的关系不再像过去那么紧密，形成了类似私企的雇主与雇员之间的关系，工作和生活已经不像计划经济时代那样不加区分，公域和私域的界限更加明确，国企领导自然就不会过多关心下属的家庭琐事和个人隐私。

这种变化是时代变迁和个人权利意识觉醒的体现，不能脱离特定的时代背景简单地进行评判其对错。不过，国企领导对职工的关爱需要与时俱进，一方面要继续发扬国企领导擅长做思想工作的优良传统，对职工思想动态多加关注，做好职工的思想工作，为职工提供表达诉求和求助的平台，解决好职工"急难愁盼"的问题；另一方面，也要考虑到现在职工思想观念的变化，不需要事无巨细大包大揽，把握好组织关心与个人隐私的边界，公权力不应当介入纯粹个人隐私的事项。

(四) 家属就业庇护

在父爱主义的依赖结构中，关照的基本单元不是职工个体，而是包括配偶和子女在内的"家庭"①。国企对职工的就业庇护不仅体现在对职工本人的终身雇佣制，还延伸到其配偶、子女在内。这种对家属的就业庇护表现为几种形式：大集体工、小集体工、子女顶替、家属工、五七工、招工优先等等，在不同时期有不同的表现形式。

在"文化大革命"后期至改革开放初期，大量的下乡知识青年亟待安置，给社会带来巨大的压力。为切实解决好返城知识青年的就业问题，国家采取了很多举措，"大集体工""小集体工""临时工"等用工形式开始出现。大集体是县级及以上部门举办的集体所有制企业、事业单位，小集体是街道办事处、劳动服务公司、国有企业、事业单位举办的企业和实验单位②。以国企为例，一些企业举办厂办集体企业，吸纳国企职工家属和子女工作，有效缓解了当时的就业困难，为国家分忧解难。这种厂办集体企业主要是围绕国企服务，有的是从事生产配套服务，有的是为国企职工提供生活服务（如理发室、浴室、电影院等等）。

周边住的都是油田的那些家属了，基本都是一个大队的都在一起上班的。父亲都出去上班去了，你像干打垒这一批的还有个生产队，母亲就是上生产队

---

① ［匈牙利］雅诺什·科尔奈：《社会主义体制：共产主义政治经济学》，张安译，中央编译出版社2008年版。

② 中华全国总工会研究室：《中国工人阶级四十年》，中国工人出版社2018年版，第36—37页。

去种地，当时叫挣工分。一个工分是几分钱，到年底看你挣了多少工分，合计给你发多少钱，他就是这样的。当时我母亲在这边，因为家属有在猪场的，有在鸡厂的。你像我母亲，她就属于是在生产队种地的。（20220726ZQ）

子女顶替，又称接班顶替，是指父母退休、退职后，由其子女办理手续，顶替空下来的名额，进入父母原工作单位上班。这种方式是中国 20 世纪七八十年代全民所有制和集体所有制单位招工的一种重要方式①。国有企业子女接班顶替制度从 1956 年开始实施，至 1986 年正式废除，整整实施了 30 年，对国企用工制度的影响深远。当时这项政策和推广有几个方面的原因：一是为了安置因公死亡或因公残废完全丧失劳动能力的职工，解决他们家属的生活问题；二是为了鼓励年老体弱的企业职工退休，帮助企业职工精简人员；三是为了解决大量知识青年返城后面临严峻的就业问题，成为缓解城镇青年就业压力的手段。

到了 20 世纪 80 年代，子女顶替制度执行出现了偏差，比如有些地区扩大子女顶替范围，少部分职工的子女操作中存在弄虚作假、徇私舞弊的行为，骨干技术人员提前退休给企业带来损失等等。为了纠正子女顶替操作中的问题，1981 年 11 月起，国务院先后出台《关于严格执行工人退休、退职暂行办法的通知》等政策文件，对子女顶替政策进行纠偏整顿。随着社会主义市场经济体制的建立和劳动就业制度的深入改革，这种带有鲜明的世袭制方式弊端越来越明显。1986 年 7 月 12 日，国务院出台的《国营企业招用工人暂行规定》明确规定："企业不得因任何形式进行内部招工，不再实行退休工人'子女顶替'的办法。"这一规定的实施，标志着施行 30 年子女顶替的就业制度退出历史舞台。

为了解决家属就业，同时为了帮助国企生产自救，国企也出现过"五七工""家属工"等类型的用工方式。"五七工"是 20 世纪六七十年代响应毛泽东同志的"五七"指示，走出家门参加劳动，组建街道"五七"厂或进入企业不同岗位的城镇职工家属，因此统称"五七工"；"家属工"是 20 世纪 70 年代，曾在石油、煤炭、化工等 19 个行业国企从事生产自救或辅助性岗位，具有城镇常住户口、未被劳动部门录用、没有企业正式职工身份、未参加过基本养老保险统筹的人员②。这类用工方式在当时比较普遍，随着时间推移，他们的社会保障待遇问题也成为难题，随着中国社会保障体系的建立，未参保的集体企业和"五七工""家属工"也纳入养老保险的体系，能够享受正当的社会保障权益。一位访谈对象介绍了"五七工"的社会保障问题：

---

① 王爱云：《试析中华人民共和国历史上的子女顶替就业制度》，《中共党史研究》2009 年第 6 期。
② 中华全国总工会研究室：《中国工人阶级四十年》，中国工人出版社 2018 年版，第 140—141 页。

　　我母亲没有工作，最后办那个五七工，因为她们是随着矿务局过来的一些人，好多妇女都是这种情况。我记得那时候国家领导人到那边，去东北地区视察，然后就发现很多退休的老人没有养老保险，就是说要让这些老人老有所依、有个保障，这样推出的。好像没补钱，主要是够年龄了，然后一直也没有工作关系，就可以纳入到"五七工"里，退休之后能拿到一笔退休金，几百块钱一个月，这就是相当于国家给的最低生活保障。（20220730WNS）

　　在社会主义市场经济体制建立之后，子女顶替、五七工、家属工之外，还有间接帮助职工子女就业的方式，招工优先的制度就是其中一种。自主择业、公平竞争的观念已经深入人心，曾经在国有企业实施过子女就业优待的政策，比如一些企业在招收新职工时实行职工子女优先的政策，或者在国企所属技校招收学生时降低录取分数线标准，这些技校毕业生毕业后直接分配到企业上岗就业。下面是一位来自钢铁企业的国企子弟的自述：

　　本钢的子女考技校跟社会上的不同，多少有一点点优惠政策。本钢这些子女和社会之间的差20分。本钢如果要是考的话，是385分，社会是405分，当时毕业之后就直接去本钢上班，直接就是上岗了，上岗了先做实习生，再做一年的实习生，实习生完了再考核，考核完了，各项工作都完成的情况都及格的情况下可以上岗。（20220413YH）

　　在企业里面，特别有保障。那边的子女有很多，有的智力有点障碍，但是不是太明显的，上班、工作各方面都可以，企业多关照，实在不行的，脑梗之类的疾病的话，企业照顾得都特别好，经济上也没耽误，都挺好。（20220423LYH）

　　客观来说，以上几种解决国企职工家属和子女就业的方式有利有弊，应该一分为二地看待。一方面，在计划经济时代，这几种用工方式发挥了其积极作用，解决了大量的职工家属和子女就业问题，有利于缓解社会矛盾，维护社会稳定；有利于企业更新职工队伍，实现职工队伍以新换老、以强换弱；有利于挖掘潜在的人力资源，满足企业生产自救等特殊需求。另一方面，随着社会主义市场经济体制的建立，这些特殊的用工方式弊端也比较明显，与公平竞争、择优录取的市场化用人规则相矛盾，也增加了国企的用人成本，造成人员的冗余。在市场经济中，再沿用这种世袭制色彩浓厚的用工方式，不利于社会整体的公平正义，会阻断非国企子女进入国企的渠道，事实上造成行业性的垄断。尤其是在垄断性国企，这种用工方式哪怕是隐性的存在，也会导致舆论对其口诛笔伐，不利于社会和谐稳定。因此，当中国社会主义市场经济开始建立时，这种用工制度退出历史舞台也是大势所趋。

第二节　国企庇护体制的生成

一、国企庇护体制生成的历史脉络

有学者认为，单位体制是中国在革命后社会的现代化进程中诞生出来的一种社会调控体系。单位制发轫于革命战争年代的供给制，在根据地形成的供给制，经过延安时代的试验，之后逐渐向其他解放区扩展，成为中国共产党人在战争年代对资源进行自我开发和统一调控的范例[①]。这种供给制的存在与资源的匮乏是高度相关的，在根据地的斗争中，中国共产党面临国民党政府的全面封锁，为了有效利用资源催生了供给制。中华人民共和国成立之后，中国在面临西方列强的封锁时，为了战胜财政困难，推动工业化的发展，必然需要统筹安排极其有限的社会资源，把有限的资源投放到重点发展的领域，"集中力量办大事"。在这种背景下，供给制所体现的组织原则和分配方式实际上以各种形式在1949年后的公共部门中被继承下来[②]。1949—1952年是单位体制的孕育与铺垫期，1953—1957年是单位体制的成型和试验期[③]。20世纪50年代后期，计划经济时期具有共产主义色彩的"家国一体"的社会治理模式逐步形成[④]。

在革命战争年代，革命队伍干部的个人命运与组织是密不可分的，革命队伍中的个体担任的公共职能与组织是不可分割的，而供给制又是体现这种关系的重要形式。在中华人民共和国成立以后，这种供给制的延续和推广，成为单位制下主要的资源分配方式。在供给制条件下，个人与集体的命运紧紧捆绑在一起。在家—国同构的体系下，个人的物质生活需要和精神生活需要都依赖于作为"公家"的单位，单位内部的公私界限被抹去。通过建立国家全盘负责的就业制度，国企单位制对职工的庇护体制得到全面体现，国家统一安排就业，职工利益得到国家的无偿保护，也意味着国企职工的自由流动基本上丧失。城市社会中"国家—单位—家庭—个人"的社会控制链条系统是具有中国特色的治理体制[⑤]，在这种关系链条中，国家对单位负全部责任，单位对职工负无限责任。职工的个体利益与国企"大家庭"完全捆绑，职工与国企成为一个休戚与共的命运共同体，这种庇护体制也是"家国同构"在单位层面的具体体现。

---

① 刘建军：《中国单位体制的构建与"革命后社会"的整合》，《云南行政学院学报》2000年第5期。

② 路风：《中国单位体制的起源和形成》，《中国社会科学季刊（香港）》1993年第5期。

③ 刘建军：《中国单位体制的构建与"革命后社会"的整合》，《云南行政学院学报》2000年第5期。

④ 左际平，蒋永萍：《社会转型中城镇妇女的工作和家庭：兼论市场、国家、家庭对性别建构的影响》，当代中国出版社2009年版。

⑤ 左际平，蒋永萍：《社会转型中城镇妇女的工作和家庭：兼论市场、国家、家庭对性别建构的影响》，当代中国出版社2009年版。

纵观中国三代国企子弟的身份演变，也能看出这种庇护关系是"家国同构"体制的产物。在国家主义的底层逻辑下，国企职工对国企的忠诚和依附是客观存在的。尤其是在社会资源极其匮乏，国家成为唯一分配资源的主体时，个体对国家的依附具体体现在对国企的依附。正如有学者认为，从摇篮到坟墓的社会福利保障体制也使单位人充满了优越情结，人们也不愿意轻易离开单位空间形成了带有地域特色的"社区文化"①。

二、国企庇护体制存在的必然性

一是资源分配体制的单一性。在计划经济时代，社会资源的来源非常单一，没有外资企业、私人企业和自由职业，就业的渠道非常狭隘。作为城市生活的个体而言都是"革命的螺丝钉"，按照"一个萝卜一个坑"的原则被安排在特定的单位就业，事实上造成"高就业，低收入"的状况。国企作为国家的代理人，掌握了社会资源分配权力。在计划经济的社会情境中，个体行为离不开基本的生产、生活资源，比如就业机会、住房、社会保障等资源都掌握在单位，为了实现基本的生存需求和发展需求，个体从理性选择的角度来看，不得不受制于单位制的庇护。有些学者认为"当人们为了满足特定的需求，实现特定的社会、经济和政治的目标而别无选择地仰赖于某一个社会集团或他人行为取向的时候，依赖的情境就会产生出来"②。

二是社会的低流动性。单位组织的社会资源本质上属于国家所有，这些资源是由国家统一调配，不能在单位之间进行流动和交换，意味着员工即使是有流动的意愿，在当时情况下也很难实现在单位之间的流动。在改革开放以前，中国采取严格的户籍管理制度和档案制度，加上粮票布票等资源的有限分配，也限制了人口的流动，一方面严格限制城市间的人口流动，另一方面限制农业人口进入城市。这种低流动社会里，个体生活无法脱离单位制的庇护，意味着资源获取渠道的单一性。国企掌握了成员生产发展所必需的就业机会、社会福利、生活服务等资源，这些资源在体制外是极度缺乏的。这就意味着国企职工一旦离开了单位，就失去了基本的生存能力，除了依赖单位的庇护别无选择。

三是单位的社会管理者角色。在计划经济时代，国企作为一种单位组织，不仅是资源的分配者，还充当了全能的社会管理者角色，代表国家对单位成员进行管理和动员。单位扮演了全能的社会管理者角色，从职工的生老病死到日常的政治学习、结婚离婚、户口管理，都离不开单位的管理。作为普通国企职

---

① 田毅鹏：《"典型单位制"对东北老工业基地社区发展的制约》，《吉林大学社会科学学报》2004年第4期。

② 李汉林、李路路：《资源与交换——中国单位组织中的依赖性结构》，《社会学研究》1999年第4期。

工，他们日常的诸多需求都需要通过单位领导的审批、同意，方可正常进行。单位是国家管理个人的中介，国家通过单位这一中介，实现对原本原子化的个体进行有效控制，开展组织动员，有利于社会有序运行。在这种自上而下的庞大的科层制体系中，每个个体都在单位的掌控之下，能够实现国家对个体的有效管理。由于国企这种全方位管理的角色，使得国企职工不得不在单位里与管理者打交道，依附于单位的管理体系中。

四是封闭环境下就业安置的需要。中华人民共和国成立以后，国家实行"一大二公"的计划经济体制，公有制企业占主导地位，没有外资企业、私营企业，再加上国企为职工家属提供就业岗位。在当时的高生育率背景下，产生了大量需要就业安置的年轻人。尤其是"文化大革命"结束后，大量下放知识青年返城，由于计划经济时代经济体制的单一性，只有国有和集体两种所有制方式，没有足够的就业岗位，就业渠道单一，知识青年就业成为当时亟须解决的难题。为了维护社会稳定，国家鼓励国企采取创办集体企业的方式，创造更多的就业岗位，以"低工资高就业"的就业模式，吸纳了大量父母是国企职工的返城知识青年。尽管这种做法增加了企业的职工人数，甚至造成大量的冗余人员，影响企业经济效益。但是，要充分考虑当时的实际情况，在当时特定的历史背景下，这种就业安置方式为国家分忧解难，有效维护了社会稳定，确实有其存在的必要性。

三、国企庇护体制的消极影响

（一）影响市场经济体制转型

中华人民共和国成立以来单位制对个体的影响，不仅体现在对体制内工作的个体，而且形成一种单位文化，这种单位文化造就了个体强烈的单位意识。这种单位意识体现在对单位的高度认可和高度依赖。虽然在市场经济建立之初，在市场经济大潮的冲击下，"下海潮"淡化了人们对单位的依赖。但是，近些年单位依赖的意识似乎又有所加强，互联网上"宇宙的尽头是考编"的说法被不少年轻人所认可。市场经济发展到今天，房地产、互联网、教育培训等行业发展经历了野蛮生长的阶段，逐步进入规范发展的阶段，也就意味着这些行业早期迅猛发展、员工高收入的阶段已经过去，年轻一代经历多年的寒窗苦读却不能找到一份高收入的工作，公务员、事业单位的稳定性对他们产生了更大的诱惑。在很多家长眼里，公务员和事业单位以外的工作并不属于正经工作，这种观点在东北等国企更加普遍的地区表现尤为突出。此外，三年疫情对市场主体带来的冲击也不容忽视，大量的企业经营困难，在职人员被裁员，以及应届大学生市场求职困难，更增加了就业选择的单一性，从高考的"千军万马挤独木桥"演变成考编"千军万马挤独木桥"。当然，我们不能一味批评年轻人考公考编就是一种因循守旧，应该看到这种选择的社会背景及其背后的理性因素。正如有学者认为，在社会话语的渲染、家庭空间的牵引、个体的社会风险感知下，青年对体制内的工作内容、时空特性的预设与其个体对自由和生活意义的想象不谋而合，并将"考编"作为抵御社会结构性困境和个体发展风险的理性决策①。

社会主义市场经济是充分竞争的经济形态，公平竞争是市场经济的核心，竞争的结果必然有优胜劣汰。尽管社会主义市场经济在中国实施了三十余年，但是单位文化在不少人的意识中还根深蒂固，具体表现为热衷于考公考编，追求"官本位"，办事习惯性找人。单位意识的存在某种程度上影响了社会主义市场经济的转型，不利于完善优胜劣汰、规则明确的社会主义市场经济体制。

由于"庇护主义"的存在，虽然市场经济中已经没有像计划经济时代的庇护体制，但仍然在新的企业组织中有所体现，成为新制度的生长点。社会文化对企业的固有期待造成了企业承担社会福利的责任②。在社会主义市场经济转型中，需要充分发挥市场在资源配置中的主导作用，但是传统单位制的惰性和惯性仍然发挥着作用，影响中国总体性的再分配制度向多元化的资源配置机制转型。

（二）影响社会流动功能正常发挥

在当代中国的社会流动中，先赋性因素、后致性因素和制度性因素分别在不同的历史时期发挥了各自的作用，共同构建了当代中国的社会流动机制。有学者研究发现，中国社会流动的先赋性因素不仅包括父辈的职业等级和教育程度，还包括特定制度安排的制度性资源③。在计划经济时代，国企子弟的流动性与其他群体有所区别，主要体现在父母的职业地位、单位会给子女就业带来直接的好处，使他们在职业获得方面有先天性的优势。这种优势对国企子弟和其家庭来说是极大的优势。但是，这种国家政策主导的社会流动，更多体现了先赋性因素。个人努力的后致性因素在社会流动中比例过低，从整个社会来看没有充分体现公平公正的原则，影响了社会流动功能的正常发挥。出身论限制了许多有才华的青年向上流动的机会，"学好数理化，不如有个好爸爸"这一俗语印证了人们对出身论的固定看法。

市场经济是高度流动性的社会，社会流动是常态化的规则。20世纪90年

---

① 何海清，张广利：《青年考编现象中的职业想象与内卷实践研究》，《中国青年研究》2022年第12期。
② 周雪光：《西方社会学关于中国组织与制度变迁研究状况述评》，《社会学研究》1999年第4期。
③ 陆学艺：《当代中国社会流动》，社会科学文献出版社2004年版。

代以来中国的社会流动中，市场机制的作用发挥越来越重要的作用。但是，由于单位制运行惯性，国企庇护体制对社会流动的作用并没有完全消失，而是以比较隐蔽的方式仍然在发挥作用。正如有学者研究表明，中国市场经济转轨中，一方面表现出向市场化迈进的过渡性和阶段性特征，另一方面，社会流动又有很强的"中国特色"，体现先赋性作用的制度安排没有完全退出，以及社会关系网络作为非制度化因素发挥了独特作用[①]。这种作用在今后很长一段时间内仍有可能存在，手段不断翻新、越来越隐蔽，很容易造成国企职工阶层与其他社会阶层的对立。例如，一些国有企业、事业单位"近亲繁殖""萝卜招聘"的做法受到中纪委的点名批评，中央相关媒体也专门报道了这一现象，引起网民的广泛议论[②]。这些网络舆情充分说明现阶段群众对公平公正的竞争机制充满期待，也说明了中国比较完善的社会流动机制还没有真正建立起来。

（三）影响社会治理的体制转型

党的十九届四中全会指出，必须加强和创新社会治理，完善党委领导、政府负责、民主协商、社会协同、公众参与、法治保障、科技支撑的社会治理体系。这是适应社会主义市场经济的需要，也是实现社会治理现代化的必然要求。这一社会治理体系的构建，核心在于共建共治共享，关键在于协同，要求在党建引领下，充分激发社会各方力量的活力，实现政府、社会、公众各方力量的有效协同，各司其职、各尽其力，构建生动活泼的社会治理共同体。

在传统的国企社区，庇护型体制延伸到了社区治理的领域，造成公域和私域不分的局面。具体来说，过去国企社区所提供的服务都是由国有企业负责，个体不需要缴纳物业费和其他费用。当国企改革实施以后，"企业办社会"的体制开始瓦解，国企需要放下包袱、轻装上阵，国企对职工家属区的管理也逐步移交地方政府。由于单位庇护体制的惯性，社区治理方面的事务还是依赖于国企，这种做法增加了国企的经济负担，也是与社会治理体制转型的大方向相违背的。

从社会治理宏观层面来看，社会治理共同体的建立并没有完全实现，庇护体制下的思想观念仍然根深蒂固，许多地方行政权力在社会治理中习惯包办，在社会事务上管得过多过细，"干部干，群众看"的现象并不鲜见，而社会组织调节作用和公众参与力度远远不够，没有形成多元主体协同共治的良好格局。从社会力量的角度来看，群众习惯于政治权力事无巨细的包办，缺乏自治意识和自治能力，不利于培育良好的社会治理生态，也不利于社会治理现代化

---

① 顾辉：《社会流动视角下的"X二代"研究》，合肥工业大学出版社 2016 年版，第 55—56 页。
② 陈尚营、李劲峰、李斌、王研：《一些国有企事业单位"近亲繁殖"现象调查》https://中国法院网 www.chinacourt.org/article/detail/2016/05/id/1850807.shtml，2016 年。

体系的完善。在社会治理中如何摆脱庇护体制的惯性影响，这是今后很长一段时间需要下大力气加以解决的现实问题，不解决这个问题则难以真正建立社会治理共同体。

（四）影响个体自主性的发展

曹锦清等认为，单位精神体现之一是整体主义，所谓整体主义就是强调整体的利益、意志和秩序，故对于整体内所有个体来说，整体必然主张个体的克己和服从；整体主义要求个人无条件服从单位，要求单位无条件服从国家；服从和依赖是单位人的基本性格[①]。

在庇护体制下，虽然国企职工能够从中享受到更多的福利，能够衣食无忧，生活比较安逸。但是，国企形成的整体主义氛围，对个体自主性的影响比较大，体现在他们的职业能力方面，由于庇护体制的影响，他们职业技能比较单一，一旦下岗失业，就难以有更好的选择权。在整体主义氛围下成长的国企子弟，对单位的服从和依赖会失去竞争力。而这种竞争力在市场经济就业体制下又是非常重要的，因为市场经济注重的是以市场力量优化资源配置，就业竞争的规则是优胜劣汰、双向选择。习惯于体制庇护的国企子弟，如果从庇护体制下进入市场体制，他们相当于从温室走向旷野，失去体制的强有力庇护，他们的生存会面临很大的问题。

第三节　国企庇护体制的变迁

一、国企庇护体制变迁的必然性

（一）宏观经济体制改革

国企庇护体制的变迁是在中国经济体制改革的背景下发生的。1995 年 9 月，党的十四届五中全会提出国有企业"抓大放小"的改革思路，即抓好 1000 户国有大型企业和企业集团的改革和发展，放开搞活国有小企业。"抓大放小"的实质是建立一种淘汰机制，淘汰规模小、效率低、缺乏竞争力的中小国有企业，使国有资产的分布从小企业向大型企业集中[②]。这样的改革使得国有企业数量发生了巨大变化，2006 年，全国各类国有中小型企业从 1995 年的 31.8 万家下降到了 11.6 万家。1995—2001 年国有中小型企业在数量迅速减少

---

① 曹锦清，陈中亚：《走出"理想"城堡——中国"单位"现象研究》，海天出版社1997年版，第83—89页。

② 邱霞：《国有企业70年》，北京人民出版社2019年版，第99—102页。

的同时，资产规模增长了67.3%[1]。在"抓大放小"取得显著成效的同时，国企改革也面临严峻的困难，一方面是亚洲金融危机的严重影响，另一方面也是因为国有企业的严重亏损。在此背景下，1998年开始中国启动国有企业"三年改革脱困工作"，意味着国企改革迈入深水区，真正进入攻坚阶段。在这一阶段，改革的重点在于关闭经营困难的大中型企业，采取的措施中有一条是"加大减员增效力度，建立企业的市场退出机制"[2]。大规模的破产带来数千万国企职工下岗。这一阶段的国企职工下岗虽然能获得一笔补偿，但是这笔补偿的金额非常少，全国平均不到2万元。正如国资委原副主任邵宁所言："企业破产普通职工是没有责任的，但损失最大的是职工，因此很难接受，诱发的群体性事件很多。"[3]

（二）减轻企业办社会负担的需要

在计划经济时代，国企是全能型社会组织，承担了就业、社会服务和社会保障的全能服务职能，除了基本的生产功能，还有公检法司、厂办教育机构、医疗卫生机构、休闲娱乐场所等等。"企业办社会"是计划经济时期的特殊产物，不可否认这种模式曾经发挥了积极作用，解决了国企职工的后顾之忧，解决了国企职工家属就业问题，为社会稳定做出了重要贡献。但是，从计划经济向市场经济转型过程中，"国企办社会"变得不合时宜，弊端远远大于收益。据不完全统计，全国国企中有从事非生产性后勤工作的职工约2000万人，占国有单位职工总数的20%左右，国企每年用于"办社会"的费用约3000亿元，后勤资产占企业总资产的30%—40%[4]。以国企创办的医院为例，1997年底全国工业企业及其他部门自办的医疗机构91081个，工作人员112万人，企业每年约需要投入31亿元[5]。"国企办社会"带来了沉重的负担，大量的非经营性的支出导致企业成本居高不下，投入产出明显不成正比，有悖于市场经济下效益最大化的要求，大大削弱了国企的盈利能力，甚至造成高额的债务负担。此外，依附于国企的集体企业吸纳了大量的富余人员，导致人浮于事，人力资源利用效益低下，无法建立优胜劣汰的竞争机制，削弱了国企在市场经济中的竞争能力，成为束缚国企正常生产经营的负担。

---

① 邵宁：《国有企业改革思路（1998—2008）》，经济科学出版社2014年版，第150页。

② 邱霞：《国有企业70年》，北京人民出版社2019年版，第99—112页。

③ 高渊：《中国寻路者访谈录》，上海人民出版社2019年版，第89—96页。

④ 辛小柏：《解决"企业办社会"的难点和对策》，《市场经济导报》1997年第1期。

⑤ 郑斯林：《贯彻四中全会精神 深化国有企业改革 进一步推进国企分离办社会职能工作》，《中国经贸导刊》1999年第21期。

（三）激发国企经营活力的需要

传统的国企庇护体制中，国企职工的全民身份决定了其一旦进入国企就业，就是固定不变的"铁饭碗"，甚至其子女也能通过"接班""顶替"等方式继续得到单位制的庇护。随着市场经济体制改革的深入推进，这种就业安置方式的弊端开始凸显。改革开放以后，尤其是 1992 年邓小平南方谈话之后，"姓社姓资"的问题不再有争议。社会主义市场经济的建立，打破了国企在市场竞争中一统天下的格局。外资企业和民营企业蓬勃发展，得益于其具有机制灵活、资金雄厚的优势。尤其是外资企业、民营企业采取灵活的经营方式，用人机制灵活，职工"能进能出""能上能下"，充分调动了职工的劳动积极性，劳动生产效率较高。相比之下，国企"低工资高就业"的用人方式造成大量的富余人员、人员结构的不合理，过高的用工成本给国企经营带来沉重的负担，长期以往导致企业经营活力低下，无法有效参与市场竞争当中去，最后导致大量的国企濒临破产边缘。

从市场竞争的角度来看，企业的组织结构、用人方式、成本核算都需要按照市场逻辑进行调整，否则根本无法适应市场经济体制。这就需要改变国企固化的用工方式，打破就业的"铁饭碗"，让职工走向市场就业，适应市场经济的就业方式。

二、国企庇护体制如何变迁

随着改革进程的不断深化，国有企业的深层次矛盾不断凸显。20 世纪 90 年代，国家以建立现代企业制度为目标，实施了一系列国企改革的重大措施，取得了显著成绩。但是，国有企业在向市场经济转轨过程中，面临前所未有的困境，结构性矛盾非常突出，存在严峻的经营困难，严重不适应市场经济形势。1998 年之后，国企改革进入攻坚阶段，实行"三年脱困"行动，国企改制和产业结构调整全面铺开，带来的直接后果是大量国企职工在改革中的下岗潮。据《中国统计年鉴》记载，1995 年至 2002 年，中国国企职工从 10955 万人下降到 6924 万人，减少了 4000 余万人，其中大部分是因为下岗潮[1]。

国企改革意味着传统的"企业办社会"模式的重大变革，也是国企庇护体制的退场，可以从以下几个层面理解：

第一，打破相对固化的劳动关系。

为了破除计划经济时代固化单一的劳动用工方式，适应市场经济体制改革的需要，国企的劳动制度改革一直在推进。自 20 世纪 80 年代以来，中国开始

---

① 中华全国总工会研究室：《中国工人阶级四十年》，中国工人出版社 2018 年版，第 125—126 页。

施行劳动制度改革。国务院 1986 年发布改革劳动用工四项制度的决定，开始实行在新招工人中实行劳动合同制度，1995 年颁布实施《中华人民共和国劳动法》第一次用法律把劳动合同制确定下来[①]。这些制度为社会主义市场经济体制的建立奠定了制度基础，也为后续的国企用工制度改革提供了制度保障。国企庇护体制的退场首先要解决的是国企职工的身份问题，在传统的国企劳动用工制度下，国企职工拥有的国有身份"保护伞"，其身份是"企业人"并不是"社会人"，一般情况下企业并不能随便解聘职工，这种传统的用工方式不适应市场竞争的需要。因此，在国企改革中，一些地方进行了积极探索，主要的做法是通过身份置换，企业与职工解除劳动关系，重新进行竞聘。例如，长沙市的国企改革中，采取"两个置换"的方式，一是通过产权转让"置换"企业的国有性质让企业走向市场；二是通过一次性经济补偿，"置换"职工的全民身份，让职工走向市场[②]。第二种"置换"中，通过身份置换打破"铁饭碗"，职工采用市场化的方式重新竞聘，与企业签订新的劳动合同。通过这种方式，招聘、解聘成为常态，让国企职工真正流动起来，真正进入到劳动力市场，改变了国企"职工能进不能出""收入能高不能低"的弊端。事实证明，长沙的"两个置换"模式是有效的，充分调动了职工的积极性和主动性，提高了企业的市场竞争能力，成为国有企业改革的样板。

第二，做好下岗职工分流安置工作。

数千万的国企下岗人员安置问题是横亘在党和政府面前一道前无古人的难题，并没有现成的案例可借鉴。为了解决这一难题，各地采取各种方式探索解决下岗职工再就业问题。例如，各地普遍建立下岗职工再就业中心，再就业中心是连接企业与社会的"桥梁"。下岗职工离开企业之后，先到再就业中心，由再就业中心对他们进行培训，发放下岗生活费，办理社会保险，推荐再就业。这项制度在国企改革中发挥了重要作用，相当于下岗职工"中转站"，破解了人员安置中进退两难的问题，使得企业能够摆脱包袱、轻装上阵，也使国企下岗职工能够从企业平稳过渡进入到就业市场，减少了社会的动荡。1997—2003 年，全国范围内国有企业先后有 2780 万名下岗职工进入再就业中心，其中有 1850 万人实现再就业，再就业的比例超过三分之二[③]。此外，各地工会还采取创建职业介绍机构和再就业培训机构、建立再就业基地和经济实体等方式，为下岗职工提供有效的帮助。

第三，建立新的社会保障体系。

---

① 王爱云：《试析中华人民共和国历史上的子女顶替就业制度》，《中共党史研究》2009 年第 6 期。
② 邵丁，董大海：《中国国有企业简史（1949—2018）》，人民出版社 2020 年版，第 373—374 页。
③ 邵丁，董大海：《中国国有企业简史（1949—2018）》，人民出版社 2020 年版，第 379—380 页。

1998 年 5 月，党中央、国务院下发《关于切实做好国有企业下岗职工基本生活保障和再就业工作的通知》。根据这一通知精神，在全国建立起了国有企业下岗职工基本生活保障制度、失业保险制度和城镇居民最低生活保障制度三条保障线。据统计，2002 年底，全国共有 14736 万企业职工参加基本养老保险费用社会统筹，大部分地区建立了城镇职工基本医疗保险制度，全国参加失业保险人数为 10182 万人[1]。顶层设计方面，国家建立全国社保基金和全国社保基金理事会，通过中央财政预算拨款、中央财政拨入彩票公益金和国有股份减持变现等方式充实全国社保基金，不断拓宽社保基金的资金来源。新的社会保障体系的建立，解决了"企业办社会"的保障问题，减轻了国企负担。对国企职工而言，离开企业还能有生活保障，避免大量下岗职工进入社会带来的巨大冲击。

受访者 DWY 的经历是国企改革中比较有代表性的，他所在的国企属于东北某国有运输公司，后来进行改制，一两千名职工统一下岗。类似这种情况在当时国企改革中还比较多。

后来公司是并轨的，不叫 LN 省运输公司 JZ 分公司了，他主管的是我们市运输管理站，人员安排不那么多了，有了一两千人他就安排不了那么多了，统统下岗。下岗之后，就是病的时候下岗，有的干脆就推向社会，从今天起你以前的养老保险都由单位给你补齐，如果没有退休，比如说再有 10 年退休，再给你补 10 年的，相关保险一次性都给你在那里买断。（20211220DWY）

也有些企业采取了比较温和的处理方式，比如受访者 SQ 说，他父母所在的国企通过限薪留职、鼓励下海、自营性创业等方式，引导职工自谋出路，企业帮职工交齐五险一金。

因为我们 SL 油田总体石油产量比其他油田下降得不是很多，因为它是八几年开始正常的大规模开发，所以它的油层储量一直到 2010 年左右才有较大的下滑，所以我们受影响不大，对员工做的下岗处理也不多。其次下岗实际上是一个比较缓和的方式，就是买断工龄，你在企业内待了多长时间，企业给你进行结算作为补偿费用，再往后企业会出现限薪留职、鼓励下海、自营性创业，油田这部分企业会把你的五险一金交全，然后不发基本工资。（20211002SQ）

第四，剥离企业社会福利功能。

为切实减轻国企负担，党的十四届三中全会通过《关于建立社会主义市场经济体制若干问题的决定》，提出"减轻企业办社会的负担"，意味着剥离企业

---

① 中华全国总工会研究室：《中国工人阶级四十年》，中国工人出版社 2018 年版，第 138—139 页。

社会负担的改革正式拉开帷幕。剥离国企社会职能是一项深层次的改革，也是一次触及众多国企职工利益的改革，是一项非常庞杂的工程。随后，党中央、国务院先后出台多项文件推进剥离企业社会负担的改革。从 1995 年起，国家先后采取先试点、再推广、再深化的三个步骤，有序推进此项改革。改革过程中，国企将自办的学校、医疗机构等公益型社会职能移交给地方政府，成为属地管理的公共服务网络，福利性的食堂、浴室、托儿所、招待所等设施采取市场化改革的方式，使其成为自负盈亏的市场经营单位。由于此项改革涉及面广、利益结构复杂，迄今并未彻底完成，目前中央企业还存在办社会的职能。直至 2012 年，中央企业还有医院、学校和社区等机构 8000 多个，对此补贴每年高达几百亿元①。

例如受访者 SQ 父母所在的国企是著名的油田，在国企改革之前，企业职工拥有优厚的福利待遇，既包括基本的节假日福利、福利分房，还有职工本人和家属的疗养待遇。国企改革后，这些福利待遇都被取消，一些生活服务开始收取费用，这是国企社会福利功能剥离的典型情况。

像 1998 年到 2000 年左右国企改革对我们影响大。首先像疗养和油米面之类的，油米面的指标基本上就砍半了，甚至个别单位已经不发了。其次疗养制度也基本等于全部废除了，至少是除了主体支出单位和三产的服务业单位以及一些民营单位就全部没有了。同时费用也进行了收取，开始收取基础的费用。然后油田企业当时一些服务员，像我爸这样的，配属的生产单位就逐渐开始改革制度。它进行了一个改革，开始引入第三方资本，当时我们所谓的油田这些企业的领导、厂长他们原来是有行政级别的，进行了改革之后，再新换的这些厂长、主任，他就不再有行政级别了，变得更像现代企业了。（20211002SQ）

第五，情感庇护功能的退化。

在计划经济时代，国企职工有国家主人的自豪感和认同感；其次，国企领导与员工在政治身份上是平等的，收入差距并不显著。随着市场经济的建立，很多企业转为个人承包的私营企业，职工的身份由国家主人转换成雇佣劳动者。雇佣关系发生了根本性的变化，原来相对平等的关系已经演化成老板与雇工的关系，职工在劳动关系中处于弱势地位，在很多情况下还出现劳资关系紧张乃至对立的状况。即使是没有改制的国企，国企领导和员工的关系也不像过去那么亲近，两者的地位、收入方面拉开显著差距，领导和员工不平等地位更加凸显。在市场经济条件下，国企对职工的情感庇护功能已经退化，国企员工与领导的交往已经比较少，而且同事之间的关系更加松散，利益计算和工作交

---

① 邱霞：《国有企业 70 年》，北京人民出版社 2019 年版，第 119 页。

往占同事交往的主要地位，私人关系不像过去那么亲密。过去国企领导关心员工思想动态的做法有所削弱，计划经济时代领导比较关心的职工个人事务已经淡出领导的视野，领导与职工更多的是工作交往，更加强调的是企业经济效益，一般情况下不会主动过问职工私事。在以上各种因素的影响下，国企职工对企业的认同感也明显弱化，共同体意识明显减弱。正如有研究指出，在市场经济转型中，企业员工对企业有一定的利益性认同，但仅仅满足一定的生活需要，员工利益评价处于一般水平，企业的物质激励机制还不能够调动员工对组织的认同①。

图 1　东北某煤矿废弃的矿工俱乐部　　图 2　东北某煤矿废弃的职工公共浴池

三、国企庇护体制变迁的影响

国企庇护体制变迁既有正面影响，也有负面影响。正面影响主要体现在以下方面：

一是为建立现代企业制度奠定基础。1998—2000 年的三年脱困行动实施以后，国企改革的目标基本实现。2003—2012 年，国家成立国企监管机构，通过颁布国有资产监管法规、规范企业领导人员的管理制度、改革劳动人事制度、规范企业改制政策等有力举措，充分释放了企业的经营活力，企业法人治理体制得到优化。这一系列措施为国企在中国市场经济体制建立之后，在加入世贸组织的背景下，增强了核心竞争力，为国企建立现代企业制度，实现"做强做优做大"的目标奠定了坚实基础。2003—2012 年，国有企业通过优化布局、抓大放小的举措，退出中小企业，将产业聚焦于关系国计民生和国家安全的行业，国有资产总量从 7 万亿增长到 25 万亿②。

二是国企经济效益显著提升。因为"企业办社会"给企业带来沉重的资金

---

① 任新民，王彦斌：《体制转型对中国企业员工组织认同的影响》，《社会主义研究》2009 年第 3 期。
② 邵丁，董大海：《中国国有企业简史（1949—2018）》，人民出版社 2020 年版，第 387 页。

负担和人员负担，每年需要投入大量资金支付职工公共服务费用，这些配套产业占用了国企有限的经营资金，供养一大批集体工、家属工。庇护体制退场对企业是件好事，原来的厂办医院、学校、浴室、理发室、电影院等划拨到地方或转为市场化经营后，为国企减轻了经济负担，使得国企能够轻装上阵，集中精力抓主业，在市场经济中能够与外资企业、私营企业竞争，有利于提升企业的经济效益。有统计数据表明，2003—2012 年，国企营业收入从 10.7 万亿增长到 43.4 万亿，年均增长率达 16.8%；国企净利润从 0.32 万亿增长到 1.9 万亿，年均增长率达 21.9%[①]。

三是国企职工队伍得到优化。通过打破终身雇佣制的劳动用工方式，废除顶替接班等带有浓厚世袭制色彩的制度，引入优胜劣汰的市场化用人机制。这一改革产生了多方面的影响：首先，择优录取、优胜劣汰的市场化竞争性用人机制开始建立，打破了人们长期以来的"铁饭碗"观念，使得企业职工的正常更替成为可能，减少新员工招聘中的裙带关系；这一改革拓宽了引进人才渠道，使国企能够面向社会吸纳更多的优秀人才，每年面向高校招聘的优秀毕业生充实了国企职工队伍，有利于企业建构一支高素质的职工队伍。此外，全员实行劳动合同制度有利于企业内部的人力资源管理，有利于增强员工的危机感，调动他们的工作积极性、主动性和创造性，减少"吃大锅饭"的搭便车行为，能够充分发挥员工的工作潜能，为企业发展创造更多效益。

客观来说，改革并不是一件容易的事，脱离庇护意味着告别"就业靠政府，终身靠企业"的模式。对于国企而言是一件好事，意味着作为市场主体能够轻装上阵，增强市场竞争力，提高企业经营效益，有利于实现"减负增效"；对于国企职工而言，不光是失去长期以来的既有利益，更需要观念上的根本转变。这种转变也是走出传统国企庇护主义，走向市场竞争环境的必由之路。不可否认，在转型中也带来了一些问题：

一是部分国企职工利益受损。这种观念的转变和利益的失去，对不少职工而言是一种痛苦的过程，尤其是双职工下岗家庭，如果夫妻双方文化程度偏低，抚养子女和赡养老人的压力比较大，在社会保障体系不完善的情况下，收入骤然下降乃至完全没有收入，连基本的生活都成问题，面临着无力赡养老人、抚养孩子、治病缺钱等多重困境，造成家庭矛盾乃至家庭破裂，酿成了一些家庭悲剧。此外，大量的下岗工人生活困难导致社会存在不稳定因素，企业职工为了维护自身的生存权利，自觉学习法律法规，采取一些有节制的集体抗争行动，地方政府和国企管理者成为抗争指向的对象，渴望上级政府对不法分

---

① 邵丁，董大海：《中国国有企业简史（1949—2018）》，人民出版社 2020 年版，第 387 页。

子进行惩处，保障自身的合法权益，解决他们所面临的生活困境。

例如受访者 LJ 提到国企改革给当时很多国企职工家庭带来了巨大的冲击，大量的工人无所事事，聚集在一起打牌、打麻将、跳舞等等，以打发无聊的时间。

那会下岗其实对我们市的好多家庭影响还是特别大的。下岗潮出来的时候，你会发现大街上出现了很多闲人。有打扑克的、打麻将的，当时国有的工厂还有舞厅，叫某某商场俱乐部，其实里面就是舞厅。我当时印象特别深，我们市的一个舞厅被称为穷鬼乐园，起这个名就基本充满了戏谑。门口全是工人，非常多，因为他们一下子没有工作了，拿了钱还不知道干嘛。因为在国企那个大环境里，他们工作节奏其实就那样，然后忽然间就闲了，他们没有地方去延续这样的状态。好多人就选择这种方式去消耗，因为当时手里发了结账款。那个时期我感觉是这个城市的一个过渡期，其实当时这对我们城市的冲击是蛮大的。东北地区在中华人民共和国成立早期的时候承担着国家绝大多数制造产业，等国家的经济结构开始调整，东北地区的这些大的国企优势已经不在了，然后企业也开始改制了。（20211226LJ）

二是职工对组织认同感的下降。对于长期在国企工作的职工来说，他们对于企业是有深厚感情的，"以厂为家"并不是一句空话，企业为他们提供了全方位的庇护，他们对企业也是高度认同的，他们认为自己是企业的主人翁。当年国企破产下岗后，很多职工心理上难以接受。

所以说下岗了以后，厂子破产以后，好多人都在伤心，都在流泪，都在哭。感觉我们的家没有了，是这种感觉。（20220319GHF）

随着市场经济体制的建立，劳动雇佣关系从终身制向合同制转变，国企职工对企业的认同感在下降，过去主人翁地位的感觉不复存在，更多的是一种被雇佣者的身份。有研究认为，劳动者对组织资源没有更多的选择性，对组织的组织认同往往是以利益性认同为主要特征的资源依赖型的强制性认同[1]。这种对企业的认同也是由于职工生存需要依赖企业的资源，并没有深层次的情感认同。

三是下岗职工面临着心态调适问题。下岗失业是国企职工生命历程中的一个重大负面事件，这种负面事件带来的不仅是经济收入的下滑，还有社会地位的急剧下降，以及社会关系网络的断裂。这一系列的冲击会给国企职工带来巨大的心理压力，他们需要从过去的辉煌中走出来，重新寻找工作，重新调整心态，适应新的形势。

---

① 任新民，王彦斌：《体制转型对中国企业员工组织认同的影响》，《社会主义研究》2009 年第 3 期。

比如受访者LJS谈到他作为工人时候起码属于社会中间阶层，下岗之后成了社会最底层，属于弱势群体，再就业时没有任何发言权。

当时我还年轻，在厂里八九十年代的时候，社会地位能打五分，因为我们都属于老百姓，现在你属于最底层的了，属于弱势群体了，需要看着人家脸色去生存，你没有发言权，人家说要你你就干，不要你你就回家。现在社会地位大概能打一分到两分吧。（20220401LJS）

受访者CN认为，他舅舅作为国企子弟，先是通过接班进入国企工作，后来又下岗失业，由于不能很好地转变心态，难以适应新的形势。

我可以通过我舅舅他们身上很明显看到你说的这点，说白了他们一个国企的工人，水平也不高，就是赶上时代那么好的地方接了个好班儿。曾经很辉煌，然后那个时代把他们淘汰了，他们又不思进取，都弯不下腰，其实没有什么大能力，或者因为他比较自傲导致这一辈子过得很失败。（20211220CN）

回顾国企改革的历史，当初的下岗工人为了国企改革政策的落实，确实是做出了巨大的牺牲。他们有些人在国企兢兢业业工作了一辈子，为国企发展做出了贡献，我们不能简单粗暴地将国企绩效下滑归结为职工的原因，而忽视其背后体制、管理等各方面的因素。国企长期实行的计划经济体制造成的人浮于事、效率低下，"企业办社会"带来了沉重的经济负担。除此之外，有些国企管理者存在不善经营、贪污腐化、贱卖或转移国有资产等行为，也是导致下岗工人从社会中间阶层滑落到社会底层的重要原因，这些现象在不少研究中都有所体现①。在国企改革中，很大一部分国企职工成为弱势群体，他们的生存境况还不如农民，尤其是中老年职工，技能单一、缺乏生产资料，只能从事一些技术含量低的劳动密集型工作，比如保安、保洁等等。

受访者QT父母都是国企下岗职工，他的父亲在商场直接下岗，通过私人关系到开发区从事临时工作。他的母亲是买断工龄内退，通过下岗职工互助，到单位食堂打工。他父母的下岗属于两种类型，他母亲是有部分补偿的内退，他父亲属于买断工龄没有补偿，后来都要通过自谋职业，解决生活问题。

我母亲那阵下岗的时候就是买断了，叫内退，得到了一部分补偿，等到2007年，我父亲工作的商场被买断，就是直接下岗了，也没有什么补偿。他当时是可以继续留在这个商场工作，但是肯定不能保证原来的岗位，去一些边缘化的部门，比如说保卫、后勤这些工作，收入也会少很多。我父亲后来就是拿着买断的钱离开单位了。他后来找了一些关系去到我们一个开发区上班，但他相当于是临时工作，不属于体制内在编在岗的职工了，后来就一直干到退

---

① 吴清军：《国企改制与传统产业工人的转型》，博士学位论文，清华大学，2007年。

休。因为我母亲买断得早，退休金也少。她后来就是做一些零碎工作吧，她们这些退休的职工组成了一个团，给单位的食堂打工，哪个食堂招人了她们就去哪个食堂，互相也能给推荐一些资源。这二十来年，就这么过来的，有点像抱团取暖的方式，大家一帮人比较熟，互相熟人推荐。（20211221QT）

受访者GHF本人也是国企职工，他下岗之后，由于缺乏专业技能，而且年龄偏大，不能找到合适的职业，下岗之后的职业流动非常频繁，包括摩的司机、种植、烧炭等等，后来成为一名物业保安。

我父母在这个工厂，我作为子弟招工进厂之后，随着企业破产，下岗后从事的职业就多了，先后跑过摩的，栽过百合，种过地，卖过化妆品，炼过炭，养过狗，什么活基本上都干，后来随着年龄大了，自己经济确实不支，实在没办法，就找了个自由职业，类似于物业保安的这种活，一直到现在这样。（20220319GHF）

这种痛苦短期内国企职工家庭难以靠自身力量克服，确实需要国家层面通过顶层设计的改革加以解决。后来的一系列改革也在不断完善社会保障体系，健全再就业的制度，为解决这些问题创造了有利条件，帮助大多数下岗职工走出了失去体制性庇护的阵痛和不适。尤其是社会主义市场经济体制的建立和中国加入世贸组织之后的经济腾飞，外资企业和民营企业的兴起，增加了大量就业岗位，化解了国企改革后存在的失业问题。可以说，我们是在推动改革和发展中解决了很多职工的生计问题，也充分印证了邓小平同志所说的"发展就是硬道理"的重要性，正确处理"改革""发展""稳定"关系。

图3　中部某摩托车厂家属区（许梦珂摄于2023年1月）

第三章　第一代国企子弟的命运与抉择

第一节　完全福利保障的生活境况

一、住房条件简陋狭窄

根据访谈资料，第一代国企子弟家庭的住房有两种类型：第一种是公房，第二种类型是自建住房。

这种公房占多数，拥有公房的大多数是国有大中型企业，这些企业的经济实力雄厚，往往将厂区和住宅区一并建设，两个区域相距很近，甚至只用一道围墙隔开，目的是为了方便国企职工，节省上下班通勤时间，这种住房格局大多是封闭性和集中性的。以东北老工业基地为代表的超大型工业社区形成了极具特色的典型单位制，表现为空间分布上的集中性和封闭性[①]。首先，封闭性就体现在国企职工大院一般不对外开放，有单独的围墙，社区内部的设施完备，国企职工足不出户就可以满足基本生活需要。其次，集中性表现在国企职工大院往往是连片建设，不管是平房还是楼房，都是分布比较集中，课题组在调研中也发现，不少国企职工大院按照××厂一村、二村……这样的格局排列，配套了完善的生活设施，形成了自成一体的封闭小社会。

在这种空间布局下，国企单位大院的居民都是国企职工及其家属，居住空间与生产空间紧密相连，职工之间的工作空间与私人空间界限比较模糊。在这种空间内，职工和家属互相之间非常熟悉，往往是父母之间是单位同事，国企子弟之间又是学校同学，在单位大院又是邻居。

这种国企职工的单位大院虽然有公房，受到当时经济社会发展水平的限制，家庭人口普遍比较多，住房条件往往比较简陋，人均住房面积比较小，室内设施非常少，一个家庭居住在一间住房的并不鲜见。在我们实地调查中，也看到一些国企子弟还住在上世纪70年代建成的国企公房里。例如，东部某省某化工企业的家属院小区都是传统的筒子楼，没有电梯，室外墙面多处露出红

---

① 田毅鹏：《"典型单位制"对东北老工业基地社区发展的制约》，《吉林大学社会科学学报》2004年第4期。

砖，室内墙面老化脱落严重，一家三口的住房面积仅三十几平方米，没有专门的客厅，餐厅和卧室在一个房间，装修非常简陋，地面瓷砖磨损严重，有些地方已经开裂，除了陈旧的冰箱、老式洗衣机等必需的家电，卫生间里是最简陋的淋浴蓬头，这个家庭没有任何值钱的家具（图4—5）。

图4　东部某国有化工企业家属楼（杜伟泉摄于2022年10月）

图5　东部某国有化工企业国企子弟家的内部摆设（杜伟泉摄于2022年10月）

受访者NGZ父母在西北某国有农场工作，虽然家里享受了公房待遇，但是条件非常艰苦，人均住房面积小，人均住房面积仅2.5平方米，此外住房的设施简陋，只有床、土锅和办公桌。

那时候没有私人的房子，全是公家的。那时候房子面积才十几平方吧，15平方吧，但是我们一家人六口人嘛，住的也是那么一个，兵团要比地方要艰苦，我们一家子住的也就一个 15 平方的房子，房子里有一张我爸的办公桌，剩下就是一个床，大人小孩就是一张床，再一个就是土锅，再没有什么东西。那阵我爸是个连长，家里的条件也不是很好，那时候艰苦得很。因为我们那个地方是兵团，五湖四海的人特别多，我们那个地方是单位上一排一排的房子盖的平房，那时候没有院子，什么都没有，就是几排房子。我记得有一个俱乐部，医院就是一排两三间简陋的那种房子，俱乐部可以看个电影，可以演个节目，开个大会，就有这些东西，过去比较简陋。（20220825NGZ）

1985 年的普查资料显示：城镇居民中有缺房户 1054 万户，占总数的26.5%。城市居民中缺房户 754 万户，占城市户数的 28.8%，县镇缺房户 300万户，占县镇总数的 22.1%①。从这个数据可见，在当时的历史条件下，应该来说，在当时还没有实施商品房政策时，国内民众居住条件普遍比较差、住房面积比较狭窄，住房设计比较简单、粗糙，自来水、厨房和厕所等配套设施大多数是公用的，住在筒子楼里，洗澡、做饭、上厕所都需要排队，只能满足基本的生活需求，生活极其不方便。

住房分配方面，按照家庭人口面积、级别等等一系列的标准来进行分配，国企职工不同的情况能享受到的住房条件也有很大差异，包括住房面积、住房设施、住房布局等等。由于国企效益的差异，职工住房的条件也有很大差别。以受访者 LJS 的父亲所在的企业为例，由于企业职工规模庞大，能够分配的住房面积非常有限，职工需要共享厨房、厕所等，到了后期随着经济效益提高，职工住房也有所改善。

那时候单位要盖房子，就按你的工龄、家庭人口，还有子女来给你分个房子。其实那时候厂里人多，像我们那时候是跟着父亲在 LSC，那时候 LSC 的房子也紧张，LSC 职工连家属带职工五万多人，但是厂里还是盖房子，盖的房子就是三四十多平方米、五十平方米的，最大的反正是一家一户了，不像刚开始我们住的都是那种三家一户的，我们这个房子是人家苏联帮着建设的时候盖的。只是那时候因为厂里的职工多呢，就把一间房子就分给了三四户了，就一家有个一间，你住个大房子，他住个小房子，大家共用一个厨房，共用一个厕所。那时候是这样的。后来是 1981 年和 1982 年，那时候 LSC 经济还比较好的，LSC 盖了一批房子，解决在职职工的那个住房问题。按当时父亲的条件，还有家里的子女分了一套房子也就四十多平方米。首先是独门独户了，再

---

① 李斌：《中国住房改革制度的分割性》，《社会学研究》2002 年第 2 期。

就是两个房间，原来我们住的是一间房，起码是有厨房是厨房，厕所是厕所，房子是房子。当时来说呢，算是比较好的了。（20220401LJS）

当时的住房分配是按照家庭人口来计算，人口多的家庭能够享受面积较大的住房，而人口少的家庭可能只有一室。受访者 XJ 回忆说，当时她家五口人能够享受到一室半的房子，而独生子女家庭分配的住房就比较小。

它也不叫筒子楼，它一层就是一个单元，我们一栋房子一般是四个单元，也有两个单元三个单元。我们家住的是一栋四个单元，一层就是四户，四户都是一室半的房子，就是从一到四都是一室半的，只是朝向不一样。可能两头一个朝南一个朝北房间，然后中间可能两间都是朝南，因为我们家五个人嘛，他给你的是一室半的房子，家里面比如说他是独生子女的话，可能就只给他一室户。一室户进去就是除了厨房，就一个房间，别的没有。四家可能要比筒子楼要好，筒子楼因为是一长条，一个楼面是十家，两头等于是朝东和朝西，两头他那个房间大一点，就是一室半的房间，然后中间都是一室户的房间，就是一个厨房、一个厕所、一个房间。就是你家里人少，他肯定只能给你这种房子，不可能给你大的房子，肯定要按照人口来的对吧。（20211114XJ）

相比之下，国企职工能有一间比较简陋的住房安身，已经是非常难得的条件。这是特定历史年代的产物，不能简单地用当前的住房状况进行类比。在我国住房商品化之前，我国国企的职工住房按照"谁家的孩子谁家抱"的原则，由单位自建住房为主，国企职工需要住房要向所在单位提出申请，"归口"原则使得国企职工的住房条件优劣与所在单位的实力有很大的关联，包括住房地段、设施状况、住房面积等等。因为并不是所有的单位都会有筒子楼，只有大型企业才会有筒子楼，很多单位只能给企业职工提供平房。正如边燕杰等人的研究发现，全民所有制单位、中央直属单位、地方上行政级别较高的单位会拥有较多的住房资源。这个由单位结构上造成的不平等在 1993 年对上海、天津两地职工实际居住状况的调查中得到了有力的证明[1]。

当时的住房制度是有一定的封闭性，因为国企提供的福利性实物分配式住房制度是针对其内部职工，并不是面向广大社会成员。就是从国企职工内部来说，住房分配也是有一定的不公平性，分配住房时会根据职务、工龄等条件论资排辈。而且，这种住房分配制度存在着以政治身份和行政级别为基础的群体差异，干部与职工、党员与群众、全民身份与集体身份的差异，这种差异具体体现在分配的住房面积方面[2]。

对于急需住房的年轻人来说，当时他们想要得到一间分配的公房，并没有

---

① 边燕杰，约翰·罗根，卢汉龙等：《"单位制"与住房商品化》，《社会学研究》1996 年第 1 期。
② 李斌：《中国住房改革制度的分割性》，《社会学研究》2002 年第 2 期。

想象那么容易。所以，现在社会上还有些舆论认为应该回归过去的公房制度，这种看法是罔顾历史事实，没有考虑到在当时情况下，并不是每个人都能享受到国企职工福利分房待遇的事实。

在集体主义的国有企业中，单位不仅是工作的场所，还是一个"大家庭"，职工个人是单位这个大家庭的一个成员。一方面，单位有义务为每一位职工提供全方位的照顾；另一方面，单位也要求职工要为单位履行忠诚和奉献的义务。在住房方面来说，单位负责提供土地、规划设计、购买建筑材料等等，职工则以义务劳动的方式为公房建设提供必要支持。对于单位而言，国企内部大量的职工作为免费劳动力，能在建设公房时提供人力资源保障，大大节省建设成本。受访者 LFS 提到为了改善职工住房，由父母所在单位提供土地，职工周末通过义务劳动建设住房，为企业节省了人力成本。

> 那时候我父母的房子是租的房，这种房子没有产权，房改以后这房子就卖了，这不是卖了就有产权了。因为我们单位搞建设公司，就在新庄转盘那块儿，你可以看到全是我们单位自己盖的，就是 NII 几村几村的，其中就是这个房子，全是我们单位自己盖的，我们职工也出了很多力了，星期六义务劳动，那时候就休息一天，那是从前苏联学来的呢，你搞砖瓦，运砖瓦运水泥啊，没有钱，没有奖金的，单位也省了不少钱。（20220724LFS）

有些国企由于规模较小，不像大型工矿企业拥有很大规模的员工，这类企业不一定是集中建设的家属院，有些职工原来就是城市居民就住在原有的住房，后期也有可能因为城市更新改造，原有住房拆迁之后这些公房变成了私有房屋。

> 1998 年房改之后有产权，谁要那房子。1998 年之后 YHZC 有本事的都该出来都出来了。那时候没有产权，就在那摆着没人要。到哈密来了之后，YHZC 那退休工人就是分的房子，后来就是自己过户到这的。福利那多少年，跟着你们公立来的，你在那得自己出钱。我记得我妈的房子掏了三万多就有产权了。那房子本来也不贵。你自己直接掏钱买也就是五万块钱给你，买一个像样的房子。工资一个月不到一千才六七百块钱。那时候修这个房子都是挺实在的，光卧室就三个，然后客厅也一个，三个卧室一张小床。现在都有公摊面积，那时候没有公摊面积，还有地下室，你越住得高地下室越大。你要是一进楼地下室就比较小。那时候给我妈分的四楼，那地下室四四方方的，可以放很多东西的。一楼没有院子，地下室也相应地小一些。你越高拿东西方便，我觉得他想得也挺周到的，你可以多放一些东西。（20220814ZJX）

国企职工最初住房的性质大多是公房，在 1998 年住房改革后，这种类型的公房在住房改革中会产生产权变更。这种产权变更过程中，职工需要缴纳比较低廉的费用，将公房的产权转为职工个人所有。这种做法在当时来说，是在国家财政比较困难时期多方筹措资金建房，也是一种面向内部员工的住房福利。受访者 XJ 谈到当时的房改房要获得产权的话，需要根据工龄折算享受的面积，再计算获得产权需要补交的费用，当时的费用比较低，只需要几千元。

当时没有产权，当时都是公租房，就你每个月交租金，后来不是开始房改嘛，我们属于房改房。房改房的话要出钱的，因为就是说按照你的工龄，他帮你测算你的房子的面积，肯定有早有新建的有后建的对吧，就是根据你的房龄来折算你每户，譬如说父母要出多少钱。当时因为我还没有结婚嘛，我记得我父母好像当时拿了几千块钱，大概七八千块钱吧。（20211114XJ）

二、生活质量总体不高

生活质量作为反映特定社会中人们各种需要得到满足的程度与水平，不仅强调人们所享有生存与发展的客观条件与资源，也十分强调民众所体验到的幸福感[1]。Bukenya（2001）通过对美国西弗吉尼亚州乡村地区的研究发现，客观生活质量只能解释居民生活质量的 15%，而主观指标如健康评价、人际关系评价和总体生活满意度能解释 70%—80%[2]。由此可见，物质生活条件的改善是有助于提升民众的生活质量，但是也不能忽视主观指标。当经济发展到一定程度，尤其是温饱问题解决以后，居民对于物质条件的需求之外，对主观指标也有要求。

Easterlin（1974）研究发现：对所有国家来说，个人范围内，越多的钱意味着更多的幸福[3]。然而，所有成员的收入增加并不会增加所有成员的幸福，长期来看，经济增长与国民幸福感之间的关系呈"U"形变化趋势，这个结论被称为"伊斯特林幸福悖论"。这种"U"形变化是放在一个比较长的经济增长周期内才能呈现，本研究所关注的庇护体制阶段的总体上是经济发展比较缓慢，甚至倒退的计划经济时代，在到达峰值之前，经济增长和物质生活水平的改善还是有利于提升民众的生活质量的感知。在改革开放之前的阶段，我国经济发展缓慢，总体上物资很短缺，民众生活水平不高。根据马斯洛的需要层次说，这一阶段的国企职工只有低层次的生理和安全需求，衡量生活质量的主要

---

① 邢占军，王丛：《生活质量视角下的文化养老研究与政策思考》，《理论学刊》2021 年第 6 期。

② Bukenya，J. O.，"*An Analysis of Quality of Life，Income Distribution and Rural Development in West Virginia*"，Doctoral dissertation，West Virginia University，2001.

③ Easterlin，R. A.，"Does Economic Growth Improve the Human Lot? Some Empirical Evidence"，*Nations and Households in Economic Growth*，1974，pp. 89-125.

标准在于吃穿用等最基本的物质生活需要方面，对于精神层面的需求还比较低。

对于当时国企家庭的生活质量的分析，不能简单地一概而论，因为不同的家庭规模、家庭结构、就业人数都会影响家庭的生活质量。比如说在人口比较多的国企家庭，如果只有父母一方在国企上班，抚养人数多的，还有可能生活会比较拮据；如果家庭人口比较少，父母双方都在国企上班，抚养孩子和赡养老人的负担比较轻的，生活水平会相对高一些。此外，家庭生活质量还与家庭主妇的理财能力有关，善于理财的家庭，经济状况会有更好的状况。有访谈对象谈到自己父母善于计划，家庭的经济状况会好一些，起码能做到衣食无忧。

首先在穿的方面，人家条件不好的呢，人家过年人家没什么新衣服，我们是有新衣服穿。那时候母亲是 YMC 的，它那个地方是生产料子的，不管她是怎么从厂里买的处理的或者什么料子，她买了给我们，我们姊妹们反正年年都是新衣服、新鞋，因为在我的印象当中，八几年的时候粮本还没有废除的时候，他们都是苦日子过的，比较会计划，粮食安排得井井有条，米面油起码有，不会让我们吃了这一顿，下个月就饿着。（20220401LJS）

在国企子弟的关于生活质量的陈述中，既有客观的吃穿住用这些客观条件的因素，也有受访者自身的主观体验感。在访谈中，他们会有意无意地和现在的孩子比较，从而感叹现在的孩子生活幸福，在对比中认为自己小时候的生活比较困难。例如受访者 LYY 回忆小时候基本生活条件都是比较艰苦，体现在吃穿方面比较短缺，尤其是跟现在的孩子相对比，这种反差更加明显。

那时候多困难呐，大人上班的是一个人 30 斤粮，小孩就是 27 斤，那时候全国也没那么多，家家都不够吃，然后就吃各种酸菜、土豆，那时候割几块肉都是过年了，就穿个裤衩子，加厚大棉裤都没有。现在的孩子满地是吃的，现在就是这手拿面包这手拿香肠，少一样的吃都不吃，那时候就是窝窝头，就勉强能吃饱，那时候全国粮食都不够吃，粮食有定额，发的粮票，完了上粮店领粮，过去有那个苞米面什么的，那一大家子那么多人，靠我父亲一个人上班确实是不容易。（20220729LYY）

对于这种看法应当一分为二地看，一方面，在改革开放前我国民众的物质生活水平确实比较低，生活困难的群众比例高，跟现在相比确实差距非常大，两者完全没有可比性。另一方面，我们也应当从中看到，我国在改革开放四十余年来经济起飞带来民众生活质量的快速提升，尤其是国家大力推进脱贫攻坚和共同富裕带来的福祉，绝大多数普通民众已经享受到了国家经济发展的成果。

这个访谈对象说的是比较普遍的情况，尤其是国企职工家庭如果子女数量很多，只有父母一方是在国企上班，需要承担一个大家庭的生计支出，确实非常不容易。一方面要承担多个子女的生活、教育支出，另一方面还要赡养老人。根据当时的生活水平，确实会入不敷出。有些家庭是男方在国企上班，女方在农村生活，这种一工一农的组合，既有一份比较固定的薪资收入，还有农业生产收入，可以保障家庭的基本生活水平，在吃穿方面有基本的保障，一定程度上缓解家庭经济支出的负担。此外，每个家庭有不同的状况，如果家庭成员有重大疾病会增加家庭的支出，从而影响家庭生活水平，比如有位国企子弟谈道：

我们小时候生活水平可以，但是说也可以也不可以。因为啥呢？当时我父母都是上班的，上班族的是越来越有钱，但是从我记事开始，我母亲就有病，每年每月就是开销比较大，因为我母亲五十六岁就没了。（20211220DWY）

国企家庭的生活质量高低，与父母所在单位的经济效益也有很大关系。如果经济效益好的国企，父母收入会相对更高，家庭生活质量就会好很多。如果经济效益不好的国企，影响了父母收入，家庭生活质量就会低很多。在下面这个案例中，国企子弟生活在西北某地的牧场，在当时物资比较紧缺的时候，吃肉不愁已经是很不错的生活水平。当然，这里呈现的案例并不代表所有国企，有一定的特殊性，因为这家国企是牧场，生产肉类产品，在肉类产品供给方面有先天性的优势，但是这个国有农场的粮食方面却比较紧张，因为这个农场远离城市中心，交通比较闭塞，当地由于地理条件的原因又没有太多的主粮。

我们那个地方就是偏一点，其实我觉得生活比城市要好一些。牧场嘛，你想吃肉干什么就要比城市要方便，吃肉还是可以，就是吃粮食那些不容易，当时因为我们那个地方麦子长得不好嘛，所以我们就是从哈密调粮，当时是七几年吧，吃一些苞谷面那些杂粮特别多，那是挺艰苦的。小时候家里生活水平总的来说还可以，至少饿不着，穷但是能吃饱肚子，像六几年、五几年很多人肚子都吃不饱，但我感觉还能吃饱。（20220825NGZ）

生活质量的评价还要考虑主观体验，物质生活条件的优越并不等于幸福指数高。正如受访者GHF认为，在过去计划经济时代国企职工及其家庭享受到了全面的福利，虽然总体收入不高，但是这些免费的福利制度实际上降低了职工的生活成本，而且生活设施全面覆盖，使得国企子弟幸福指数高；而相比之下，经过市场化改革后，过去享受的福利待遇都需要通过金钱购买。两相对比，形成巨大的反差。

你就没有办法相比，我们那时候就知道为什么生活质量、幸福指数非常高，因为他所有的东西都是免费的呀，现在所有的福利制度经过市场化以后，我们基本上都是花钱的对吧？那么你有钱还可以，你条件好还可以；你没有条件，你像我们这些下岗工人，你说他哪有那个条件呀，根本就承受不了。（20220319GHF）

三、社会福利供给丰富

国企不仅是一个生产单位，而且是一个照料所有单位成员的"家"。除了承担经济生产功能，还有政治、社会、文化功能，构成具体而微的小社会[①]。过去国企的社会功能更多的体现在社会福利供给方面。社会福利它可能被看作职业福利的代名词，具体指的是一种工资以外的物质待遇，包括现金、实物、服务[②]。国企单位为职工家庭提供了多元化的福利待遇，涵盖了从住房、教育、医疗、生活、娱乐等方方面面，这些福利覆盖了"从摇篮到坟墓"。一个人获得了国企职工身份，在当时就意味着获得一份比较丰厚的社会福利保障。就如下面几位访谈者所言：

小的时候我也印象不是很深了，反正我记得，八几年我们上班的时候，我觉得我们发的福利还是蛮好的。比如说所有的副食品，带鱼啊，鲳鳊鱼啊，排骨、肉啊，这些都是单位发的，不用自己买，海鲜都有。其他的福利待遇工资什么，应该还是可以的吧，反正奖金也是每个月都有，当然具体多少我也记不清了。（20211114XJ）

像我们厂效益好的时候过年就不用买什么东西，所有吃的、用的这些东西都是厂子在发，因为我们在不同的部门，每个部门都发，你比如说我们是总厂要发一些东西，分厂要发一个东西，到了我们车间这一级，车间也要发，工厂发东西就是每个职工都有，你比如说我父亲有，我也有，我妹妹也有，你分厂发东西，就是你自己的那个部门又在发东西。（20220315TJZ）

访谈者所说的米、面、肉、油、水、饮料这些生活福利，在当下看来，算不了什么贵重物品。相比于没有这些生活福利的农民而言，已经是很好的生活保障，无疑是非常有诱惑力的，当时的很多农民子女想方设法挤进国企单位。

当时国企提供的福利，不仅是以上所说到的生活福利，还包含了教育、医疗等社会福利，这些方面对职工来说也是非常重要的，有利于减轻职工的经济负担，这一系列的福利提升了职工的幸福指数，能够使他们没有后顾之忧。相比之下，现在年轻人由于没有享受到这些社会福利，推高了生活成本，虽然相对收入水平在不断增长，但由于住房、教育、医疗方面的压力非常大，导致年

---

① 曹锦清，陈中亚：《走出"理想"城堡——中国"单位"现象研究》，深圳：海天出版社1997年版，第75页。

② 索德钢：《单位福利的延续、断裂与对策》，《东岳论丛》2006年第6期。

轻人比较容易焦虑，某种程度上也抑制了当下年轻人的生育意愿。

受访者 TJZ 提到当时国企的福利待遇覆盖全面，包括医院、学校、食堂等等，这些都是免费或廉价性质的，首先这些生活福利都是企业承担了大部分运营成本，而且这些生活福利供给是非盈利性质的，所以当时的生活成本很低。

咱们说这个企业最好的时候，企业是有自己的学校，有医院，有自己的食堂，看病你就直接到厂里医院看去就行了，花钱是肯定要花钱的，但是很少嘛。当时我们到厂医疗室看病花个十几块钱，那就很厉害了，你像食堂这些，都是带有福利性质的。（20220315TJZ）

受访者 GHF 在访谈中分析了这些全方位的福利给职工幸福感带来的优势，由于全方位覆盖的福利，职工没有后顾之忧；当国企取消这些福利待遇之后，当下的年轻人要面临各方面的经济压力，这种经济压力影响年轻人的幸福指数。

他感觉就是一种大家庭嘛，大家都无忧无虑嘛。我们理解那时候的幸福指数要比现在要高得多，我所指的幸福指数，就是说你有这些福利。现在好多年轻人他们的福利在哪呢，他们的这个忧愁在哪里？就是因为很多的福利制度没有了。像我刚才跟你说的，我们以前生活中没有基本上没有什么忧愁，对不对？我生了小孩以后，小孩他是有人管的呀，幼儿园它是免费的呀，当然不是说完全一分钱不交，它只是个成本，它是相对的是吧？那么现在你要是生一个小孩，一个幼儿园都会搭进去好多钱的，有些人都是承受不了的呀，在你们那边南方肯定会更高。（20220319GHF）

有些生活福利属于劳保用品范畴，也就是直接服务于生产劳动的，主要是为了保障国企职工在生产中的安全所必需的，有利于减少职工的职业病。劳保用品主要包括工作服、防护服、安全头盔、工作手套、防尘口罩等等。这些劳保用品的保障是非常有必要的，直接为职工的人身安全提供有效保障。

工作用的东西那都给你发，多长时间换一次，冬天的棉大衣呀这些东西。就我们那工作服，两年换一次，都能落实了。（20220814ZJX）

由于我国国企的社会福利是由企业自主发放的，不同国企企业经济效益、行政级别等方面的差异性，社会福利供给的质量、数量有很大的区别。这种差别的根源在于制度性差异和经营性差异①，所谓制度性差异是国企在我国国有单位序列中的地位差异，导致其所拥有的物质资源差异，从而影响单位成员的福利待遇，这两个因素在不同历史时期对国企福利待遇的影响不一样。在计划经济时代，福利待遇的差异在于主要来自制度性差异，比如国企属于中央企业

---

① 索德钢：《单位福利的延续、断裂与对策》，《东岳论丛》2006 年第 6 期。

还是地方企业，地方企业中属于省属企业还是县属企业，职工的待遇差别还是比较大。在市场经济时代，国企经营状况对职工福利的影响更加明显。

过年过节没有发肉这些东西，吃上一顿饺子，那时候好像过年也不休息，就是兵团那个食堂，大年初一好像吃上几顿好吃的，吃完了初二就开始上班了吧，那时候也不是很重视过节。（20220825NGZ）

这个受访者父母所在单位是西北某个兵团农场，地段比较偏远，离所在城市中心区还有 90 多公里。由于这个农场主要是畜牧养殖，主粮比较短缺，需要从城市中心区调粮，主要是苞谷面这些杂粮，条件非常艰苦，农场职工自然没有多少社会福利。

当时来说，国企为职工及其家属提供的全方位庇护，消除了职工家庭的后顾之忧，减少社会风险。受访者 XJ 说，当时国企建立了互助金制度、职工子女的半劳保制度，可以帮助职工应对生活中突发情况和重大疾病等带来的风险，形成了一道社会保障网络，这道网络为职工减轻了心理压力。

因为我父母比较稳定嘛，当时我们不管从学习上面、生活方面肯定不用愁。反正该学习学习，该工作工作，该干嘛就干嘛，我觉得应该是这样的。也不用担心你没有学费上学啊这些东西。因为当时单位里面我记得好像还有什么，家里面比如生大病了，单位里面有互助金，就是说每个职工每个月交个五块钱或者交个几块钱，成立一个户头，然后谁家家里面有困难了，或者父母去世了或者是家里面有人生病啦，因为当时的钱不是很多，一个月也就是四五十块、五六十块钱，那么如果说他要看个病什么东西的，因为我们职工不存在困难，比如说有的像我父母的父母在农村，他可能这个钱要自己掏，那他家里面可能还有小孩，那他可能这个月的生活会有困难，那么你就可以到工会去，问工会借钱，比如说借个一百两百，然后工会会不影响你正常的情况下，每个月扣掉几块钱，这种我觉得还是蛮好。起码没有后顾之忧对吧。国企自己承办的医院当时职工都是免费的，小孩也基本上都是半劳保。因为你想你平时生个小病小灾的肯定没有多大问题。当时看病我们小孩好像是要钱的，都是半劳保，单位里面报一半，父母的话应该是不要钱。（20211114XJ）

国有企业单位已经演化成为一种"家—国"一体化组织，并影响着单位人的生存方式，而单位的福利功能就是这种生存方式的根基所在[1]。作为单位领导而言，他们不需要对企业的经济效益负责，而是尽最大可能扩大社会福利的范围，他们及家属是这种不断扩张的社会福利直接受益者。这种扩张带来的负面效应是国企的福利负担越来越重，推高了企业用工成本，某种程度上造成了

---

[1] 胡水：《单位福利的变迁与转型——以东北老工业基地 H 厂为例》，《政治人类学评论》2023 年第 1 期。

国企后期效益低下的原因之一。

就国企内部而言，不同身份的职工福利待遇上也有所区别。国企职工可以分为全民工和集体工，全民工比集体工的待遇更高一些，主要原因在于身份的差异。马歇尔对身份的定义是"一种地位在那上面附着一系列的权利和责任、特权和义务法定的特许或禁止，这是为社会所认可并为国家权力规定和推行的"[1]。除了职工身份以外，政治身份也对职工福利待遇有一定的影响，比如干部和普通职工在福利分房时享受的住房面积是不一样的，干部普遍比普通职工的人均住房面积更大。

四、大家庭式的熟人社会

在中国单位里，人们相互熟悉，没有陌生人，是一个"熟悉的社会"，一个"没有陌生人的社会"[2]。在国企职工居住的单位大院中，同样是类似的情况，因为生产区域和居住区域往往是连在一起，往往职工之间是同事，国企子弟之间是同学，工作、学习在一个地方的业缘关系、学缘关系，生活还在一个地方的地缘关系，使得国企职工家庭之间相互之间知根知底，形成了一个封闭的"熟人社会"。

小时候家属大院里面大家都比较熟，那婚丧嫁娶的时候都在一块，办事的时候一看，哎呀你谁谁谁都认识，特别开心就是那种，都是熟人呀，你想在哈密我们一起住过那么长时间，发小大家住在一起。（20220814ZJX）

这种熟人社会是"大家庭式"的，首先表现在单位领导对职工的照顾，单位领导类似家长，为国企子弟提供了庇护。在计划经济时代，国企单位领导与普通职工之间的差距相对较小，不存在等级森严的感觉。国企领导在单位相当于"家长"的地位，对职工的照顾比较周到。正如有学者指出，中国的单位制类似于古代的家族和宗族组织，为成员提供各种安全保护[3]。国企单位领导某种程度上是这种庇护人的代理人，代表单位照顾好职工是理所应当的。这种关系与市场经济社会不一样，市场经济社会的国企领导相当于"雇主"的代理人，对职工招聘、使用、解聘有更多的决定权，类似于老板—工人的关系，这种亲近感自然就极为少见。受访者ZJX认为，当时的国企单位领导没有架子，对普通的工人也比较尊重，互相交往比较多。

① 华尔德：《共产党社会的新传统主义》，牛津：牛津大学出版社1996年版，第46页。
② 李汉林，渠敬东：《中国单位组织变迁过程中的失范效应》，上海：上海人民出版社2005年版，第32页。
③ 曹锦清，陈中亚：《走出"理想"城堡——中国"单位"现象研究》，深圳：海天出版社1997年版，第71页。

那个年代工厂领导都不是当官的，领导和普通职工都是互相尊重的。那时候领导也平易近人，也不是说知道你家事领导啥看不起你。你不像现在领导，你不理我我也不理你，因为我也不靠你吃饭。（20220814ZJX）

其次，这种大家庭式的关系体现在国企职工及其子女之间相互熟悉。这种熟悉的感觉与后来居住商品房小区的感觉完全不一样，单位大院的居民大多数是同一个单位职工，彼此在单位就有工作交集。相对集中的居住空间也有利于职工之间的相互交流，过去的家属院大多数是平房或是筒子楼，由于条件简陋，厨房、卫生间等公用空间比较多，彼此在生活中互相交流比较频繁。再加上职工子女之间的学缘关系又强化了职工之间的联系，职工子女一般都在国企附属学校就读，父母是同事、子女是同学的情况非常普遍。这种生产＋生活的双重共同体，强化了单位职工的联系纽带，与商品房小区的邻居是完全不一样。因为商品房小区大多数是陌生人，邻里之间缺乏交流，大多数都不认识，居民的原子化现象比较严重，缺乏对社区的认同和公共事务的参与，所以没有社区共同体的感觉。例如受访者 ZJX 父母是在西北某大型国企工作，她认为过去单位大院的人际关系简单、和谐、人情味浓，属于情感互动比较频繁的熟人社会，跟当下商品房社区的邻居完全不一样。

我寻思那时候不像现在，我觉得那时候领导特别好，谁家有事了都特别热心，特别有人情味，谁家一有事都得去帮忙，认识不认识反正都得来帮忙。但是现在的人都是通过关系认识，互相要是不认识那肯定不会来帮忙，现在工作都忙嘛。那时候一个厂都一起工作，互相都了解，就跟农村似的都认识，就那一块地方，不像现在人疏远了。现在楼房住着人情味就少了，可能对门都可能不认识哈，见面都不打招呼，互相各走各的。还是老一辈的人好，人有人情味。（20220814ZJX）

这种"大家庭式"的熟人社会，与中国传统的村落文化有关①。传统村落是独立于个人的集合体，个人与家族、宗族之间有保护与被保护的关系，宗族、家族承担了经济、社会功能，在单位制的国企内部也可以发现。在这种家属院中，类似于社区共同体，邻里之间的关系比较和谐，凝聚力很强。

家属院都是平房、大宅院，童年就是在那生活的咧。那种家属院我们感觉就是亲切，邻居们关系都挺好啊，住得惯，吃得惯，这一家窜一下，那一家窜一下，都是熟人。原本粮食都是供应嘛，我家这两天不够了，你把粮本给我们借上，下次再还你，买面都是那样的。那时候邻居间关系很好的，很和睦，现在想想很怀念。（20220505HKX）

---

① 曹锦清，陈中亚：《走出"理想"城堡——中国"单位"现象研究》，深圳：海天出版社 1997 年版，第 78 页。

从国企子弟的情况来看，他们普遍反映，生活在熟人社区，人际关系比较和谐，幸福感较高。这一阶段的国企子弟生活圈子的稳定，人际关系比较简单，访谈对象也提到家属院生活的幸福感、安定感，对于他们的成长来说，某种程度上是一种好事，没有太多的起伏。正如约翰·奈特等（2014）研究发现，在其他条件一致的情况下，那些对生活的满意感更多来自人际关系而非物质产品和服务的农村居民要更幸福[①]。成长在家属院的国企子弟除了物质生活条件较好之外，人际关系也比较简单、和谐，给他们提供了一个相对稳定和谐的成长环境。受访者 XJ 认为，过去国企单位大院人员构成比较单一，大院的治安比较好，在这种情况下，国企子弟更有安全感。

我们所有的职工其实在一个小区里面，不管是治安也好，环境也好，人际关系什么就是比较好相处嘛，大家都是在一个单位里面嘛，矛盾也不会像现在一样的。现在可能外来人口比较多，然后人员的文化层次、教育环境可能差异比较大一点，可能会矛盾多一点。但是我们小时候，因为你想父母都是同事，小孩都是同学，大家都还是比较融洽的关系。安全感比较高，好像也没听说哪一家什么东西被偷啦，或者哪一家自行车被偷啦，因为当时都是自行车嘛对吧，好像也没有听说有偷东西。（20211114XJ）

凡事都有两面性，我们不仅要看到国企大院给他们性格、人际交往的正面影响，也会有负面影响。由于是生活在相对封闭的环境，国企子弟的人际交往圈子较小，他们的信息来源比较单一，尤其是生活在郊区国企大院的国企子弟，见识相对有限，这种封闭式的大院局限了他们的视野。此外，由于早期的国企子弟大多继承父业，就业路径比较单一，周边的同学、朋友都是按照这种模式成长，会形成一种就业的路径依赖，约束了他们成长多样性的可能，不利于他们自主性的发挥。受访者 NGZ 和 LYH 提到生活在封闭的国企单位大院也有一定的弊端，主要体现在有些国企子弟的见识比较少，思想容易固化，某种程度上也印证了环境改变人、塑造人的观点。

我感觉这种生活环境对性格或者人际交往方面有很大影响，你像我们这见识少，农村和城市真的有一定的差距，农村比较落后嘛，是不是？见识少的多，我来到哈密我跟你讲，我觉得好像跟城市都有一定的差距，人家说的环境改变人这一句话真不假。（20220825NGZ）

我一直觉得生活挺稳定的，觉得以厂为荣吧，觉得对于未来没有什么担忧，好像脑子里挺固化的那种感觉，觉得生活就这个水平，念着父母的条件，但是见识特别短，路也特别窄，就是这么一个小圈子。（20220423LYH）

---

① 约翰·奈特，宋丽娜，拉曼尼·古纳提拉卡等：《中国农村的主观幸福感及其决定因素》，《国外理论动态》2014 年第 6 期。

第二节　符合单位期待的教育安排

一、教育期待普遍较低

教育期待是由个人面临的感知现实决定的具体价值观，通常考虑个人能力和其他限制①。教育期待通常分为父母教育期待和青少年自我教育期待。其中，父母教育期待可以反映父母对学校、老师、课程和教育总体的信念和态度②。教育期待受到各方面因素的影响，包括宏观社会环境、家庭经济社会地位等方面。

在当时的社会背景下，国企家庭虽然经济条件普遍属于中间以上水平，但是宏观社会环境的影响不容忽视，第一批国企子弟经历过"文化大革命""上山下乡"等特定的历史背景，使得父母对他们的教育期待普遍不高。例如有访谈对象 NGZ 谈到她在小学、初中时期，当时的大背景下学校几乎处于瘫痪、半瘫痪状态，这一批国企子弟所面临特殊的社会环境，使得他们父母的教育期待普遍不高。

我 1961 年出生，1966 年开始"文化大革命"的，五岁那时候我就有点记事了，那时候就特别乱，搞了多少年，1968 年、1969 年才基本上结束，反正那时候我就懂事了，当时我记得几乎都是瘫痪状态，不像我爸爸他们那种很少的工作一样，我们这些孩子好像也就没有上学，"文化大革命"前几年是相当于这个学校处于半瘫痪状态，那阵都是造反嘛，红卫兵造反，那些红卫兵要比我们要大，那时候我才几岁，我就有点印象，那时候红卫兵把我爸爸他们都批斗的。（20220825NGZ）

除此之外，在当时的社会环境下，民众总体学历水平偏低，计划经济时代的国企子弟工作主要靠父母单位安排，不需要用学历来求职。国企子弟只要能完成初中学业或高中学业，就可以安排下乡或直接参加工作。而且，当时的高考升学率很低，参加高考能考上大学的概率非常小，在很多父母看来，初中或高中毕业参加工作是合乎理性的选择，因此并不需要对子女抱有太高的教育期待。受访者 DWY 提到他由于历史原因基础不扎实，"文化大革命"后准备参

①　Sharp，E. H.，Seaman，J.，Tucker，C. J.，Van Gundy，K. T.，& Rebellon，C. J.，"Adolescents Future Aspirations and Expectations in the Context of a Shifting Rural Economy"，*Journal of youth and adolescence*，Vol. 49，No. 2，2020，pp. 534-548.

②　Wilder，S.，"Effects of Parental Involvement on Academic Achievement：Ameta-Synthesis"，*Educational Review*. Vol. 66，2014，pp. 377-397.

加高考，母亲并不觉得不上大学有问题，因为当时是否上大学并不影响就业。

以前的话父母对学习不重视，因为你学不学你都得下乡。再一个我1977年高考的时候，那时候对教育不重视，学的也是皮毛。后来一听说高考了，我就想自己再试一下，再补习补习去考考吧。但是我高考的时候英文字母那有26个啥都忘了，几个都不认识，后来是我通过自己复习，那会我母亲还活着，我就坐那旮旯儿学学学，那时候我们家三间房，我自己一个屋在复习。我母亲从外面回来看我抱着笔就睡着了，抱着我就哭，她说："咱不考了也不学了。"因为觉得太辛苦了。那时候上大学的和现在上大学是不一样的，现在你不上大学没有出路，那时候参加工作才有出路。并不是因为父母可以给你安排工作，当时没那么想，当时就是下乡。（20211220DWY）

现有研究认为，家庭社会经济地位会影响父母对子女的教育期待。父母经济状况越好，受教育程度越高，对子女的教育期望就越高①。就当时的总体文化水平来看，很多父母都是初中及以下的学历，而且当时的国企职工家庭普遍有多个子女，养育负担比较重，大多数时间投入到工作中，并没有太多的时间投入到子女教育当中去，对子女的教育期待较低，能否升学取得较高的学历基本上靠子女自身的天赋和努力的结果。受访者HKX提到父母学历低，而且上班非常忙，不会对自己有太高的期待。

哎呀，都是工人上班的哪有管，又不是知识分子，哪有要求那么高的呢。只要不要干坏事就成了，没啥要求。父母都是要求好好学习，以前父母都上班，那么忙的，早上八点上班，中午十二点回来做饭，一点又要上班，五点又下班，都是那么样生活，日复一日，年复一年的。（20220505HKX）

当时父母教育期待不高，还有一个比较重要的因素是由于顶替、接班等就业庇护的存在，解决了国企子弟的后顾之忧。在不少父母看来，如果子女没有学习天赋或缺乏学习动力，就可以到国企来上班，当时情况下并不用担心子女学历层次低没有出路的问题。受访者TJZ提到大多数父母对国企子弟的学习要求不高，反而希望孩子早点上班。

我说的这个企业的大环境，你说谁家孩子，你看那个不行就赶快把初中上完了赶快上班来。上班是第一位的，没有谁说不行让他多上两年学。怎么的都要把这个高中要上出来，还要怎么回事，反正这个都很少，跟我们接触的有几个同学，他母亲在我们厂内，他父亲不在我们厂，人家父亲有在公安系统的，还有在法院系统的，有两个同学，人家最后都就把这个学给上出来了，上了高

① 刘保中、张月云、李建新：《家庭社会经济地位与青少年教育期望：父母参与的中介作用》，《北京大学教育评论》2015年第3期。

中了，法院系统里有个专科学校，人家就去上学去了，但是好像 80% 的像我们这种厂里子弟基本上都接班，上高中的都没有几个，初中一完父母亲就说，"你不行你就上班，你别再上学去了"。反正我们这个年龄段感觉那个谁谁谁都上班去了，我也赶快上班，是这种思想，小孩子好像也是这样。(20220315TJZ)

正如前文提到有些父母其实对孩子是有一定的教育期待的，仅有教育期待是远远不够的，父母的教育期待要转化为子女的学业成就，离不开父母参与。而在当时，大部分父母的文化水平很低，一方面没有时间精力投入到对多个子女的教育实践中，另一方面受到自身文化层次低的影响，没有能力对子女的学业有实质性的辅导。可以说，在第一代国企子女中，学业成就的取得一方面需要有较好的天赋，另一方面靠他们自身的努力，父母在其中发挥的作用比较有限。已有研究认为，父母参与行为能有效刺激和帮助孩子的认知能力发展[1]。在访谈者的表述中可以发现，国企工人的文化程度低，无法提供辅导，也没有闲暇时间能够辅导。

他实际上要求呢，他肯定是希望自己的孩子学习，但是他也管不了他自己本身的文化水平有限。他也辅导不了，孩子多你说他辅导谁呀。(20220724 LFS)

父母对孩子期望值不高，都不怎么管。因为他们也没有闲暇时间管这些事。因为我妈小学毕业，我爸当时工作挺忙的，基本上对孩子的教育不怎么管。但是父母会说，将来要好好学习呀，这些话说说而已，但是不会强求你学啥。(20220423LYS)

二、教养方式以德为先

家庭教养方式是指父母对子女抚养教育过程中所表现出来的相对稳定的行为方式，是父母各种教养行为的特征概括[2]。家庭是孩子社会化的场所，影响孩子的性格、习惯。20 世纪 60 年代后期以来，鲍姆林特在观察研究的基础上提出三种教养方式类型：专制型、权威型、放纵型[3]。国内的相关研究从 80 年代开始兴起，最常见的是参照鲍姆林特的分类，将家庭教养方式分为放纵型、溺爱型、专制型和民主型[4]。应该来说，当时的国企职工家庭中，粗放型

---

[1] 梁文艳，叶晓梅，李涛：《父母参与如何影响流动儿童认知能力——基于 CEPS 基线数据的实证研究》，《教育学报》2018 年第 1 期。

[2] 王丽，傅金芝：《国内父母教养方式与儿童发展研究》，《心理科学进展》2005 年第 3 期。

[3] Baumrind D.，"Current Patterns of Parental Authority"，*Developmental psychology*，No. 4, 1971, pp. 1-103.

[4] 徐慧，张建新，张梅玲：《家庭教养方式对儿童社会化发展影响的研究综述》，《心理科学》2008 年第 4 期。

占主要地位，粗放型和放纵型还是有所区别，粗放型是与精细型相对，并不是放纵不管。

根据人类生态系统模型，家庭教养方式受到父母、子女特征的影响，也受限于所在社区的影响，这在国企子弟中体现也很明显。此外，家庭教养方式还会受到家庭经济社会地位、宏观社会文化背景的影响。

"顺其自然""几乎不管"是不少第一代国企子弟谈到的关键词，也就意味着在当时社会背景下，受多子女家庭的养育负担影响，大多数家庭是无法精细化养育，放纵型和民主型教养方式可能是主流。首先看宏观的社会背景，上世纪六七十年代，我国处于传统社会向现代社会转型的阶段，计划生育政策执行的时间不长，由于国企职工家庭的子女数量众多。整个社会并没有像今天这样进入内卷化比较明显的阶段，国企职工家庭对子女的要求并不高，放纵型教养方式占据主流。正如受访者 LYY 所说，父母只是解决子女的温饱问题，仅仅解决了生存需求，大多数国企职工不会对孩子有发展型的要求。

平时教育得不多，压根顾不上，上班了给这个孩子妈妈一放，完了就是在上班，父亲在井口上班的，早去晚归的，过去不都这样放养嘛，反正我管你吃，管你吃饱就行，吃饱了就啥也不管了。就是个别人家的爹妈的头脑先进的，注重孩子学习啥的，俺家就是干活，从小到大就是干活。（20220729LYY）

其次，从国企家庭的社会经济地位来看，他们经济地位属于中等偏上的水平，但是国企职工的文化层次又偏低。由于国企家庭父母自身学历水平的限制，他们对于子女的要求并不高，而且在当时情况下子女还有机会接替父母的工作，只要身体健康、有初中及以上文化水平，就有可能由企业统一安排工作，不少国企职工抱着"顺其自然"的观念养育孩子也是情有可原。从当时国企子弟青少年时期所生活的时代背景来看，国企为子女提供工作机会某种程度上使得父母对子女的教育期待有所降低，影响了国企子弟通过学业成就实现阶层跃升的内在动力，从长远来说这种就业庇护优势反而在后期成为影响国企子弟长远发展的障碍，只不过在当时的大环境下，大多数国企职工并没有意识到这一点而已。

父母对我们不娇惯，他基本上也不是管的东西。这种方式吧，他是管不了，我觉得也不好。那时候没有办法管，一心在工作上面，你管孩子。那个就是放养，主要孩子太多，管不过来。但是有一点，他希望孩子的孩子有出息，经常讲谁家孩子有出息，这个在他心目当中，中国人的传统觉得不一样，就是都希望自己的孩子好。（20220724LFS）

比如自己的一些大事，自己能做主。我们家就我一个可能也就宠着，反正一些大事方面也挺民主。这种方式我觉得挺好的。不用那么包办。我周围朋友有包办的，但是婚姻都不太行。（20220814ZJX）

最后，探究国企子弟家庭教养方式还要考虑家庭结构的因素。国企职工真正投入到子女养育的时间也不如当下的父母那么多，因为年长的子女分担了一定的责任，减轻了他们父母的负担。正如有俗语道"长兄如父，长姐如母"，在子女众多的国企职工家庭里面，父母的养育压力比较大，大多忙于生计，将大多数时间投入到工作中去，年长的兄长、姐姐承担起了照顾弟弟、妹妹的责任，兄弟姐妹直接互相帮衬成为常态。受访者 LYH 家庭就是这种状况，家里有两个姐姐，姐姐从小到大照顾她。

家庭氛围特别好。一个帮一个，一个带一个。我小时候几乎父母没怎么带过，就是我上面有两个姐姐，基本上我是我大姐带我。当时来讲父母对我们还是比较宽松的，属于放养式的教育，小时候可能觉得没什么压力。没有什么看重的，父母看孩子都是顺其自然，结婚生子。我觉得父母对孩子没有啥特别期待的。那时候总体上就是生活规律。以前的要求也没那么高，正常生活就行。生活在父母都是工人的这种家庭里，我觉得挺好。工人家庭基本上是父母传承的思想啊，或者生活态度啊，之后都是说的积极感挺强的。好像是没有什么太复杂的思想。幸福指数挺高的。它主要是因为思想比较单一，单位里那种环境，环境挺封闭的，还有这种感觉。（20220423LYH）

"棍棒底下出孝子"是传统中国父母秉承的教养理念，这种教养方式比较强调父母的权威，属于专制型教养方式。受访者认为，这种教养方式在过去并不认为是有问题，尤其是在多子女家庭，父母没有太多的时间精力对孩子采取循循善诱的方式讲道理，打骂是传统家庭教养中习以为常的方式，跟当下新生代父母强调民主平等的教养方式还是有所区别。强调父母权威对子女幼年时期的管教是有效的，尤其是在子女没有树立正确的价值观之前，严厉管教是非常有必要的，正所谓"子不教，父之过"。

我们小的时候做错事也打也骂，现在的孩子你不打不骂，你说你尊重他吗？就是现在孩子他不认可，他都成白眼狼了，他觉得你啥都是应该的。我指的是现在的孩子出问题，肯定跟现在的教育有关系。每一个家庭他父母亲他不会说是给孩子胡教，他都希望孩子那啥就比别人好，也带了一些虚荣心，也带了一些攀比。但是孩子他喜欢什么不喜欢什么，是受父母影响的。你父母亲做的表率做得好，他就看见了，他知道什么养成习惯。那时候我们上学的时候，那老师那是真教书，学习不好，老师是真急，他给你单独补课干啥的，不需要像现在要拿钱去。现在我觉得跟那时候没法比，都是这个社会都是一切向钱看造成的。就是说讲道理也讲，打骂也打，那是你年龄段儿，你小的时候那就把你管上，你长大了真的在外面干啥坏事儿了，那也管不住你这样。（20220401LJS）

当然，考察国企子弟的教养方式还需要考虑到中国的家风家教传统。中国家庭教育子女时向来注重品德教育，强调从小培养良好的品行。品德教育是中国家庭教育中最为注重的内容。习近平总书记指出："作为父母和家长，应该把美好的道德观念从小就传递给孩子，引导他们有做人的气节和骨气，帮助他们形成美好心灵，促使他们健康成长，长大后成为对国家和人民有用的人。"①国企职工子女也是如此，尽管他们对子女的学业成就要求并不高，并不意味着他们对子女没有要求，他们对子女品德普遍比较注重，要求子女老实做人、不要说谎、为人务实、要勤快，不得有违法乱纪的行为。

父母教育这方面普通，你只要不干坏事，好好干就行，不像现在那么大压力，读得好就好，读不好也行，初中毕业就进工厂上班，主要就是千万不能犯错。能有个饭碗就很满足，不犯错就行。他们比较看重人品、做人，不违法，这个是经常放在嘴边的，这个是他们老一代人最看重的，找个对象啊，那时候父母的影响还是很大，那个时候地方太小了，口碑很重要，以前是干什么的，还干过违法的啊，或者你女孩作风啊不好，稍微有一点点就不好，圈子太小，一传就出去就很麻烦，就很讲究。（20210920TSQ）

在特殊的历史背景下，也有少部分的国企工人因为"文化大革命"冲击，影响了子女教育，使他们的子女互相依靠，没有受到良好的教育。受访者NGZ家庭就属于这种情况，父亲是兵团农场干部，"文革"期间受到冲击，母亲是农场职工因此精神失常，他们兄弟姐妹几个只能自己照顾自己。

"文化大革命"冲击我们家，给我爸爸戴高帽子，在1966年到1968年，好像1970年才慢慢好一些，那时候我爸是打倒的走资派，我有一点印象影响蛮大的，那时候我觉得我都胆子特别小，就把我爸爸抓走去批斗，那时候我太娇小了，就一天担惊受怕的，但是我光祈祷，就批斗得特别厉害，那时候让我妈妈老交代我爸爸，实际上我爸爸也就是个穷苦家的一个孩子，我妈妈也是的，就是那阵谁知道"文化大革命"，不管大小领导都得起个名头，把我爸爸送到老牛班待过一年，就是在那里改造，然后改造学习反正，那一年就没有回我们家，我们就在一个修水库的地方，让我爸他们去修水库，我爸他们去修都修了一年，我们家也不容易，那时候批斗我爸也批斗我妈，我妈也胆子小得很，一到批斗她也经常哭，有些人也是，拉帮结派的整你嘛。我们可怜了那阵我们，我妈妈最后跳井了，让红卫兵发现了以后救了嘛，从井里头救出来以后，马上脑子就失常了，最后经常的吃不饱饭，我们也怪可怜的反正，自己管自己嘛。（20220825NGZ）

---

① 习近平：《在会见第一届全国文明家庭代表时的讲话》，《人民网》，http://cpc.people.com.cn/n1/2016/1216/c64094—28953602.html，2016年12月12日。

三、求学过程历经曲折

对于部分五零后国企子弟来说，他们的求学过程比较曲折，受到"文化大革命"的影响，部分国企子弟接受了初中、高中教育，但是当时由于高考被取消，也就失去了参加高考的机会。他们当中大部分都经历了"上山下乡"，到农村接受锻炼。即使是恢复高考之后能够有机会参加高考，但是由于他们并没有完整地接受初中、高中阶段的教育，文化底子薄，有些国企子弟已经结婚成家，从时间精力上来看，不大可能有机会参加高考。六零后国企子弟相对幸运一些，按照18岁参加高考的平均年龄，六零后普遍都有机会参加高考，尤其是六五后接受了比较完整的初中、高中教育，参加高考的比例更高。当今中国政商学各界的佼佼者中，六零后已经处于鼎盛时期。受访者 LFS 出生于1953年，他的教育经历在五零后国企子弟中很有代表性。以这位国企子弟来看，他是五零后，由于"文化大革命"中断了学业，没有接受初中、高中教育，到七十年代又被安排下乡插队两年，因为文化基础比较薄弱，没有参加高考，后来通过夜校补习初中和高中课程。

那个时候我们还没上幼儿园，这些年幼儿园也很有限。像我们这个家庭人多，也没有机会，母亲没有工作，就在家做这些家务，我没有上幼儿园。到了1965年支援三线建设，我们这个单位全部迁到四川，实际上老三届只有1966届高中生初中生全部上完了，其他的六七届、六八届、六九届，这几届毕业生实际上没有毕业。"文化大革命"开始在动乱。我们是1970年插队，插队到1972年。九岁就上学就全部停了，高中就没有上，什么时候开始上，就是说回来以后，回来以后国家搞四化建设，和美国建交了，国家要引进这个设备的，搞建设要提高文化水平，上夜校开始初中、高中课程这样学的，这是夜校补习。高考不是谁都能去的，那是高中毕业生。高中毕业上高中或者高中没有毕业的，差一年两年也可以，也可以自己再复习一下子考上的大学。后来过了几年。高考是1977年主席去世以后恢复了。到1979年的时候，工人在职的就可以上啊，但是这个也不是人人想去就去了，领导推荐指定，也不是说普通人选举我觉得他能去就去的，领导提名推荐就是很少一部分。（20220724LFS）

国企子弟 DWY 也是由于"文革"初中、高中教育几乎为空白，因为文化基础薄弱，后来即使有参加高考的机会也无法考取大学。这两位国企子弟的经历在五零后中有一定的典型性。可以说，由于特定的时代背景，这批五零后国企子弟原本可以接受较好的教育，但是在时代浪潮的裹挟下，个人命运发生了改变，丧失了通过教育实现社会阶层上升的可能性。

"文革"实际上影响还是很大，1966年就开始大规模的动乱了。因为啥呢，我小时候记得特别清楚。我写字不算太难看，让我去写大字报，刚开始去批判邓拓、吴晗、廖沫沙，他们三个是一家。我就去写大字报嘛，我那个时候也不懂。后来参加高考也没考上就安排工作了。那时候上大学的和现在上大学是不一样的，现在你不上大学没有出路，那时候参加工作才有出路。（20211220DWY）

"文化大革命"之后，为了解决青年的文化问题，我国先后有电大、夜大、函授、自学考试等灵活的学习方式。这些非全日制的灵活学习方式，也为不少国企子弟解决了学习的问题。受访者ZJX提到她在电大通过广播、电视学习。

我上学一直都是在子弟学校，我们就这一个学校嘛，小学上到高中，所以同学也一直都是接触，大家在一块亲得很。因为我们那时候上的财校，我们那时候都高中出来上的，中专就脱产。我们这电大开课了，我七舅那时候属于把书本拉出来跟着，那时候不是有广播，就教你咋学，你跟着电视、录音机嘛，广播啥的。那个要学两年半。（20220814ZJX）

大多数六零后的国企子弟相对比较幸运，接受了比较完整的教育，接受高中、中专教育，少数能够考取大学，通过获得教育成就改变了生命轨迹。例如LYH高中毕业进入中专，还分配了工作，进入到国有事业单位从事财务工作，还取得了高级职称。XJ考取了委培定向的中专，毕业后回到父母所在单位，先是在厂办幼儿园任教，后期又换了工作，到钢铁厂所在的街道任职，担任居委会副书记、副主任。

我这一代的人，应该来说继承父业的还是比较多，大概80%吧。念高中考大学的特别少。我们那时候高中毕业生是1985年。当时上大学的，就那些一起长大的，10个里能有2个吧。读书的经历其实很简单，就是从厂里的附属的小学一直念到高中，对吧？工作之后先参加招工，然后干了两年之后，单位拿钱供上大学，反正是委培，最后上完又回到原单位。（20220423LYH）

我们中专毕业以后是分配的，实际上是自己靠实力考上中专，然后国家本来就有分配的，对吧？我上的中专说是也有点关系。我们属于那种定向培训，比如说考出去以后，哪边考出去你回哪边，属于定向。（20211114XJ）

对于当时的国企子弟来说，他们享受了免费的教育资源，这种教育资源的质量参差不齐。有受访者认为国企子弟学校的教学水平并不算多高，无论是师资力量还是硬件设施，都是与社会办的学校有一定差距。

我们子弟学校怎么说呢，他从教学质量上来说，从师资配备上来说，从这个硬件设施上来说，他肯定都是不如社会上的这些学校的，这个毫无疑问，那么我们从子弟学校好多都是混出来的，因为他那个教学质量毕竟是有问题，虽然是免费的，但是毕竟是有问题对吧？（20220319GHF）

还有受访者谈到他自己所在的子弟学校师资力量还不错，因为老师都是来自北京、上海、天津这些地方的下放知青和知识分子等等，在相对偏远的国企来说，这些都是很好的师资，对他们的教育无疑是一种优势。不过，不管当时国企子弟学校的师资力量如何，并不一定有多大影响，因为第一批的国企子弟大多享受了顶替、接班的待遇。在他们生命历程的早期，由于我国人口总体文化水平偏低，在经济社会发展还处于比较低的阶段，对于文化程度的要求并没有那么高。因此，从整体上来看，第一批国企子弟至少在前半生教育水平并没有局限他们的职业发展。

我们有 YH 子女学校，YH 子女学校的教育质量还可以，因为很多的老师都是从那个上海啊、天津啊，有的是知青，有的是啥，而且他们的水平还是挺高的。（20220906YYH）

第三节　继承父业为主的职业选择

一、择业以继承父业为主

在第一代国企子弟中，没有多少选择职业的余地，一方面是因为这批人参加工作时，我国还处于"文革"后期和改革开放早期，市场经济并没有开始发展，个体的职业选择大多是受父母的影响。在当时的背景下，很多国企子弟是直接安排工作。当时国企子弟进入国企的方式有几种：顶替、接班、内部招工。由于父辈拥有国企职工身份，他们的子女就享受了就业庇护的福利。只要身体状况正常、拥有初中或高中文化程度就能以较低门槛进入国企工作，早期不需要考试或者其他的方式就可以直接安排，而不像社会青年需要通过比较严格的招工程序进入国企工作。

所谓的顶替（顶职）就是为了解决国企职工子女的就业问题，国企子弟到了合法劳动年龄，父母办理提前退休手续，将自己的岗位编制让出来给子女接替。这种获得工人编制的方式有名额限制，父母一个人最多解决一个子女就业岗位，即使家里还有其他子女也需要通过内部招工方式解决。顶替需要有一定的理由，比如父母一方因为身体问题需要提前病退，当时也有职工通过病退的理由为子女解决工作。

我之前是在 NH 上班。之前是顶职，就是我母亲退休了我才上班，我母亲她原来是 NH 的，就是替我母亲的职位啊。那原来在 NH 是干那个检修工、钳工，我们进厂就是跟师傅干两年钳工，再后来就定级了，有基础工、高级工。当时顶职的话父母只能顶一个，只能解决两个人啊，父亲一个母亲一个，

我和我小哥哥两个人顶职，其他人自己招工进去的。（20210920TSQ）

父母在这个毛纺厂给我最大的帮助是解决了工作，我都没办法啊。我没考上学啊，父母也着急啊。母亲做了个病肺就招工了，就算顶替，就是把工作指标让给我嘛，她退休。她本来有工伤，有工伤就病退，但是有工伤一般都不好做。（20220505HKX）

下面这个案例属于接班类型，当时为了解决返城知青的就业问题，由国企职工所在单位拿出一定的岗位安排国企子弟就业，不需要通过招工考试等方式。接班有前提条件，一般是父母退休时刚好有子女达到劳动年龄又没有工作，可以顺理成章地接班，进入到父母所属的国企工作。

我们是这样子的，因为我们那时候有个政策，父母亲要是退休的话，我们正好赶上可以接班。我是接班的，因为我父母亲都是工人嘛，我和我大妹妹两个都是接班，当时还是不容易的，像其他弟弟妹妹都是靠自己，我是老大嘛嫁给他（注：口述人丈夫），等于是当了桥梁，说得不好听，我弟弟就是跟我出来，YH工厂虽然说教育质量还是可以，但是相比城市还是差一点儿，我弟弟到城市去上学。（20220906YYH）

下面两个案例属内部招工的类型，定向面向国企职工子女。后期国家统一取消了国企子女顶替和接班制度，采取招工制度。相比之下，招工比顶替和接班更难一些，需要一定的招工程序，需要考试考核等流程。但是，这些招工考试是定向针对国企子女的，早期并不会向社会开放，属于国企子女之间的竞争，难度还是比当下的招聘容易得多。受访者NGZ所在的兵团，不需要考试，可以直接给国企子弟安排工作，相对容易得多。而受访者LFS属于下乡知青返城后由父母所在单位招工，按照当时的政策职工子女可以直接安排工作。

我就上到初中，后来考高中嘛，结果我没有考上，没有考上之后，紧接着我就工作了，我那种工作还好一点，因为兵团子女上班比较容易一点，只要是愿意上班你就上班，他不像城市，城市那时候知青就很难分配工作，我们在兵团就只要是你毕业以后，你不想再上高中或者没有考上高中就可以直接去工作。相当于招工，城市那一阵像我这个岁数就开始招工了，招工特别艰难，那些好多知青都工作不上，像我们兵团就不存在这些，只要愿意工作，不需要考试，直接就安排了。（20220825NGZ）

这个就是下乡之后直接安排工作。也就是因为这个父母在NH，父亲在NH才行。因为这个时候他要回来嘛，住在四川下乡了，回来之后把自己全部在四川，所以要求招工，招工就是职工子女全部招上来，然后地方政府他是不愿意的，都是按照国家政策，你们这个上山下乡开一年多的时间怎么可以上去的，怎么可以返城，不可以。他那怎么办，如果你们实在要换呢，我们要找一

个。（20220724LFS）

到了后期就业相对比较困难时，国企子弟不能直接通过顶替、接班的方式来进入国企，更多的采取内部招工。当然，招工也有一定门槛，起码需要走招工程序，采取考试或其他方式进行考核。但是，国企子弟有单独批次招工。总体而言，要比社会青年进入国企工作的门槛低一点。受访者LYH谈到当时的招工必须考试，而且受到厂矿行业的限制，女青年招考录用比例比较低。

高中毕业去厂里的时候，就是工厂招募我们去。必须得考试，因为我们念过高中的要考试。男的比例呢，招工就是好考一些，我们那会就是100人考能进80人的概念。女的就是招100人考能招10个人能上去。那特别少，钢厂、矿山基本上都是需要男的，它不是服务行业。当时的话只是说你们父母在这个国企，就是有资格考，并不能保证一定能考上。当时不会面向社会招工，基本上都是国企职工子女的学生。我高中之后第一年考大学我没考上，我想再念一年吧，父母根本就不让念，毕业就替我找了工作，说的还是先上班吧。我上班以后工种属于磨床①，两年以后我们考的大学。也是大学毕业以后做的车间核算员，我们这个叫薪酬管理。（20220423LYH）

调查发现，也有些国企子弟放弃了接班机会，通过其他近亲属安排的工作，这些工作相对比较轻松。例如下面这个例子，国企职工在东北某煤矿工作，家里原本有个接班的名额。该职工考虑到一线矿工非常辛苦，自动放弃名额，通过亲属安排子女到国有商业企业工作。这种例子应该属于少数，而且需要有相应的社会资本能够解决工作才行，大多数国企子弟没有这种关系网络能够提供额外的工作机会，也没有选择的余地。

我当年做厨师是这样，我父亲是国家一级理发技师，我有条件是啥？国家有这个政策说是第四批的，可以安排一个从事你父母这个行业。后来我说我不愿意去干，我认为这个理发师还是属于下九流。但后来我弟弟是随着我父亲学理发，我工作是因为知青返城政策，就是说父母有单位回自己单位的，整一个单位是商业系统，当时选做餐饮。我回到单位之后回到服务公司之后，他给我安排什么，当时的管理制度和现在的管理制度是不一样的。我们饮食服务公司的管政府工作的，就政府里的人，他和我父亲关系特别好，他就想着寻思给孩子安排一个好工作是吧？然后他选来选去，他说叫你儿子学厨师。（20211220DWY）

当时国企子弟选择职业往往受到父母的影响很大，一方面是因为当时情况下，国企工人的职业稳定、收入不错，是一份值得尊敬的职业。另一方面，是

---

① 磨床属于钢铁厂的一个工种，利用磨具对工件表面进行磨削加工。

因为第一代国企工人接受了党的教育，普遍比较正直，往往会以国家需要、"革命的螺丝钉"等宏大叙事话语教育孩子，希望他们继承父业。下面这个NGZ的例子具有一定的代表性，她父亲是一名军转干部，接受党的教育多年，到了兵团农场担任领导职务后，也能严格要求自己，要求子女不搞特殊化。所以，NGZ一家的兄弟姐妹四个都在兵团下属牧场工作。

　　当时选择职业的话，实际上也是受父母影响的，老爷子也老跟我们说，要不怕苦，要不怕啥东西，也老教育我们，我的爸爸是正直，以前老兵都是这样的嘛，他受的教育就是这样。解决的这个工作问题，我爸爸也没有那个啥，我爸说的你看别人的孩子能咋样干我们也可以咋样干，他也从来不搞特殊化，以前的老革命都是这样的，他说你有本事了那你就自己去那个啥，没有本事了那你就自己干农活你就去干，刚开始兄弟姐妹四个都在牧场，我是在一牧场就是种地嘛，农场种地，我二姐在HX一牧场的碳厂工作，我的弟弟在HX一牧场碳厂工作，我大姐在红星一牧场搞试验田的。（20220825NGZ）

　　对于多数人来说，当时继承父业是很好的选择，因为当时我国经济还比较落后，尤其是改革开放以前，除了国有企业就是集体企业，没有外资企业、民营企业，国企子弟并没有多少工作岗位可选择。另一方面，当时国企总体经济效益较好，国企子弟继承的工作收入、社会声望都比较高。工人的工作是很多社会青年求之不得的，能拥有这么一份工作虽然不能大富大贵，起码能实现生活无忧，而且有利于解决婚姻问题。因为中国人的婚姻观向来主张"门当户对"，婚姻匹配方面非常注重未来配偶的职业，当时国企工人的身份有一定的社会地位，比较受重视，身为国企工人的国企子弟在婚姻市场上有一定的优势，起码能够找到具有相同身份的工人作为配偶。

　　应该说接班还是很重要的，就跟你叔叔有这个机会去认识了，所以家里还是影响应该蛮大的是吧？首先有工作了嘛。有工作人家一听找对象，这人有没有工作，这是第一条件，门当户对嘛对吧，现在讲都是这样的。（20220906YYH）

　　当时顶职之后，有这份工作，找对象啊什么的还是有优势的啊，LMC女的多男的少嘛，百分之三四十的夫妻，都找的LMC的女的，就是女的多嘛。（20220505HKX）

　　对于国企子弟来说，这种接班、顶替、内部招工等方式，虽然有先天性的优势，降低了他们就业难度，但也有一定的弊端。首先限制了他们的职业选择空间，如果没有这种照顾性的就业政策，国企子弟中也有些能够通过其他途径寻求工作，可能有更好的选择；其次，限制了他们的职业发展空间。尤其是早期顶职、接班的国企子弟，国企子弟形成一定的就业依赖性，在学业方面缺乏一定的挑战精神，丧失了向上攀登的动力，导致他们的文化层次普遍不高，到

2000 年前后的国企改革中，这种劣势更加明显，因为他们一旦下岗之后没有更多的技能去适应社会，一些下岗的国企子弟就沦为社会底层群体。

二、工作满意度总体下滑

工作满意度可以被定义为来源于组织成员对其工作或工作经历的评估的一种积极的情绪状态[①]。赫兹伯格指出，导致工作满意或不满意的事件是截然不同的，导致满意的因素有成就、认可、工作本身的吸引力、责任和发展，导致不满意的因素有企业政策与行政管理、监督、工资、人际关系以及工作条件等[②]。由于在职业生涯的不同阶段，国企子弟的工资满意度会有所区别，因此，本研究在讨论工作满意度时，从初职和现职分别探讨他们的工作满意度，以期能够发现不同阶段工作满意度的特征和差异。

（一）初职满意度

国企子弟的职业满意度受到工作条件的影响，这里的工作条件包括工作环境、工资待遇、工作劳累程度等等。当时国企子弟所继承的父辈职业大多是厂矿企业工人岗位，大多数是体力劳动，工作环境相对比较差，工作强度大，他们的满意度不一定有多高。但是，在当时情况下，有一份相对固定的职业已经是很好待遇，而且也没有更多的职业可供选择。受访者 YYH 是一位女性，她接班后在盐场晒盐、挖盐，属于重体力劳动，非常辛苦，但是当时并没有更好的选择。

当时直接接班的话，在那里就是晒盐嘛，去挖盐，你要挖盐也要晒盐，它是一个方池子，比如说像房子这么大的，也有房子一半这么大的，里面放上水以后，然后它就夏天的时候一晒，那盐就长出来了，长出来以后呢，就拿耙子捞到一起，把它放到那个岸上，这时候是岸上了，然后把它码出方，方以后干了以后，装上麻袋，然后运往全国各地。他那个捞出来就可以，那个就是工业盐。YHZC 盐是怎么形成的，你看到表面上都是些跟海岸那样一波一波的浪，把那个井盖子揭掉，底下就是盐，就是那种这么大的。刚开始稀奇嘛，那半年以后就不稀奇了，那都想出去到大城市，也是太累了，再一个也偏僻嘛是吧？盐矿毕竟还比较远，我们坐火车的话得两个小时到哈密市。（20220906YYH）

国企子弟对职业满意度的评价还受到当时的认知水平的影响，在当时情况

---

① 刘凤瑜，张金成：《员工工作满意度调查问卷的有效性及民营企业员工工作满意度影响因素研究》，《南开管理评论》2004 年第 3 期。

② L. R. James & A. P. Jones，"Perceived Job Characteristics and Job Satisfaction: An Examination of Reciprocal Causation"，*Personnel Psychology*，Vol. 33，2006，pp. 97-135.

下信息来源渠道本身就比较单一，职业类型也不多，国企职工子女能接触到的职业信息有限，在没有比较其他职业类型的状况时，他们对职业的认知大多数来自父母传递的信息。在国企这个圈子里，普通工人能接触到的信息也比较有限，父母看来工人是一份不错的职业，也希望子女能够有一份比较稳定的工作，大多数也希望孩子能继承父业。

当时咱干的这个挡车工，只能说是还挺满意的，也没有啥大的抱负，也没啥大的理想，也没有在社会上跑过，就一直在咱们企业那个小圈子，从小就听父母亲那么说的，一天就那么干工作了，反正进去以后，像我们一块干活的那十个人，年龄都差不多嘛，大的也就比我们大个四五岁嘛，所以干起活来也都能干到一块儿。（20220315TJZ）

国企子弟的职业满意度还来自能够经济上实现自主的满意，意味着能够摆脱对父母的依赖，是迈向成年人的关键一步。受访者 LJS 认为，年轻时对这份工作还比较认可，主要是能够经济独立，不需要再依靠父母供养。

当时这份工作，年轻的时候觉得挺好啊。我有工作呀，我能挣钱了呀，虽然钱不多，拿着54块钱。就是刚上班的时候54块钱一个月，那感觉当时来说还是不错的啊，你想想 1985 年吧，那时候不像现在，觉得挺好的。（2022040LJS）

此外，职业满意度有的还来自对于工作岗位本身的认可，例如 LFS 认为自己的工作岗位属于技术类型，有一定的社会价值，即使不在国企工作也能发挥较大的作用。受访者 TSQ 当时从事的钳工还是属于技术工种，具有一定的门槛，所以一般人去不了，工作满意度较高。

我这份工作还是不错的，因为我是无损检测的。我们属于技术类型吧。那个搞射线搞超声，钢材的质量，这些在社会上用处比较大。在以后的工作呢，也比较好找。（20220724LFS）

当时顶职做钳工的话，我是很满意的，因为这个工种那时候还是不错的，那时候还有瓦匠、木匠、漆匠，所以钳工还是技术工种。进厂的时候是 82 年，那时候很开心的，别人想去都去不了的，很满足，当时大锅饭嘛，工作压力也不大，吃大锅饭，不搞三班倒，我是白班，初级工人是三班倒。（20210920TSQ）

工作满意度是会随着职业生涯的发展有所变化，到一定的阶段，人的社会网络、认知水平会发生变化，宏观经济社会背景也在变化，这些因素都会影响国企子弟的工作满意度，他们可能会因此而更换工作。例如下面这个受访者 NGZ 就经历了职业生涯初期的满意到后期不满意，之前一直都在那种地，十年以后调到哈密从事相对轻松的工作。

兵团就跟电影上一样，辛苦得很，那时候都不是机灌，都是人工灌地。不是挑水，我们都是山上下来那种天山雪水，穿上那个胶筒鞋，拿上铁钎，白天黑夜都在地里浇地。不是管子，从山顶上我们修的红星渠，我们还修过红星渠嘞，从山顶上把水引下来，灌到地里面，不是管子可是辛苦了，打那个坝呀，那个大水又把坝冲了，人都跳到那个坝里去堵水。真的很辛苦，不满意也得干呀，当时形势就是那样。一年到头都忙不完的活儿，所以我的青春嘛，我就说我的青春奉献给我们一牧场了，从 18 岁就工作了，在那干了 10 年。（20220825NGZ）

（二）当前工作满意度

对于当前工作的满意度来看，国企子弟处在职业生涯高原和职业生涯末期的工作满意度有所区别。职业生涯高原是指个体在当前组织中职业生涯发展的停滞，职业生涯高原的不同维度对不同组织效果变量有不同影响，有可能影响职工的离职意愿[①]。

第一批国企子弟当中，五零后大多数已经退出职场，处于养老状态，他们就不存在工作满意度的问题。

六零后这批国企子弟中有一些是经历过下岗，下岗之后由于缺乏更多的工作技能，不太能适应新的就业形势，他们就业方面会遇到比较大的困难，而且由于年龄偏大，缺乏更多的社会资本，没有更多的选择，大多只能从事技术含量低、薪资待遇低的工作，比如保安、保洁等等工作。这些工作待遇低、缺乏稳定性，尤其是与之前他们在国企所从事的工作形成巨大的落差，此类国企子弟大多数的工资满意度很低，但由于生活所迫，也不得不接受这种工作岗位。

就是对现在的这份工作其实也不太满意，怎么能满意呢？这就是没办法的办法。对不对？因为别的地方人家不用你的。你看凡是那些看门的也好，保洁也好，那都是下岗工人。那是没有办法啊，为了生活。（20220401LJS）

也有少数的国企子弟，头脑比较活络，具有一定的经商天赋，能够主动去经营，生意方面取得了一定成就，工作状况比下岗前还好，工作满意度也更高。

现在的日子更好了，比原来在厂里还过得好。我从 1994 年我就摆地摊，比他上班的好一点。年轻时候嘛挣钱就花掉了。现在开的超市，我是 2002 年分下房子我就搞了一楼，我把窗户砸掉我就开启门了，自己家的房子。2002 年我分的房子全部烧掉了，我住四楼，全部火灾弄得一无所有了。2003 年我买了个二手房，借着下岗的费用，那个 5 万多块钱嘛，6 万 8 买了个两室一厅二手房住下来。2012 年单位拆迁，给我分了几套房子，大房子我们又没条件，

_____

① 谢宝国，龙立荣：《职业生涯高原对员工工作满意度、组织承诺、离职意愿的影响》，《心理学报》2008 年第 8 期。

我们就是这个房子开超市了。十年开下来了，比上不足比下有余。我这十年，前三年我又在这个院子又买了一套房。80 万我直接一次性付款。（20220505HKX）

从上述案例可见，大多数在职第一代国企子弟工作满意度不高，处在职业生涯末期，大多经历了从收入稳定、薪资待遇好的国企工作岗位走向收入待遇低、不稳定的临时性工作岗位。有多个方面的因素可能会影响他们的工作满意度，一是这种收入下滑比较严重，而且现有收入处在当地居民生活平均收入水平以下。二是职业声望的落差带来心理冲击，就如一位受访者所言，他们当时以国企工人的职业为荣，甚至可以作为炫耀的资本，而当前的工作不受社会尊重，感觉非常卑微，形成巨大的落差。三是他们对当下工作单位缺乏认同感，没有像之前所在的国企这种"大家庭"的感受，人际关系也比较淡漠，同事之间缺乏比较亲密的私人关系，上下级之间的关系比较疏远。

三、职业流动一波三折

（一）代际职业流动

对于第一代国企子弟来说，从他们本人往上追溯三代人的职业，大体上是"农民—工人—工人"的代际流动脉络。由于顶替、接班、内部招工制度的存在，很多国企家庭，形成两代人大多数子弟都在同一国企的状况。下面两位国企子弟都是两代国企子弟的家庭，父辈通过招工进入国企，自己本人和家属通过招工或顶替进入国企。

我爷爷奶奶都是农村的农民，父亲在这个国企，母亲就是一个家庭主妇。我父亲的两个兄弟就是在国企，我和媳妇都是国企，儿子是在私企。我兄弟顶班的，其他就是有学校毕业分配的。有那些当兵的，当兵回来转业以后都在国企。（20220724LFS）

爷爷奶奶死得早，他们都是农民，父母这辈是进 LMC 的第一代人。我们家从父母开始都是在这个 LMC，都在 LMC 家属院。父亲是两地分居，原来在铁路上的柳园站嘛，快到新疆那个路段，找领导嘛，1970 年调到 LMC 的，解决两地分居嘛。他修铁路的也是招工，在兰州市随便哪个公司、工厂都招工的咧，大发展嘛。母亲也是招工进去的。我兄弟在，我妹妹不在。我妹那时候招工 1983 年初中毕业，就是一个宾馆招工的，她到 L 市的一个最好的宾馆当服务员去了。弟弟也在厂里上班的嘛。现在也打工了，在一个超市。原来弟弟也是 LMC 的。我夫妻俩都是 LMC 的工人，我女儿是在新东方啊。（20220505HKX）

也有些例外的情况，国企职工中的少数子弟，依靠自己的学业成就获得了较高的学历，依靠学历改变了代际职业流动的路线，使自己不再继承父业，改变了工人出身，转变为专业技术身份或管理者的身份，进一步实现社会阶层向上流动。例如，XJ 的例子比较特殊，她父母都在国企管理岗位，自己从中专毕业之后没有当工人，先是做工厂附属幼儿园教师，后来调到街道从事管理工作。职业流动路线是从管理岗到管理岗。

我爸是那个 MG 机关的，机关安环科的科长。妈妈是在 MG 炼铁厂搞财务的，她是管理岗。我是护理专业毕业的，在幼儿园当教师做了十年吧，后来到了梅山地区办事处，又做了居委会副主任。我们家孩子是已经工作了，他在上海读了大学，读完大学以后在上海找了工作。（20211114XJ）

还有 YYH 的家庭也很有典型性，YYH 本人是第一代国企子弟，也是一名国企工人。她的弟弟本身也是国企子弟出身，但是进入城市学习之后，先后攻读了硕士博士学位，毕业于名牌大学，成为一名财经类高校的教授，真正实现了"知识改变命运"。而且，在他的影响、示范下，YYH 的女儿也依靠自己学业上的成就，毕业于某名牌大学，成为一名双一流高校的青年教师。

弟弟是大学教授，他老小嘛，也是你们 N 大毕业的，现在在 XC 大学，就算他可能相对好一些，因为他是我们家老小嘛，总要出个人嘛，他博士后了已经，挺不错的，父母都没文化，像我父亲他们是文盲。我们想上学没上成嘛，想的他们上出来最好。我女儿也是博士，我弟弟在前面引导着她。我那时候光想着能够上个研究生就行了，我没想到让她读博。（20220906YYH）

根据社会流动理论，测量代际流动的一个重要指标是绝对流动率，它是指社会流动中各个阶层群体中所有个人的流动或不流动的比例。同职率、世袭率是绝对流动的重要指标。同职率是子代与父代职业相同的概率，世袭率是子代继承了父代的社会地位①。对于第一代国企子弟来说，大部分人的代际流动经历了一个跌宕起伏的过程。从职业流动来看，这批国企子弟经历从祖辈的农民，到父辈的工人，自身也成为工人。他们同祖辈、父辈的同职率很高，继承父业是这批国企子弟多数人的选择。从社会地位的传承来看，他们当中有些人经历了先上升后下降的过程。职业生涯早期，他们都是工人，相对于他们当农民的祖辈，他们当工人的父辈和本人的社会地位一般实现了阶层跃升。职业生涯后期，他们当中有很大一部分人，从工人又成为自谋职业人员，社会地位又降低到甚至不如祖辈。

从这两个指标综合来看，在计划经济时代，我国实行的接班、顶替、内部招工制度导致国企家庭父子两代人的代际职业流动较小，大多数国企职工的子女与父辈的同职率很高。但是，从三代人的职业流动来看，国企职工属于流入

---

① 顾辉：《社会流动视角下的"╳二代"研究》，合肥：合肥工业大学出版社 2016 年版，第 96 页。

率高和流出率高的阶层。从本质上看，自建国以来，我国社会结构总体上是保持开放性的，在计划经济的特定阶段呈现出一定的封闭趋势。但是，随着市场经济体制的建立，这种封闭性被逐渐打破，国企职工队伍更新不再局限于企业内部，趋向于对社会开放，这是社会进步的体现。因为这意味着个人发展更多的依赖于后致性因素，以家庭背景为基础的先赋性因素比重在下降，有利于打破阶层固化，促进社会流动的正常进行。

（二）代内职业流动

现有的社会流动研究更加关注的是个体获得初职的影响，对个体职业生涯中的代内职业流动关注得不多。相对职业地位变化是代内职业流动的表现之一。相对职业地位变化主要有三种表现形式。一是相对职业地位上升，即现在职业地位高于初职职业地位，实现了向上流动；二是相对职业地位持平，即现在职业地位与初职职业地位一致；三是相对职业地位下降，即现在职业地位低于初职职业地位[①]。影响代内职业流动的因素很多，有性别、种族、同期群、政治忠诚、单位地位和网络关系。彼得·布劳（Blau，PeterM.）、奥蒂斯·杜德里·邓肯（Duncan，OtisDudley）的研究认为，越是工业化水平低的社会，父亲的职业或教育等先赋因素对人的职业地位获得影响越大；社会开放度越高的社会，教育和个人初职等自致因素对人的职业地位获得影响越大[②]。在中国来看，户口、是否党员、单位类型也会影响个体的职业流动。

LJS 的经历在六零后国企子弟中很有代表，他们早年继承父母职业进入国企工作，到了中年遭遇下岗。成为下岗工人之后，工作境况急转直下，从过去工作稳定、收入较好、受人尊重的国企工人变成自由职业人员，先后从事过个体户经营、私人司机，最后由于年龄原因，选择到物业公司从事保安工作。

我工作的经历大概这样，就是 1985 年高中毕业招工进厂。到 2000 年厂里政策性破产。甘肃省兰州市第一家试点就是从 YMC 开始，给了那些所谓的买断的钱，反正是两万多块钱就把你打发回家了。破产以后嘛，就在外面就先打工，自己东弄西弄的，开过饭馆，开过服装店，肯定不善于经营吧，反正是没挣到钱，这种跌跌绊绊的什么过来了。给人私人开车，人家回老家了，断续好像开了十来年了。2021 年才去做保安的，因为你再去找工作，人嫌你岁数大不要你，你在各方面再强，这年龄就把你限制了。但是不要你也得生活呀，以后没办法，那不能等着，就去找一个保安的工作吧。（20220401LJS）

YYH 的经历也比较类似，她先是在父母所在的国企从事工作，因为结婚

---

①　刘群，张文宏：《改革开放以后中国人的代内职业流动》，《国家行政学院学报》2015 年第 1 期。
②　彼得·布劳，奥蒂斯·杜德里·邓肯：《美国的职业结构》，北京：商务印书馆 2021 年版。

调动到钢铁厂从事材料员工作，工厂倒闭之后，先后从事过厨师、保姆、销售工作，最后又到物业工作直到退休。

我父母都是YHZC，我最早是在YHZC，后面我调到哈钢了，我刚开始是开翻斗车的，怀孕以后又干了材料员，材料员就是库房保管，肯定要搬材料，也算体力活吧，我们自己能干的就自己干，他没有专门的搬运工。正儿八经宣布倒闭的时候是1997年。下岗之后，刚开始是厂里让我回去绘图，想着写字可以嘛，帮了可能将近一年，然后厂里又搞砂石场，让我去给别人做饭做了几个月，等于是雇佣工嘛，雇佣工工资比较低。再后来就是给人家做保姆、打工，给人家当销售，搞销售搞得比较长，又到物业上又做了七年，现在退休了。（20220906YYH）

原本这些国企子弟拥有不错的家庭经济条件和受教育的机会，但是为何到职业生涯后期却呈现出明显的阶层下滑现象。究其原因，一方面要从宏观社会背景来进行解读。自从改革开放以来，尤其是到了上世纪90年代，我国开始建立社会主义市场经济体制，优胜劣汰、自由竞争开始兴起，也就意味着接班、顶替、内部招工这些过去的体制到了非改不可的时候，国企子弟原本拥有的就业优势开始丧失。此外，我国的国有企业到了上世纪90年代开始出现经营不善、入不敷出，减员增效成为国企摆脱困境势在必行的措施。第一批国企子弟在这个阶段，处在30—50岁左右，也成为国企改革中的下岗职工，失去了收入稳定、社会地位较高的职业。另一方面也要从微观层面进行解读，由于国企子弟自身文化水平较低、职业技能单一，社会资本匮乏、年龄偏大，在被迫卷入市场大潮时，失去了就业竞争力，他们的收入不稳定，职业地位一般也很低。这种状况的产生有一定的深层次原因，要从他们的原生家庭中去寻找。前面也有充分的案例显示，国企职工家庭对第一代国企子弟的教育期待普遍不高，这种现象跟职业选择的优势有一定的关联。在选择第一份职业时，大多数国企子弟继承父业，继续成为国企工人，依靠家庭背景的先赋性因素取得了非国企子弟不具备的优势，在初始职业地位占据了先机。但是，这种优势某种程度上也限制了他们的后续发展，这些国企子弟中原本可能有一些人可以依靠个人努力，凭借接受更高层次的教育取得更好的职业地位，但是因为有接班、顶替、内部招工的存在，为他们的就业提供了托底保障，他们的父母可能对子女教育有所松懈，自己在学业上也没有充分发掘出潜能，文化层次普遍偏低。这种国企家庭的惯习是值得反思的，也是导致他们后半生社会阶层下滑的重要原因之一。

在影响代内流动的诸要素中，教育是非常重要的后致性因素，职业生涯的变迁也不容易受到家庭背景的影响。少数的国企子弟因为接受了良好的教育，跳出了国企职工家庭职业继承的循环，在代内职业流动中不但没有阶层下滑，某种程度上还实现了阶层跃升，呈现出向上流动的势头。例如，XJ的例子中，初中毕业考取了中专，虽然早期也是在父母所在国企的幼儿园做教师，后期到街道、居委会工作，最后担任了居委会干部。从她的职业流动路线来看，国企子弟和其他社会青年一样，只有接受了良好的教育，职业发展才有更大的空间，也意味着能够较少受到父母单位性质和家庭背景的影响。

四、下岗带来多重冲击

（一）下岗造成生存风险

国企子弟的家庭大多数是依靠国企生存，在过去国企比较辉煌的时候，家庭生活条件相对较好，效益好的企业职工生活甚至可以说比较优渥。但是，下岗之后，他们脱离了体制庇护，他们自身的文化水平偏低、职业技能单一的短板就暴露出来了。他们在体制外的市场竞争并没有太多的优势，反而因为年龄偏大，陷入生存困境，难以承受生活的压力。在当时我国社会保障体系还不够完善的情况下，他们除了再就业，并没有更多的职业选择余地。因为这种生存的困境，导致当时一些下岗职工家庭破裂。

我是因为下岗造成了这个破家离婚啊，妻离子散的这样一个比较不太好的结果吧，像我这样的人，应该说是在企业内部不在少数，男的女的都有，因此造就了我们后期的生活窘境吧。从生活的这个角度来说，我们还比一般的人要困难一点。因为你看现在下岗以后，给你了少量的一点钱，把你就打发了以后，然后把你抛弃到社会上自己去奋斗去了。当时下岗以后，大部分人都是中年以上的人，把前半辈子的青春全部扔到这共产党的企业里面了。下岗以后呢，他们技术比较单一啊，文化程度也是有限的，他很多人电脑都不会操作，智能手机他都没办法玩转。可以说他是上不着天下不着地，就是他还够不着退休啊，五十几是非常尴尬的年纪，找个保安的活都已经不容易了。农民至少是有一亩三亩地，他不存在吃不上饭的问题，而作为下岗工就非常的悲惨了，你今天不工作今天就没有饭吃。（20220319GHF）

受访者TJZ说，他们下岗时处在"上有老，下有小"的中年阶段，除了自身生存，还得抚养子女、赡养老人不得不为了基本的生活而苦苦奔波。对于他们来说，能有口饭吃，生存下去才是至关重要的。

我是1986年就到这个YMC上班了，干到1996年左右，这个企业就不行了，我们一直拖到了2002年才把破产的手续才办清楚的。2002年以后我就再不管了，我给你买断了。什么都干，自己也干过一段时间，市场上也跑过一段时间，然后给别人也打过工。你不挣钱也不行的，孩子们都在吃饭，反正我是一直基本上没有闲过，反正不干这个就干那个，只要能挣点钱就干，也没有办法。当时买断工龄的时候，我三十多岁，关键是我们这个文化、结构各个方面，找工作也不好找，你想我们一个厂子下岗六七千人，都要到外面去找工作。你像我爱人也是这个厂的，她都给别人看过孩子，送过报纸，又到这个医院里搞过卫生。（20220315TJZ）

除了下岗之外，国企子弟可能还面临其他的重大生命事件带来的冲击，例如患上重大疾病。这些重大生命事件与下岗叠加，加剧了国企子弟的生存风险。例如，有些国企子弟在长期的职业生涯中接触危化物品，对身体产生了巨大的危害，甚至得了癌症，失业和重大疾病两件负面生活事件给国企子弟带来的生存压力让人不堪重负。以 TSQ 为例，他原本是在化工国企工作，后来因为下岗又患上食道癌，一家三口只靠妻子 1600 元左右的不稳定收入勉强维持生活，后来被纳入最低生活保障，生活非常困难。

我母亲退休了我才上班，我们进厂跟师傅干两年钳工，2004 年买断工龄，40 岁左右啊，那是上有老下有小。后来工作到全国各地到处都有，东北、厦门这些地方，没有固定，到私营企业去，干完就走。一直干到 2020 年有食管癌了才下来，活着重要。对于我们来讲不叫职业病，较正常，化工企业怎么叫职业病呢。因为我们在第一线，跟工作肯定有关系，几十年跟它打交道，怎么可能没问题呢？现在又复发了，它不好手术，就放化疗，就一年花了 20 万左右。医保报的部分就是私人用的钱是不报的，就公费药给报，自己掏了有十几万了，医保报的简单的公用医疗，你想治病你肯定要买得起放化疗的药，进口药啊什么的，医生就明确告诉你是自费的啊。（20210920TSQ）

也有少数的国企子弟，因为父母在国企退休早，有比较稳定的收入，能够给子女一定的经济支持，一定程度上缓解了这种生存压力。受访者 HKX 的家庭就是属于这种情况，本人下岗后，父母到市场上卖食品给他补贴家用。

2002 年下岗，我下岗时孩子 6 岁。1998 年到 2002 年这四年厂子效益都不好了，工资也发得少，厂子几乎也就没生产。当时对我孩子上学影响还不大，主要是我们那时候父母都衬着上小学。那时候他们卖点馍馍这些东西，他们有退休工资嘛。我们那时候也困难的咧，还有三个孩子，几个女的联合起来，做上那饭去市场卖起来了，市场原来给摆摊子的，卖金馍馍、花卷。那时候父母也苦。他们退休工资也不高那时候。可能有个 356 块钱吧。（20220505HKX）

（二）下岗影响家庭稳定

下岗对于国企子弟来说确实是一件影响个人和家庭命运的重大负面事件。对他们而言，不仅是意味着经济收入的急剧减少，也给家庭带来了巨大的冲击波，甚至导致一些下岗家庭的破裂。尤其是在夫妻双方都在国企工作的家庭更为突出，因为双方都下岗之后，基本上没有生活来源。受访者 GHF 的家庭就是因为下岗，没有生活来源，夫妻离婚后，他一个人依靠打零工养育女儿，从此长期陷入社会底层的困境。

我离了婚以后，孩子6岁，她妈妈就是因为下了岗以后，没有生活来源了，生活拮据了，她就跟人走了，我家小姑娘6岁的时候，她就扔下不管。我就自己又打工又养育小孩，家里还有老人，所以这个困难啊，我就没办法说，有时候说起来真的忍不住要掉泪，就说这种痛苦的境遇啊，一般人是不能体会的，只有下岗工人才能体会到下岗工人的苦。你说下岗工人个人奋斗出来的有没有？有，这个我们不能否认，但是绝对是凤毛麟角。（20220319GHF）

GHF的经历并不是个案，在当时的国企家庭来说有一定的代表性，当时国企子弟夫妻双双由于下岗导致离婚的并不在少数。因为经济基础是婚姻稳定的基石，没有相对稳定的、较好的收入，家庭的稳定性就会受到冲击，正所谓"贫贱夫妻百事哀"。国企子弟从不错的稳定收入一下跌落到基本上没有收入，这种落差导致的家庭矛盾更加频繁，也更容易导致离婚。

我们发小都下岗了有的都是各自打工去了呗。像一下岗离婚的也多了。就是特别是夫妻俩都在这个厂的明显比较多。男的没生活了，没工作了，女的又在外面也打工，花花世界有影响，外面的诱惑多得很。人家讲"贫贱夫妻百事哀"是吧，没有生活来源总是矛盾多嘛。呆的时间越长矛盾越多嘛，就像我6个同学离了4个，80%有吧，主要是夫妻俩都在这个厂的。（20220505HKX）

（三）下岗带来巨大心理冲击

现有研究认为，下岗职工普遍存在着理性上的自我困惑、价值上的自我否定、精神上的自我疲软[1]。下岗工人中自杀意念发生率远高于在岗工人，也远高于一般人群[2]。

下岗作为国企子弟生命历程中一件重大的负面事件，下岗给国企子弟造成巨大的心理压力。这种压力一方面是由于下岗失去了稳定的收入，导致经济困难，导致国企子弟缺乏安全感，心理上一时间难以适应。另一方面，国企的工作氛围具有比较浓厚的人情味，也相对比较自由，而到了私企工作，私企老板要求苛刻，让他们心理一时难以适应。

下岗以后，你打工去还不适应。有的脑子灵活，有的脑子迟钝些，那没办

① 李斌，毛东宝：《企业下岗职工社会心理问题现状及理论分析》，《湖南大学学报（社会科学版）》2001年第1期。

② 徐慧，肖水源，陈继萍：《下岗工人自杀意念及其危险因素研究》，《中国心理卫生杂志》2002年第2期。

法。出去一时半会还不一定适应啊，适应就是每个月按时发工资，原来这个国企工厂嘛，毕竟还是人情味多一些嘛。私营老板那完全就不一样了是吧？我也在私营老板那里干了几年呢。就像在 1998 年我们师傅都在外面干活。在火车站是卖东西，火车站候车厅嘛，那时候找人租下的柜台。那时候 4 个人干的。2000 年又给人家打工，老板给个 500 块钱。2009 年又给别人看游戏厅，24 小时连续看。给老板干活和国企干活肯定不一样。国企那时候上班轻松，我们这些人是随性的人。给私人老板干这种要求苛刻，而且干的活也累一些是吧，就是时间什么的，晚上一个电话也要去。（20220505HKX）

此外，由于社会经济地位的急剧下滑，国企子弟产生了相对剥夺感。原本国企子弟大多都有一份比较体面的、收入稳定的工作，他们的生活条件处于社会中上水平，甚至具有一定的自豪感，以这种身份为荣。但是，这种自豪感在下岗之后就不存在了。正如一位国企子弟 TSQ 讲述中提到过去他们国企工人能享受到"贵族"的待遇，带上工作证能让人高看三分，而现在却跌落到社会底层，连基本的生活都难以得到保障，他自称国企子弟是"堕落的贵族"。从这种比较中可见，他们确实体验到阶层下滑的巨大落差，这种落差形成的相对剥夺感是比较明显的。相对剥夺感主要是人们从期望得到的和实际得到的差距中，尤其是与相应的参照群体比较过程中所产生的一种负面的主观感受①。下岗给国企子弟带来明显的相对剥夺感，他们的讲述中既有对过去体制的怀念，也有对现状的不满，更多的是面对现实的无奈。

我们 1982 年拿的工作证，我感觉不亚于现在小孩拿的名牌大学的通知书，就这种概念。那时候买东西都有意工作证拿出来就给人看，我们是 NH。你要是小单位怎么会把它拿出来呢，都这样拿出来然后摆上面，不亚于现在名牌大学的录取通知书。那时候确实是人家也高看一眼，而且我还是集体单位的正式工，就这种感觉就不差了。工作证就是你的身份，你要谈对象家人问的就是你的工作，就是第二身份，你要给人家父母看，工作证拿来，木匠不行，油漆工不行，其次就是年限。现在怎么讲，现在这种状况不满意，国家不就给我 900 多块钱低保吗？900 多块钱能干啥事？医院看病都不够，你说这个房子三个人住三十多平米。对于我们来讲就这两个阶段两种生活，一个就是市场经济、计划经济，就这两条路，前半段过得很好，后半生简直是一塌糊涂，NH 人没有中间插曲。（20210920TSQ）

---

① 李汉林，渠敬东：《中国单位组织变迁过程中的失范效应》，上海：上海人民出版社 2005 年版，第 117 页。

第四节　社会地位及其认同的下移

一、主观社会地位降低

主观社会地位是人们对本人在当地社会地位的自我主观评价。经验研究表明，人们所处的客观社会经济地位与认同的主观社会经济地位并不一致[1]。与参照群体理论一致，教育程度较高、家庭人均收入较高的群体对主观社会地位的评价标准较高。除此之外，男性和城市居民的评价标准也较高[2]。

国企子弟的主观社会地位因人而异，对于按时退休，没有经历下岗的工人来说，他们对自己的社会地位评价相对较高。因为他们顺利地从参加工作到退休，职业生涯没有遭遇什么挫折。退休后有一份固定不错的收入，生活上没有太大的压力，总体满意度较高。例如受访者ZJX是1961年出生，但是她50岁就退休，经济收入比较稳定，也没有抚养孩子的负担，生活满意度高。

自己现在的生活状况满意啊，因为我觉得我们单位也挺好的，过年过节还还给你发礼物呀，他们这里退休老人还特别幸福。我退休整整11年了。我们当时五十岁就退了。我们就一个儿子，那个年代只能生一个呀。（20220814ZJX）

我们现在的社会阶层6分差不多。我觉得我们现在的收入也不是很高，也就只能给自己自足呗，也不是单位里面的高层，不属于那种社会地位比较高的那种，也就一般的普通的管理岗呗。（20211114XJ）

相比之下，经历下岗的国企子弟就没那么幸运，虽然早期的生命轨迹是很接近的，但是在2000年左右的下岗潮冲击下，有一批国企子弟的命运急转直下。他们在市场经济中难以适应，陷入了生存的窘境。他们的自我社会评价总体上较低。就TSQ来说，他原来在国有大型企业当工人，下岗之前衣食无忧，具有一定的优越感，但是到了国企改革时，突然失去国企的庇护，生活没有着落，后来又因为长期从事化工行业，得了食道癌，家里仅有妻子一份低收入的工作，为了治疗癌症花费了十几万的医药费，只能靠低保维持生活，生活陷入了困境。他对自己的主观社会地位评分最低，自称他们是"堕落的贵族"，这种认知说明他对自己的社会地位落差非常失望。我们到他家里访谈时，他一家三口还住在上世纪七十年代建成的房子里，面积仅三十平方左右，墙面严重脱落，家里的家具大都是四十多年前置办的，除了陈旧的波轮式洗衣机和微波炉，没有其他电器，地面瓷砖多处破裂。

---

[1] 李培林，张翼：《中国中产阶级的规模、认同和社会态度》，《社会》2008年第2期。

[2] 吴琼：《主观社会地位评价标准的群体差异》，《人口与发展》2014年第6期。

没下岗时我个人来讲最多打 5 分，我现在低保还谈什么呢，没有分可言。以前在 NH 上班起码是比上不足比下有余是吧？我们这帮人总体状况分两部分的，在计划经济的年代那是很满足，市场经济就是下坡路，你都不如外面卖菜。外面卖菜的农民每天有收入啊，自己有钱有地啊，种点青菜，种点什么都比你强，你一下岗厂里大门一关，你什么也没有，一寸土地都没有你怎么办。那时候工人老大哥地位高，当时跟人家农民比，我们要好很多啊。我目前需要解决的就是要退休工资，你现在什么都没有你怎么办，在厂里面的时候有厂里面医疗保护，我现在等于靠老婆靠小孩。（20210920TSQ）

再如受访者 GHF 认为，工厂辉煌时候工人是企业主人，而下岗之后自己是社会底层，主要是因为失去了经济收入，面临各方面的压力，本身收入就很低又不稳定，还要交社保。

以前在工厂比较辉煌的时候，从社会阶层来说，应该是还是八九分，因为我们是企业的主人嘛，现在是给我打分的话，我肯定现在是打的最低分，这就能打一分。我们现在就下岗工人是社会最底层嘛，因为下岗工人我前面跟你说了，下岗工人他现在面临的处境非常尴尬，这个年龄段退休又退不了，那么又不好到哪找工作去。而且所有的社会压力还在身上，上有老下有小，对不对？自己的社保还得自己交，你总共就挣了点钱，还不一定能生活得好，还要存出一半钱来要交社保，你不交社保你将来老了都成问题，就是这种状况。（20220319GHF）

HKX 也是一名下岗的国企子弟，与其他下岗职工不一样的是，他对自己的评价是主观社会地位上升，原来是 4 分，现在有 8 分，这个得分是有依据的，主要是以相对经济收入来衡量，他下岗之后自己经营一间小超市，年收入达到 10 万元，在当地来看这个收入水平算比较高的，与原来同时在国企工作的国企子弟相比，他的收入也是比较高的，因此他能够比较自信地给自己较高的评分。

原来在厂里效益比较好的时候，八九十年代的时候啊，我打个 4 分，我打不高。外面又没经历过，都是这个圈子里面的人，都一样的。这个社会地位嘛，现在我在原来厂子圈子里头，我可以打个 8 分。在我们当地来讲，就是现在收入什么的还可以啊，兰州工资低，消费高。白天是伊拉克，晚上是曼哈顿。我现在自己开的一个小超市，一年收入 10 万吧。我适应能力比较强。我现在就算做个小买卖肯定比他们都好。我现在走在路上有空瓶子我都捡起来，有的人可能弯不下那个腰，我都可以捡。（20220505HKX）

另外，还有少数的国企子弟有一技之长，人力资本相对较高，即使是下岗了，还能够有其他的工作机会，因此这种国企子弟的社会地位不但不会下滑，而且还有阶层上升的机会。以 WPG 为例，他原来是国企工厂的厂报编辑，具有较好的文字功底，而且具备摄影特长，因此，他在下岗之后还能调动到其他单位从事专业性更强的工作。

比如说像我有一个朋友，他以前也是我们这边毛纺厂的。当时在我们 LMC 是西北企业的窗口，纺织企业的龙头老大，那么由 9 个毛纺厂组成，当时我们什么都有，电台也有，自己的电视台也有，自己的报纸新闻报刊也有，他当时是我们毛纺报的编辑，我是当时毛纺报的通讯员。完了以后他下岗以后，他可能有认识的人，通过自己的关系以后调到别的单位去了，因为他是编辑嘛，他有这个基础知识，他经过自己不断的努力和学习，在摄影方面有了一定的造诣，他这个搞得比较好。中央电视台 9 台都给他做个专访，他叫吴平关，现在是个摄影家，他出过一本摄影集叫做《火星街 100 号》就专门说了一下，就以我们 LMC 为蓝本，那么说了一下改革开放前的厂的前身是怎么回事，然后后来是怎么回事，破产了以后是怎么回事，全部用无数的照片黑白照片，把国营企业怎么样由盛转衰的这种情况，用图片的形式全部展现出来，反响是比较大的。（20220319GHF）

二、群体身份认同淡化

Deaux 认为，身份认同是一个人对自己归属哪个群体的认知，这是自我概念中极其重要的一个方面[1]。Tajfel 认为，一个人的社会群体成员身份和群体类别是一个人自我概念的重要组成部分，并主张人们努力地获得和维持积极的社会认同，从而提升自尊。这种积极的认同很大程度上来自内群体和相关外群体的比较[2]。

根据社会认同理论，社会认同由三个过程组成，它包括社会类化、社会比较和积极区分。国企子弟这个群体本身并没有特别的身份标签，也没有固定的组织构成，更多的属于心理层面认同的类群体。这种认同在第一代国企子弟中表现比较明显，他们会根据自身身份特征进行归类，找出自己所属的内群体与其他外群体之间的区别。这种类别化的过程是需要通过内群体与外群体的比较中完成的。例如，XJ 认为，自己作为国企子弟的身份，与其他群体还是有一定的优势的，这种优势主要体现在国企子弟的人员素质、生活习惯等方面都会有较大的区别。这种区别的根源主要是因为国企子弟生活环境相对比较好，接触的人员总体素质较高，也接受了较好的教育。

---

① Deaux，K.，"Reconstructing Social Identity"，*Personality and Social Psychology Bulletin*，Vol. 19，No. 1，1993，pp. 4-12.

② Brown，R.，"Social Identity Theory: Past Achievements, Current Problems and Future Challenges"，*European Journal of Social Psychology*，Vol. 30，2000，pp. 745-778.

我觉得作为国企的子女，应该来说还是可以的。因为不管是你生活的环境也好，还是工作的环境也好，各方面还是应该是不错的。不像就是说在外面别的城市里面，我现在上海居住的小区，它里面的环境就比较复杂。因为第一个外来人口比较多，人员素质都不是很齐。因为国企的话，就是说大家都在一个环境下生活嘛，就是说差距不是很大。在外面那种社会的小区我觉得差距可能就会大了。也许你这个小区里面这个人在农村待了很多年，就是因为他小孩跑到了上海，他父母也跟着来了，那么不管他从生活习惯方面，他跟外人接触的方面谈吐方面肯定是有区别的对吧。（20211114XJ）

国企子弟对自己身份的认同过程还体现在积极区分方面，也就是通过比较来发现内群体优势，与其他群体积极区分。这种优势带来的自豪感、荣誉感是比较明显的，主要是因为第一代国企子弟所处的国企经历过比较辉煌的阶段，这种辉煌主要是体现在国企具有绝对的经济优势，在员工收入、社会福利方面也有比较明显的优势，当时国企职工的社会声望也比较高，得到社会的普遍认可。大型国企的平台优势和国企职工的身份优势使得这批国企子弟具有较强的身份认同，普遍对自己的身份比较自豪。

噢哟！我们那时候是相当自豪的，我们当时走到街上大街上以后说是LMC的，这是YMC的人，那时候公交车这个地方有个公交站牌，站牌名字就是LMC，那名气是相当大的，我们都是大型国营企业的职工啊，荣誉感是相当强的，这个社会地位是非常高的。现在这个工厂2003年破产之后就彻底不存在。厂区倒闭以后全部成了商品房了，全部成了开发商们的乐园了。（20220319GHF）

作为兵团职工子女啊，这种认同感、自豪感是有啊，我觉得兵团现在发展得也很不错，现在兵团变化很大，现在中央好像对兵团也很重视的，像我那个年代时候兵团是不行，尤其这二十年兵团变化很大，现在国家也特别关照兵团，以前好像还没有，那时候差点把兵团都撤掉，就是王震不是不愿意嘛，从那以后中央对兵团挺重视的。现在可以说兵团真的我觉得比地方要好多了，年年国家给他们的调配的资金也比较多吧。（NGZ）

组织和职业特征显著地影响个人的职业身份认同。我们对于职业身份认同的把握也相应地从两个方面着手：一是职业的社会认同；二是从业人员个体职业身份认同[①]。国企作为一种组织，其组织特征也会影响国企子弟的社会认同。国企发展经历了一个比较曲折的发展过程，早期国企经济效益普遍较好的时候，国企子弟的身份认同感较高。随着国企改革的推进和市场经济体制的建

---

① 张淑华，李海莹，刘芳：《身份认同研究综述》，《心理研究》2012年第1期。

立，一大批国有企业走向破产重组，也有一大批国企工人下岗。这种情况下，国企子弟的自我身份认同普遍淡化，对原单位的认同感也远不如以前。此外，随着市场经济的发展，各种新型职业的涌现，从事劳动密集型产业为主的工人地位大不如前，在经济收入和社会声望上都大幅下滑，已经明显没有身份认同感。这种认同感的淡漠，体现在原来一起共事的国企子弟最初经常聚会，后来交往联络也越来越少，甚至失去联络。

对于过去自己曾经是国企的子弟的这么一个身份，认同是肯定有的嘛，存在现在我感觉就没有啥，你存在不存在都无所谓了，现在人对这个认同当然会更低，比如说我们现在出去，碰见这个一说起来都是一个厂子是不是，但是这个认同感也特别低了，刚开始这个认同感还比较强，一个厂子出去了，就见了面了还特别热情是不是？你像现在我们过年过节，原来我们一块上下班的这些也聚，但是感觉就是关系特别好的聚一聚，没有刚开始那个对单位上的认同感，随着时间的变化，慢慢就把那个就淡了就。就是你在一块，虽然你聊一会儿，那个企业当时在我们上班的时候，那个肯定是嘛。但是对这个东西，给我感觉是越来越淡。（20220315TJZ）

自己作为矿工职工子女，对这种身份也没啥感觉。因为你那个人活着，你毕竟得有个职业挣钱，实际哪个职业都是一样的，只不过挣的多少罢了，但是你温饱能解决就可以了，这就是老百姓最大的想法，你想挣多少钱，你也没这个本事你也挣不来。（20220730LXS）

身份认同不仅是一种心理现象，更是一种社会现象，所以对身份认同的影响因素的解释应考虑社会文化背景的作用[1]。改革开放以前，不同职业之间的社会差距相对较小，某种程度上国企子弟还占据了有利的社会地位。随着职业的分化和贫富差距的拉大，市场经济条件下人们对某一群体的评价大多与经济收入挂钩，金钱成为衡量一个人成功与否的重要标志。作为国企子弟，他们的经济社会地位已经大幅下滑，他们自我认同感也在降低。

作为一个原来国企的职工子女不自豪，但是我们自己想自强可能说这个话都可笑，因为年轻的时候没有实现的，我自己可以重拾我自己，我喜欢画画，我退休了继续干这个，看一些书，然后学习学习，我出门的时候在从自身上面，从外表上面给人的感觉，我不会次于他们。虽然说我的工资没有他们高，但是我够吃够喝的，而且我把孩子也培养出来了，虽然说是我那时候下岗了，他们挣很多钱，但是可以说是 90％ 的人都没把孩子教育出来。（20220906YYH）

---

① 张淑华，李海莹，刘芳：《身份认同研究综述》，《心理研究》2012年第1期。

三、代际地位向下流动

从社会学的视角看，最能够体现社会机会结构特征的社会现象即代际之间的社会流动。根据父代与子代之间的社会地位是否有传承，可以分为代际继承、代际循环，代际流动相对于代内流动，可在更大的历史范围内反映社会机会结构的开放性或封闭性①。为了测量国企子弟的代际地位流动，本研究从两个方面进行探讨，一是询问国企子弟父辈的社会地位评分，然后再询问其本人的社会地位评分，通过比较了解国企子弟的社会地位代际流动；二是通过询问国企子弟从祖辈到本人的职业流动，探寻代际职业流动。

从三代人来看，国企子弟的地位流动经历了先升后降的过程，有些国企子弟还经历过山车式下滑。体制排斥的因素经历了从无到有，从有再到无的过程。相比之下，体制排斥已经非常薄弱。GHF 的自我评分与父母相比更低，他认为自己母亲在职时评分能达到 8—9 分，退休之后也能达到 4—5 分，而自己作为下岗的国企了弟，自我社会地位评分应该是最低的 1 分。

像我母亲他们上班期间，按照你们这个分数那就应该是相当高了，因为她就是主人翁，她那时候的地位是比我父亲的地位要高的。按你们 10 分来说，我感觉至少应该打个八九分吧啊。以工人为主体，那时候毛泽东提出来的这种口号对吧？那么工人是最大的一个阶级，那时候知识分子都称之为叫臭老九，他的地位是赶不上工人的。现在她作为一个退休工人的话，可以说是略高于下岗工人，略高于失地农民，应该给她划分个四五分，他们的地位是下降的。现在给我打分的话，我肯定两者相比，我肯定现在是打的最低分，你有多低分我就算打的最低分，就能打一分。我们现在就下岗工人是社会最底层人士嘛，你总共就挣了点钱，这俩钱还不一定能生活得好，还要存出一半钱来要交社保，没有这半钱你交社保你将来老了都成问题，就是这种状况。(20220319GHF)

父亲的过去地位还是不低的，工人阶级领导一切的，还是想当工人的很多，可以打八分。都非常美慕的这个工作的。我们比这个自由职业者，比地摊摆地摊的好一点，跟农民相比肯定比他们强多了。当时在 NH 的时候七分也应该有。国有企业里面，它比私人企业民营企业大，还有搭班，那个他不是国营企业。他这个地位比国营企业还要低一点。他因为他这个怎么说呢，他不是国家的这个企业招聘。现在工人不行呢。不如这私人老板呢？可能比自由职业者，如果从经济上说吧，国营企业职工肯定也没有私人老板钱多吧，甚至没有农民工工资高。我觉得我退休的还不如农民。(20220724LFS)

---

① 李路路，朱斌：《当代中国的代际流动模式及其变迁》，《中国社会科学》2015 年第 5 期。

也有少数的国企子弟认为自己的代际社会地位是在上升的，主要原因是他们经济条件比较好，收入较高。例如 HKX 有一定的生意天赋，下岗后自己开超市，生意做得不错，年收入超过当地的大部分人，尤其是和原来的国企子弟相比，优势更加明显，所以他的自我社会地位评分较高，甚至超过了父母的社会地位评分。

我父母在厂子里就算混得稍微还好一些。打了个 6 分吧，打不高。在工人阶层里头还可以，不像干部，就打个 7、8 分，是不是啊。他是工人里就还可以些。那您讲他们退休之后打分，跟原来差不多啊？现在就算我在这个圈子里头，就是原来厂子圈子里头，我可以打个 8 分。（20220505HKX）

在市场经济背景下，社会主要排斥形式也从基于体制身份的体制排斥转向基于市场能力的市场排斥[1]。就第一代国企子弟而言，他们所经历的体制庇护到被市场排斥的过程。在计划经济时代，他们基于父母的国企职工的体制身份，享受到了体制的庇护。而相对于他们，当时的体制外的普通家庭的子女实际上是受到这种体制性的排斥。在社会主义市场经济体制下，这种体制性的排斥被逐步弱化，市场机制对个体的社会经济地位发挥了主导作用，而职业技能较为单一、年龄偏大的国企子弟，面对市场经济大潮冲击时，由于市场能力的缺乏，被排斥在市场经济之外，其中一些成为社会边缘群体。

---

① 李路路，朱斌：《当代中国的代际流动模式及其变迁》，《中国社会科学》2015 年第 5 期。

第四章 第二代国企子弟的命运与抉择

第一节 完全福利制逐步瓦解下的生活境况

一、住房供给向市场化转型

福利分房是改革开放以前实施的针对机关事业单位和国有企业的住房政策。1998 年，国务院下达相关文件要求全国范围内停止福利分房，意味着福利分房开始退出历史舞台。实际操作中，有些单位在落实政策方面还有所滞后，迟到 3—5 年之后，仍然有国企还有福利分房的举措。作为配套措施，住房改革的一个重要举措：就是将原属于单位的公房产权出售给职工，并且开始全方位地实施住房市场化改革，住房市场化、私有化开始成为我国住房保障制度的主流，房地产市场进入黄金时期[①]。当时福利分房有若干个标准，首先厂矿级别的领导、普通工人中劳模、先进工作者占有一定的优势，然后再看工龄、住房条件、人口等等综合要素。

例如受访者 WBL 的家庭经历了福利分房到房改的过程，因为他父亲是煤矿的先进劳模，所以他们家在分房时享受了优待，分配的是二层楼房，一般的工人是不能享受到这种住房待遇的。

那个时候也是分房，但是房改了以后，交一部分钱，房产权全都归个人。咱们属于是福利分房，原先这个房子产权不是个人的，属于煤矿。后期就是房改，从那以后就是职工按照工龄算，完了你再交一部分钱，你工龄长的可以抵一部分钱，你再交一部分钱，这个房子产权就已经归属到个人了。职工分房的时候是有先决条件的，房子毕竟紧张，首先劳模、生产先进工作者这些人优先，再看你家里的住房条件、人口。干部就是说在副矿长以上这个级别，他们是内部有，一般中层干部也不一定有。我们家也是先住平房，后期就是分房了，我们家那时候是二层小楼，都是工人，那个平房很多，也有公房。因为我父亲是先进劳模，一般人可能享受不到这种待遇。一家面积大概有 30 平米，我跟我兄弟一个屋，我父亲、母亲一个屋，当时就已经相当好的了。那种二层

---

① 李强：《转型时期城市"住房地位群体"》，《江苏社会科学》2009 年第 4 期。

楼是没有集中供热的,那种土楼在二楼也得需要自己烧火,可能别的矿没有。
(20220730WBL)

早期的 70 后国企子弟,由于参加工作时间较早,最早的可能是在上世纪80 年代末至 90 年代初,也有人享受了福利分房待遇,赶上了福利分房的末班车。受访者 WDH 是 70 后国企子弟,作为油田职工享受了最后一批福利分房的待遇,后期这批住房转成了个人产权。

我享受过福利分房,我结婚的时候是福利分房的最后一年了。我是 2001年结婚的,我那个时候的房子好像才花了 3 万多块钱买的,大概面积 50 平米,价格很便宜。等到后来孩子上小学的时候,那个房子就卖了,就卖了十多万块钱。(20220726WDH)

自 20 世纪 90 年代以来,我国先后出台了经济适用住房政策、集资合作建房政策、廉租住房政策、限价商品住房政策、公共租赁住房政策,形成了产权式保障和租赁式保障的基本框架,集资建房被归入经济适用房的一种形式①。集资建房这种保障形式条件相对比较宽松,建设用地来自行政划拨,职工享有部分产权。能够开展集资建房的单位大多数是国有企业或者事业单位,而且这种单位实力比较雄厚,能够提供自有土地来为职工建房,由单位组织建设,单位职工以远低于市场价的方式入资,单位可以自主决定如何分配住房。按照集资建房相关文件规定,这一政策主要是针对距离城区较远的独立工矿企业和住房困难较多的企业职工。但是,在实际操作层面,"住房困难较多的企业职工"这一条件比较宽松,能够享受集资住房的职工也不一定是住房困难家庭,单位职工都能享受这一政策。某种程度上来看,这种集资建房成为单位为职工谋取福利的一种形式,在房地产高速发展的阶段,集资建房为单位职工创造了巨大的财富。

第二代国企子弟的父母在 2000 年前后享受了福利分房。福利分房在产权改革之后按照比较低廉的价格将产权转让给国企职工个人,取得了产权证书。1998 年起,我国开始推行住房货币化,针对单位的福利分房进行改革的举措之一就是"三三制"售房,即个人只要拿 1/3 的资金就可以拥有一套全额的住房。这种操作方式也被人诟病,有学者认为:"这种做法使住房制度包含着极大的社会排斥性,同时包含着巨大的社会不公正"②。因为原先拥有单位公房的职工可以低价获得住房产权,原有住房面积大的补贴更高,而没有住房的职工或者新进职工并不能享受这一政策,客观上导致了社会的不公平。因为并没有考虑到无公房和后来者的利益。这种住房制度也是特定历史背景下的产物,

---

① 邓宏乾、王贤磊、陈峰:《我国保障住房供给体系并轨问题研究》,《华中师范大学学报(人文社会科学版)》2012 年第 3 期。

② 李斌:《社会排斥理论与中国城市住房改革制度》,《社会科学研究》2002 年第 3 期。

属于体制性惯性，跟个人无关。

例如 DY 父母都是中部省份某摩托车厂的职工，他们所在的工厂处于城市边缘，工厂的土地比较宽裕，曾经以集资建房的方式给员工提供住房福利，这种家属院的住房后期只需要交较低的费用就能够拥有产权。

我们家里享受过这种集资建房福利。当时都是在家属院里面，家属去登记的，我们建的时候那个楼也是按照号码，像1号、2号、3号，按照年代往后排。这些家长他们可能是根据资历之类的排这个号码，然后搬进这个楼房里面。但是那个时候这个楼房需要交的钱还是比较少，就可以领到这个集资房，后来是有产权的，相当于办正规房产证，后来是要给国家补交一些钱款，交的不多，然后可以办下来房产证，但现在大家可能都逐步不在那边住了，也就卖了那些房子。家属院还有的，但我估计很多都搬出来了，家长也都陆续不在那边住了。（20220306DY）

有些厂矿企业还有自建房，主要是因为国企所建的住房面积非常有限，单位的资金也无法保证为所有职工提供住房，公建房无法满足职工需求。在这种情况下，有些企业允许职工自建房，这些自建房的土地属于企业所有，因此需要履行一定的审批程序。

例如 LXS 父母所在的煤矿，没有足够的资金给职工低价或无偿提供住房，但是煤矿有大量的土地，允许职工通过内部审批后自己建房，以这种方式解决职工住房问题。

我们家住的房子是自己盖的土坯房，不花钱，那时候院子大，在自己家还有点地，可以种点菜什么的，有人家还在院子里养鸡养猪，但是那时候养鸡养猪的少，因为你没啥喂的，不是白养的，那时候也不需要喂，人都没有吃，你还喂啥鸡呢，种点菜啥的吃。（20220730LXS）

当时的住房状况并不是非常理想，住房条件也分情况。有些大型国有工厂，经济效益比较好，能够建设较好的职工家属区，生活设施非常完备，职工生活非常方便。也有些矿区位于远离城市的偏远地区，住房条件比较艰苦，甚至连起码的水电都难以保障，但是这么建设主要是为了方便职工上下班。有受访者提到父母所在的煤矿附近有大量的平房，这种平房生活条件比较艰苦，经常面临停水停电的情况。

咱这边主要就是在矿上干活的居多，但是也不算是矿上的家属区，干什么的都有。那时候没有外面的，多数都是这个矿山的，住的全是平房。我们家那儿是挺偏的地，我们这离井口也没多远，我估计上班也近一点。生活不方便，我们家不像说是矿区，我们家是没有水还没有电的，来电很少，经常是点蜡烛。（20220729SXS）

再如东北某大型油田由于早期建设时条件比较艰苦，职工住房是因地制宜，用当地的土坯和稻草等搭建起来的干打垒和地窖，这种住房是家属或职工利用工余时间自建的。

从小我也是生在DQ，长在DQ。我从小住干打垒。干打垒就是拿泥巴在一个固定的模块里压成土坯之后，一块一块像砖似的盖起的房子，外边用稻草和泥给它糊上，完了顶棚架上木头，糊的稻草和盖的悠然纸。基本上也没什么家属院，都是干打垒，一个干打垒能住个两户人家吧。那阵油田主要是以钻井、采油为主。你像这种干打垒基本都是自建的，都是家属队或者工人空闲时间打土坯然后盖房子。前期都是这种干打垒的房子，还有地窖子，就住在地下的，后期就有砖房出现了。干打垒是地面以上，就像小平房似的，只不过就是用土坯盖起来的。当时也没去过别的地方，你像我感觉的话，我认为房子就应该是这样，那时候也没有电视。（20220726ZQ）

1998年住房改革之后，国企单位的住房也开始进行改革，废除了福利分房制度，原有的公房产权大多转为个人所有。与此同时，住房市场化也在加快推进，70后国企子弟只有极少数享受了福利分房，而大多数第二代国企子弟获得住房的方式都是通过市场化的渠道，通过自费购买。受访者HZH提到他父母的单位公房已经通过房改取得了产权，后期只有人才引进才有资格享受分房，大多数人需要通过市场化渠道解决住房。

福利分房是我父母享受的，因为我是2000年结婚了，就是房改没有福利分房了，要买房子了。当时福利分房的话是没有产权，比如说两个人住，房改房之后公家房子卖给你了，价格肯定优惠，这样你才是自己产权，以前都是单位的房子分包，我妈妈从一室的变成两室一厅，2000年就不存在分房子了，除非你是大学生人才的引进，什么都是自己掏钱买。（20211029HZH）

从公有住房向私有住房演变过程中，住房条件在不断改善，具体体现在几个方面：一是人均住房面积的大大增加，从人均几平方米增加到几十平方米；二是住房格局从平房到楼房；三是住房内部设施也在改善，从烧土炕到集中供暖等等。这一演变过程也与我国住房保障制度的变迁是一致的，也是我国工人生活水平在不断提升的一个表现。例如受访者YH所在的单位大院，经历了从平房到楼房的改变，住房设施也在不断的改善。

小时候住的属于BG家属区的这种单位大院，以前是平房吧，是一趟一趟那种房。后期由于条件好了盖上楼了，完了把我们这些家属都搬迁到楼上了，反正一点点归到政府管理，把这个产权要回到政府，需要我们自己买这个产权。我小时候觉得挺简单的啊，因为那个时候每家都这样，就住以前那土楼，烧那土炕。再后来的时候，由于咱们社会一点一点的进步，BG也在发展，完了把我们都搬

迁到楼上了，我觉得一点点的改变了。（20220413YHB）

国企住房供给市场化属于我国国企改革的重要组成部分，是国企提质增效的重要举措。计划经济时期"企业办社会"的做法，大大增加了企业的经营负担，大量资金耗费在非生产性的投入中，不利于国企进入市场竞争。以大庆油田为例，1995年各项社会负担高达 22.23 亿元，其中职工住宅维修费 0.59 亿元[①]。包括职工住房保障费用等各项社会负担严重地制约了企业正常生产经营，使得企业非经营性支出负担重，挤占了经营性支出的比例，造成企业经营效益低下。在这种情况下，企业福利分房、集资建房等住房保障形式势必会走向消亡，市场化住房供给方式成为主流。

二、物质生活水平逐步下滑

有学者认为，客观和主观指标这两类指标都是生活质量的操作化定义，客观指标是生活质量的"投入"，而主观指标是生活质量的"产出"。两者的综合，可以给出较全面的生活质量操作化定义[②]。

从学术研究的角度看，存在着两种研究方向，一种是把生活质量的研究重点放在影响人们物质与精神生活的客观指标方面，即着重进行社会指标的研究。另一类生活质量研究，则偏重于对人们主观生活感受方面的研究[③]。

物质生活水平是衡量生活质量的重要方面，首先体现在家庭经济收入，其次是由经济收入所影响的物质生活资料供给，如吃穿用等方面，早期的第二代国企子弟青少年时期也经历过物质生活水平较高的阶段，例如下面这位70后的国企子弟所描述，首先父母的工作稳定，小时候至少能达到衣食无忧的水平，节日的福利比较丰富。

那时候是很好的，虽然感觉不能像别人家特别富裕，因为还有个弟弟，两个孩子肯定不一样，但是吃的是绝对非常好，过年过节发的东西都特别多。电影院都是我们 LD 区自己就有的。逢年过节的物资非常充实，我爸他们那时候分猪肉都是半拉半拉猪分的，然后什么苹果了，羊肉了，你想这么多年前就不缺吃的，那时候也没有冰箱嘛，到开春根本就吃不了。真可以算是衣食无忧，也不是所有的人家都是那样。（20220729TNS）

我们家生活水平还可以，为什么说可以呢，我父母都有工作，因为在矿里那时候单职工的比较多，男人下井劳动，女人就是全职在家，孩子一多呢，相应生活条件就不是很好，我们家小时候是啥呢，首先我父母都是上班，第二工

---

① 邵丁，董大海：《中国国有企业简史（1949—2018）》，人民出版社 2020 年版，第 358 页。
② 卢淑华，韦鲁英：《生活质量主客观指标作用机制研究》，《中国社会科学》1992 年第 1 期。
③ 卢淑华，韦鲁英：《生活质量主客观指标作用机制研究》，《中国社会科学》1992 年第 1 期。

资正常开，到号去拿工资，子女也不多，没有感觉到困难，生活水平还算可以的。（20220730WBL）

当时国企子弟的家庭生活水平参差不齐，不同行业和企业差别很大，有些行业和企业经济效益好，职工生活水平就高；经济效益差的行业和企业，职工生活水平就低。此外，职工生活水平还受到家庭子女数量的影响，子女多的家庭，抚养子女负担重，自然会影响家庭生活水平。例如受访者 LXS 的父母是矿工，他说当时整个煤矿工人的家庭收入都很低，生活水平并没有那么富裕，温饱问题都难以解决。

那个时候矿工才几十块钱，温饱都不好解决，那时候就是大饼窝窝头都接不上了，吃那小土豆像啤酒瓶盖那么大，那度日如年说的就是这样，真度日如年，小时候肉也吃得不多，过年过节你可能能吃上，很有限的，买那么几斤，哪像现在你天天吃肉，想吃肉吃肉，想吃排骨吃排骨。你看那鞋子都补了又补的，穿的衣服都补了又补的，都是老大老二一个一个往下传，不是我们家这种情况，那时候 80% 以上都是，整体生活水平都很低。（20220730LXS）

还有些家庭是因为赡养老人的问题，给家庭带来沉重的负担，也会影响家庭生活水平。受访者 LYC 认为，他小时候家庭面临的问题一方面是因为国企改革给家庭收入带来的巨大冲击，另一方面是为了照顾老人，他母亲没办法上班，一个劳动力需要赡养老人和抚养孩子，面临的经济负担很重。

2000 年左右，国企改革对我家是有很大影响的，但是我当时不知道，就是男孩，现在能分担点。其实我妈说包括我上高中的时候，学费非常低，一年几百块钱。这种都能负担得起，但家里条件其实就已经很明显在走下坡路。在我上大学的时候，我妈后来说是钱也借了，从我姨那拿，但是还着不费劲，种完地可能就能再还，确实找不过来手。当年是因为下岗，再一个就是没下岗之前，我爷爷奶奶他们原来去山东了，后来他们身体不行回来了，生活不能自理，我妈就上不了班了，必须得在家里伺候他们，我家劳动力只有我爸一个。我妈在闲的时候做生意，因为要照顾老人导致做生意也做不了了，啥也干不了了，就在家伺候老人，这个影响其实很大。其实主要不是下岗，主要是因为老人。（20220729LYC）

2000 年左右的国企改革给国企职工家庭带来巨大的冲击，因为大量的国企职工下岗。失去固定收入的工作意味着经济收入的大幅减少和不稳定，经济困难给国企职工家庭也带来直接的影响。对国企子弟来说，他们直接感受到的是经济困难造成家庭的消费水平急剧下滑，过去消费支出可以比较随意，因为有稳定的收入预期。自从父母下岗之后，国企子弟所经历的是物质生活水平的明显下降。例如受访者 DR 提到父母下岗最直接的感受就是家里的消费降级，对家庭生活水平冲击很大，主要体现在饮食、服装等各方面的消费能力大大萎缩。

当时父母离开单位之后影响还是大的，一方面就是家庭收入很少。另外就是我爸出去打工，经济收入下降还是挺明显的，有时候几个月都没有太多的收入。对学习的影响倒是不太大，而是对生活的影响比较大，就是你吃饭呀，还有买东西啊，因为我那个时候小嘛，就觉得经常吃不到肉呀，或者是吃不到其他的水果啊，几年以来也没买过新衣服，用现在话来说就叫做消费降级了啊。持续时间挺长的，应该整个高中差不多都这样。我考上大学那年我妈退休了，然后就好一些了，有固定收入了。她刚开店的话收入还是不稳定，因为那个时候整体国家的经济就不太景气嘛，也没有太多的生意。（20220303DR）

这种物质生活水平的下滑还体现在不同年代的国企子弟对比中，例如第二代国企子弟 ZYY 所描述的，他父亲属于第一代国企子弟，上世纪 60 年代出生，还有周岁满月照，到了他这一代就非常普通。父母下岗之后还导致经济压力非常大，上学所需要的费用也要千方百计向亲友筹措。

我爷爷奶奶属于第一辈的国企工人，我爸是六几年出生的，他小时候还有照片，还有周岁满月照，那个时候是 70 年代，应该是黄金时代，等到了八九十年代开始走下坡路了。我小时候感觉生活水平只能说普通。因为我们是工业城市，大部分都是国有单位的，那我们家里全部都是，我们家这个亲戚基本上一代都是吃国家饭的，后来一个个改制。小时候没有住过所谓的这种单位大院，我们还没有那个条件，估计国企可能那个时候就不行了吧。我记得我小时候私营经济就已经开始有了。我还记得，1993—1994 年应该家里就有电视了，因为你那个时候有钱你也买不到电视，那也没有指标，反正整体来说国企确实是衰落的，一代不如一代，其实到我这代就没什么区别了。父母下岗后经济压力其实比较大，上大学都没什么钱，都是借钱的，转学找关系的时候给人送礼也都是借钱。（20211219ZYY）

当然，也有些例外的情况，就是有少数的下岗职工下岗后个人比较努力，头脑比较活络，自主创业比较成功，家庭收入还能维持原有水平，甚至还更高。例如受访者 PYL 认为，他父母买断工龄之后，家庭生活水平不但没有下降，比原来还有所改善，主要原因是他父亲下岗后努力创业，而且有一定的成效，所以家里的生活水平比在国企时有所提高。

父母当时买断工龄之后，那比原来好一些，是没有什么影响。我自己印象里面我们家生活没有受到影响，反正吃的喝的用的玩的一点没少。应该是我父亲个人的原因吧，他比较努力。一些人下岗之后，每天无所事事的，就在厂区里面逛，打牌啊，就是没啥正经事，那些人可能平时工作也不怎么努力，吃大锅饭的，靠自己了就很难做下去了，像这种人估计他的生活水平受影响也是比较大的。其实我看到不少生活困难的，那个厂区里面我觉得有一些人几十年了还是那个样子，没有什么变化。（20220305PYL）

三、企业办福利开始削减

第二代国企子弟儿时还是享受过父母单位的各种福利的，包括完善的教育、卫生、休闲娱乐等设施，品种多样的职工节日福利，还有各种集体活动等等。例如受访者PYL谈到他父母所在的工厂内部及周边的设施非常齐全，厂区内有医务室、澡堂、商店这些基本的生活服务设施，还举办放电影、猜灯谜等集体活动。受访者HXS父母所在的工厂经常发放节日福利，使得他们的总体生活水平高于农民。

我小时候享受过幼儿园，小学初中都在外面，周围的学校有点像沿着工厂建一样，工厂前门出去就是初中，走远一点就是小学，后门出去就是高中，都是当地最好的学校。摩托车厂隔壁就是人民医院，市里最好的医院就在那儿。他有一个叫综合服务楼的，服务楼里面经常可以搞一些活动，当时我印象最深刻的就是元宵节有猜灯谜活动，可以去领票兑换礼品什么的，我对放电影的印象非常深刻，工厂有一个广场隔三差五放电影，很多人坐那看，我小时候经常去看的。厂里有理发室，我从小就在那理发的，还有澡堂、商店、医务室什么都有。这些设施都在厂区里面，它的厂区里面挺大的，以前我爸妈他们忙的时候，基本上都可以不出厂区都能生活的。他是前厂后院嘛，工厂是工厂，家属院是家属院。（20220305PYL）

医院现在是二级甲等，澡堂多的是，那电影院反正也很多。小时候这个生活水平应该是比当地好很多吧，至少比当地的农民好很多。像逢年过节发一些水果啊，海带啊，还有一些干货啊，这些属于福利嘛。（20220409HXS）

随着国企改革的推进，这些福利开始降低乃至取消，过去从"摇篮到坟墓"的全方位社会福利体系逐渐走向瓦解。这种状况的产生也与国企改革中摆脱"企业办社会"的模式是一致的。国企要走向市场必然要考虑经济效益，减少非经营性支出，增强在市场经济中的竞争能力。正如ZQ所描述的，油田作为一个庞大的国企，所在城市是属于先有油田后有城市，油田拥有一套与市政不一样的福利体系，包括原先拥有学校、医院、供暖系统等各类福利。这一套完备的福利体系在国企改革中开始转移到地方，与地方的公共服务设施融合。目的是为了减轻企业负担，让企业能一心生产经营。

我感觉油田各方面福利啥的还是可以的。你像米面油、肉类这些福利啥的基本上都有，然后也给你做羽绒服、发羽绒服，前几年还有发西服等等。你像油建各个单位，基本每个小区都有配套的学校、医院。现在逐渐地随着油田油不多了之后，有的小区都变成老区，有的学校基本都黄了，慢慢地都比较集中了。当时小学初中是附属校，当时像我们那些学校都属于油田教育局管。最早之前油田跟市政府完全就是分开的两套系统，反正是像个独立王国了。现在什么教育局、通信公司、热力、物业都归市政府了。现在 DQ 最好的医院油田总院，这两年划归市政府了。你像学校的话，你像油田的 TR 中学、DQ 一中、DQ 中学都是省重点，教学质量都是相当高的。（20220726ZQ）

后来，随着国企经营状况的下滑，这些节日福利品也在减少，因为企业已经无力承担沉重的福利支出。例如东北某工厂的福利待遇也在不断下滑，最初单位发放的福利品包括食品、家用煤炭等，这些福利后来都相继取消。

福利品方面，分点奶、鸡蛋这些是有的。有的单位过冬还分煤，我们这儿分没分我不知道，那后来好像没了。你冬天不烧煤不行嘛，暖气这个东西不是每家都有的，后来一家一家装的。（20211219ZYY）

四、熟人社会走向瓦解

与个体的可控资源相比，个体社会网关系的质量与他的生活质量具有紧密的联系，起着更为恒定的作用[1]。在第二代国企子弟的儿时生活中，他们的生活环境大多属于熟人社会，生活圈子以父母单位同事的家属为主，这种生活环境与他们的生活质量有密切关系。首先，这种社区的人际关系联系比较紧密，左邻右舍既是单位同事，也是邻居，彼此之间非常了解，人情味比较浓。受访者 LXS 认为，过去的家属大院虽然只是住平房，但是邻里之间感情好，相比之下，当下邻里之间的人际关系淡漠。

那都是熟人，你住平房，跟现在住楼不一样，住楼可能你俩都住对门多少年了，你都不联系，都不熟悉，住平房那都去串门，那时候的人比较有亲情，也比较重感情，邻里关系特别好，挺和谐的，因为现在的人人情特别薄。你现在住楼，你还是对门，你就隔一个一米多的走廊，门对门都不认识那是很正常的对吧，因为那时候的人精神负担没有那么重，现在的人精神压力大。（20220730LXS）

受访者 LYC 的体验更进一步验证了过去邻里关系的密切、互信，邻里之间互帮互助，给人非常好的体验。邻里之间这种相互信任关系在当下是难以置信的，在当时的国企家属区确实存在。

那时候的邻居关系那都跟自己家人一样，比如我妈经常出去好几天就给我

---

[1] 林南，卢汉龙：《社会指标与生活质量的结构模型探讨——关于上海城市居民生活的一项研究》，《中国社会科学》1989 年第 4 期。

放邻居家住了。原来我妈经常能给家做好饭，我都不给家吃，上我邻居家吃了。那时候邻居就跟自己家人都一样，那肯定比现在这种感觉好。就像你说自己家都有院，院和院之间相邻一间都开小门了，然后比较方便串门，小门前出个院再进别人家。（20220729LYC）

其次，这种熟人社会给他们带来了安全感，因为国企家属区的管理比较规范，住户人员结构也比较单纯，它不像现在的商品房社区，邻居之间互相也不认识，人员构成也比较复杂。受访者DY父母所在的工厂生活区相对比较方便和安全，他认为到后期随着工厂的破产，家属区管理水平下降，逐步从熟人社会演变成陌生人社会。

小时候生活在单位大院的话，生活还是相对方便吧。它有保卫科嘛，门口保卫科有一个入口。然后我们生活区和工厂区，它是分开的大门。单位大院里面治安也好一些嘛。这种单位大院的生活还是好的，感觉那时候一说是安全，管理也规范一些。包括我们当时一起的孩子，当时就不用担心有什么坏人来把你拐走什么的，家长也不用担心这些。然后我们这同龄人都可以在大院里面一起玩。家长也是比较放心的。到后面逐渐地也没有管理了，也没有所谓的什么门卫、保安这些了，就随意进出，后来家长也不放心了。有好多邻居就不认识了，就不像原来大家基本上都还熟悉的。（20220306DY）

这种熟人社会对国企子弟的成长产生了一定影响，有的受访者认为单位大院的生活使得自己性格比较拘束，因为从小到大的生活环境比较单一、封闭，会给孩子带来一定的影响。

小时候生活在这种家属院里面啊，没有什么影响，就是有点拘束吧，不是特别胆大的那种，没有那些农村放养的孩子胆大。因为我父母上班了，会让我自己在家里面，不让到处乱跑嘛。过去的安全措施也没有那么好，也没有保安什么的，特别是电话也不方便，上班就是把孩子放在家里面，把门锁起来，我觉得有时候会对孩子稍微有那么一点点影响。那肯定跟农村那些孩子不一样。那些农村孩子都是没人管，就在村里面跑。小时候就是有点封闭，不过长大还好吧，我觉得渐渐长大了自己各方面，包括性格还挺好吧。（20220414WYS）

也有受访者认为单位大院的生活体验更多的是积极方面，例如能感受到快乐等等。受访者ZCC认为，单位大院的生活对她的性格带来更多的是有利影响，相比之下，她的子女难以体验到过去这种生活环境和生活方式。

单位大院生活的影响方面，我觉得是积极的多。就像现在的小朋友，比如我女儿，我们觉得她是四体不勤五谷不分的这种。因为从小的环境她没有接触过大自然，我从小的生活环境有山有水，整个童年也很快乐。跟小朋友跟邻里的感情也都很好，交流也比较多。我觉得对后来的积极影响就是我的性格可能会更纯朴善良，而且更愿意、更容易跟别人交往。因为我的出发点是每个人都是很好的，都是很善良的，就是会愿意接触身边任何人，先从好的方向开始去想。心里都是就很放开的那种，会打开自己内心的这种。就比如小时候如果我爸妈下班晚了，我就可以在邻居家吃饭，大家都很熟，然后跟邻居家的阿姨或者是姐姐的关系也都很好，现在城市生活很难有这样的体验。（20220728ZCC）

不少受访者都在过去和现在的对比中发现，过去单位大院的人情味是当下的商品房社区居民难以感受到的。尤其是商品房小区里面人与人之间缺乏沟通交流、互不信任更加衬托出单位大院邻里之间这种人情味的宝贵。受访者 LJ 是西北某国企大院长大的国企子弟，她认为过去的家属院富有人情味，是一种类乡土社会，邻里之间既是同事也是邻居，互相之间的关系融洽，互动非常频繁。现在的商品房社区人与人之间交往甚少，人际关系淡漠，从类乡土社会走向了陌生人社会。

以前我觉得小时候那种通院子嘛，小伙伴都在一起，其实到现在我们小时候玩的那些邻居都是挺亲切的。因为感觉谁家有个好吃的，然后我们到别人家会吃一点。现在的孩子都是各进各的家门，各拿各的手机，我们以前都是通院子，快乐还挺多的。出去什么跳皮筋了，踢毽子了，扔沙包了，玩到天黑家长叫都不进来的那种。我觉得人和人的关系都相处得挺融洽的。不像现在，对门的是谁，楼上是谁，不清楚，不知道是哪个单位的那种感觉。小的时候我印象中，家里炒菜没醋了，拿个碗找邻居倒点都很正常。小时候的玩伴现在都特别亲切，特有话题。现在感觉人和人无形中都陌生了，都不知道他是哪个单位的，他们家几个人，不清楚最近做什么。（20220415LJ）

随着市场经济不断走向深入发展，一些国有企业开始走下坡路乃至破产，家属区也不再是单一的职工住宅区，还走向社会化，意味着社区内部的福利开始转为市场化供给方式，职工需要通过市场化的方式购买此类服务。

这个企业不太行，你这些东西都要转给人家，那些给外面的个人承包了，后来的住户就比较杂了，你像那些幼儿园也是给外面人家承包，但是人家来办那也肯定要交费的。医院也是外面的什么人来管了，自己承担不了了嘛，那医院看病你也花钱了。什么澡堂那些也是包给外面的，让人家承包了，洗澡也花钱。后来花钱都不行了，人家觉得不挣钱什么的，后来澡堂也不开了。最早的时候还有食堂呢，还可以打开水。家长有那个饭票，去食堂就可以买一些饭菜。还有什么娱乐设施，原来他们会办晚会什么的，有这种相当于俱乐部。反正你这些都是一体的设施，都是免费用的。后面都是给相当于租出去了，让人家外面的人过来办什么餐厅饭店的。（20220306DY）

第二节　迈向社会阶层地位跃升的教育安排

一、教育期待逐步提高

第二代国企子弟父母的教育期待有一定的差异性，随着时代的变迁而有所区别。具体来说，70 后国企子弟的父母要求不高，到了 80 后开始变高。很多 70 后的国企子弟表示父母对自己没有太多的要求，学习主要靠自己自觉，学得好学不好无所谓。例如受访者 YJ 说，她父母对他们的学习"不管不问"，认为不接受教育就找地方上班，基本上没有什么教育期待。

我父母就属于那种，什么都不管不问的，就是随便。在我们那个年代好像几乎所有家长都这样，现在说的管教孩子认真学习，说给孩子报什么辅导班，我们那时候说不上学了，不念就不念了，不念就找个活干吧。（20220730YJ）

从家长的角度来看，父母几乎很少参与到孩子的教育活动中去，完全是靠他们自己对学习的投入，都是属于教育期待低、父母参与少的类型，教养方式粗放，相比之下现在的教养方式过于精细，给父母带来的负担也比较重。

以前的父母真的不怎么管，都是我们自己在学。那时候我们家三个孩子，学习都是靠自己。以前的学习也没有像现在的孩子这样，动不动老师让听写啊，我们以前真的是没有这样。感觉老师布置完作业我们每天回来，父母都忙父母的事情，我们都是每天回来自己就完成作业，以前都是住的那种通院子嘛，反正你做完作业就自己出去和旁边的小伙伴玩。好像家长没有怎么关注过我们的学习，全凭自己的。（20220415LJ）

究其原因，一方面是受到学历在我国经济社会发展中的地位影响。上世纪 70 年代，我国处于"文革"后期，知识分子被贬低为"臭老九"，被打倒批斗。这一阶段的知识分子地位很低，社会上也有"读书无用论"的思潮。在这一阶段，知识分子是被贬低的，没有得到充分的重视。在这种宏观社会背景下，国企职工家庭也不是很重视子女的教育问题。再到上世纪 90 年代，随着市场经济的不断完善，学历的重要性开始凸显。后致地位比先赋地位在社会流动中发挥了更大的作用。

当时父母对国企子弟要求不高，还有一个原因是当时国企工人的工作大多数是一线的体力劳动，工作非常繁重，家里子女多的话，没有太多的时间精力投入到教育孩子身上。

没这么多学习要求，一个是父母他本身没文化，另外一个那时候父母一天天养活一大帮孩子，天天劳动工作的，他没有那么多的精力。现在都圈养了，那时候是散养，那时候想管也管不过来。我爸爸要上班养活那么多人，妈妈就照顾这么多的孩子，洗洗涮涮打扫吃饭什么的，已经忙得够呛了。那一线工人从矿下上来之后，咱俩离那么近，我都认不出来你是谁，满脸都是灰，他们工作是天天要下井，分白班夜班，他是掘进工，掘进就相当于是打前锋的，你得掘进去，把这个坑道给挖出来，完了你才能采煤，这是个重体力活，在这个煤矿来说，这就是特殊工种，一线工种最辛苦。（20220730LXS）

80后的国企子弟，父母对他们的孩子已经有一定的教育期待，具体体现在父母对子女教育的参与，比如对低年级孩子检查作业，要求子女上大学、要求子女考高分等等。教育期待的提升还体现在父母对子女投入的增加，安排辅导班。例如受访者CLL父母虽然没有太多的参与孩子的教育，她父母不过问学习的过程，但是要求她必须考取好成绩。

我们家庭关系还挺和谐的，但是他们俩管我管得挺严的。小的时候上学之前打，但上学之后就不打了。就是那小的时候肯定是不喜欢的，那现在多少能理解。但是我对我的孩子不是这样教育的。就是我也不是很喜欢，因为我就是在教育儿子的时候，就想不能像我爸我妈那样。他们比较看重学习和品德吧。他也不怎么管，但是要求你必须考高分，但是你学习的这个过程他是不管的。但是你考试的时候，你得拿回来好成绩，大概就是这样。（20220728CLL）

另外一类家长，不但对子女有较高的教育期待，还会投入时间辅导孩子的作业，而且能够为了子女学习而付出较大的努力。例如受访者PYL的父母就属于这种类型，他做完作业父母还检查，与学习相关的投入很大。

我其实从小学初中一直在班里面都是中上等吧，我也很少排到过前几名，大部分都是十多名的样子。学习的话，我父母不会安排其他作业，他就是说你作业必须做完嘛，平时他也不单独布置作业，可能做完还检查。辅导班初中的时候上过一段时间，后面就没再上过了。就是他们反复要求学习必须得学的，只是说他没有办法，特别是上高中之后，他几乎没有办法指导我了，但是反正不管怎么样是吧，一定要求我要学习，这个不能停下来，然后至少要读本科，家里面反正吃的喝的用的，就只要是跟学习有关的，就无限供应。他们比较重视学习，特别是我母亲。（20220305PYL）

教育期待的提升有几方面的原因，一方面是因为子女数量的减少。过去子女数量多的时候，对孩子要求没那么高。实行计划生育政策以后，大多数国企职工子女只有一个孩子，教育的中心聚焦在唯一的子女身上，"望子成龙""望女成凤"的期望越来越高；另一方面是随着市场经济体制的不断完善，接班、顶职等国企子弟就业的优惠政策到了1986年开始取消，也就意味着80后国企子弟不能享受这些优惠政策，就业的市场化成为常态。市场化就业方式对学历的要求越来越高，而父母单位的身份庇护越来越弱。

二、教养方式由粗向细

马科布和马丁（Maccoby & Martin）提出四种教养方式："权威型""专制型""溺爱型"和"忽视型"[1]。拉鲁的研究发现中产阶级采取的是"协作培养"模式，既给孩子安排各种活动，也会毫不犹豫地干预孩子的活动，而工人阶级则采取"成就自然成长"，这种模式类似于"放羊式"教育，而把教养孩子的责任委托给学校[2]。从我们掌握的经验材料来看，我国的家庭教养方式并没有完全像西方国家一样，出现中产阶层和底层教养惯习的阶层分化，并不是所有的工人阶级都采取"成就自然成长"的教养方式。

第二代国企子弟成长经历处于社会转型时期，70后的国企子弟的父母对他们的教育更多的是粗放型的"成就自然成长"，对孩子的学业管理不严格，主要的原因还是因为子女数量多，从事的体力劳动也比较繁重。到了80后的国企子弟，开始转向严格管教的"协作培养"模式，可能是因为独生子女增多，父母对子女的教育期待开始提高，对唯一的子女比较关注，教育方式开始转向精细化。

例如受访者WNS谈到她的父母对孩子的教养方式主要是放养，对孩子要求的底线就是为人品德上不要出现问题，就是所谓的"别学坏"，而对孩子文化教育、未来规划基本上是空白，一方面是因为他们作为一名工人缺乏见识，文化层次低，无法给孩子提供未来的规划指导，也不会对孩子有什么教育期待。

对于我们的父母来说，不像现在我们的孩子，那时候属于放养，而且父母也没有什么文化，也没有告诉你说学习有多么重要或者是怎么样，就是说你的未来只能靠你自己去经营了，本身就见识太少了，然后也从来就没有接触过这些东西，说实话也没有什么规划，咱这个都没有，根本就不懂。他们一句话就是孩子别学坏，别给我惹事儿就行了。（20220730WNS）

从受访者ZQ的讲述里可以看到国企家庭教育的另外一种极端，就是对孩子的教育简单粗暴，如果子女犯错父母不会耐心地和孩子沟通，也没有平等交流，而是以简单粗暴的打骂为主。按照他的解释，因为家里兄弟姐妹多，父母在油田上班也很辛苦，还要照顾父亲这边的亲戚，导致他们对待孩子的教育缺乏耐心。

---

[1] Maccoby, E. E., & Martin, J. A., "Socialization in the Context of the Family: Parental-Child Interaction", in E. M. Hetherington, eds. *Handbook of Child Psychology*, John Wiley and Sons, 1983.

[2] ［美］拉鲁·安妮特：《不平等的童年》，张旭译，北京大学出版社2010年版，第32页。

父母对我们还算严厉，因为就像我说的父亲上班上前线，一去挺长时间。母亲上班，对我们家庭教育方面，我们有错的话还是挺严厉的。小时候犯错误肯定会挨打。我如果犯错误，我母亲基本上就是不问对错，先打一顿再说。当时可能不理解，现在按我的理解，我想可能父母那个时候工作也特别累，一回家孩子还不省心，完了还惹祸，家里也没人照顾。当时可能就是我父亲在油田，但是家以前是农村的，弟弟、妹妹或者是侄子侄女或者是外甥女之类的，也都想上油田来找一个工作。父亲不在家，母亲在家还要照顾这些亲人。我想可能是火气比较大，确实压力很大。你像我们惹祸啥的，我感觉这气可能也没处撒，先打你一顿，完了她再问怎么回事。（20220726ZQ）

教育方式上，从简单粗暴的棍棒教育转向民主型的教育，早期的国企职工很多都是出身于农民，自身文化程度不高，信奉"棍棒底下出孝子"的教育理念。另外，他们也没有那么多时间跟孩子讲道理，孩子犯错误了先打一顿再说。这种教育方式是特定历史时代的产物，本身并没有对错之分，跟当时的社会背景和家长自身的文化素质密切相关。

那时候孩子多，管我们不太细，管孩子挺简单粗暴，像我哥总挨打，我记得小时候有时候把我哥都吊起来搁皮带抽，因为我也是最小的姑娘，完了听话、胆小，对我挺溺爱的，没打过我，但是我哥他们总挨打，好像严重的时候，我记得我爸还都拿烧炉子的炉钩子打，拿皮带抽，挺狠的，现在你们是感觉不到了。（20220730XXJ）

到了 80 后国企子弟的家长，开始转向比较民主的教育方式，意味着教育理念开始转变，不是过去的家长制教育方式，更加尊重孩子的意愿和个性。例如，受访者 DY 认为他父母的教养方式比较民主，比较尊重子女的意愿，注重鼓励和正向引导，没有训斥、施压等教育方式。

教育方式我感觉比较民主的。看自己的兴趣方向或者长处、优势的，就往那方面发展。愿意参加什么竞赛的话就靠自己了。他也没有强求必须去哪一门课、要学好一点什么，就是个人感觉、自己意愿。父母小时候比较看重学习这个方向，考虑的也不是说自己出去做个生意或者到时候有个什么机遇去闯荡，能不能个人创业什么的，就觉得那个可能不太现实。因为他们也没有走过这种路，也提供不了啥指导。所以说还是觉得成绩能好一些，到时候从专业方向然后再找个稳定工作什么的。所以你要是说成绩上还是看重的，但是他不是强制必须哪一门成绩达到什么样，只是说可能偏鼓励性质。就是没有啥负面的训斥、施压。我们那时候这些同学大部分应该都是这种方式，还是以鼓励为主，正向引导。（20220306DY）

民主型的教养方式还体现在重大事项的选择上，尊重子女的选择，但是有一定的约束。例如受访者 ZCC 提到她在填报高考志愿时，父亲会提供一定的参考意见，最终决定权在她本人，她认为这种教养方式的好处是一方面培养孩子的独立能力，父母又不是完全放任不管。

父母教育方式比较民主。成年之前会是中途提醒，然后有要求。但不是强迫的那种。像高考报志愿之类我占主要因素，然后我爸会帮我，报志愿是我跟我爸一起报的。最终选也是我定的。我觉着挺好的。最起码就是我又能体会到父母对我的关心、管教和爱，我又有一定的自主空间。能够培养一定的自己的独立人格，我觉得是就不会给你放得太宽。我爸会以父亲的威严，我觉得吓唬的程度多，没真正落过手。我妈年轻的时候脾气有点急，也会有一些打的但是也很少，那都是很小的时候，上学之后就没有了。（20220728ZCC）

这种家庭教养方式的转变跟 20 世纪 80 年代以来我国实行计划生育政策有一定的关联性，实行计划生育政策以来，独生子女家庭大量出现，国企职工等体制内的工作人员受到生育政策的约束尤其严格，拒不执行计划生育政策的很可能会被开除公职。独生子女家庭的教养方式与多子女家庭有较大的区别，民主型家庭开始越来越普遍，起码不太可能像第一代国企子弟一样实行棍棒教育。相关研究也印证了这点，一份关于独生子女家庭教养方式的报告认为，约80％的家庭可认为是民主型家庭。在民主型家庭中，"给予孩子发展兴趣爱好的自由"占 87.3％；"常常对孩子表示信任"为 84.6％；"即使孩子考试失败了，也给予孩子热情的鼓励"占 83.2％；"经常和孩子交流对各种事情的看法"占 79.9％[①]。

第二代国企子弟所接受的教养方式中，普遍还是比较注重品德培养。家长普遍要求孩子具有诚实、正直等传统的品德，要求子女遵纪守法。例如受访者 LJ 认为，她父母要求子女为人要正直，不能小偷小摸，虽然家庭经济状况不好，但对子女品德还是有严格的要求。其他国企子弟也提到过类似的事例。

我觉得父母首先看重的还是为人正直。我印象中有一次小的时候，我妈妈带我们去买菜，然后以前菜不是像现在这样放在柜台上，它就一大堆，然后我妈妈去买菜的时候我们提前去另一个菜摊买了菜，我哥拿着呢，然后到这个菜摊的时候这个人就指着我哥，说我哥是偷菜了，这个菜是他的，说我哥没付钱就拿上了，当时围的人也特别多。当时我妈妈就毫不示弱，我妈妈就观察力也比较强，然后就告诉他，你看看你的菜的绳是发黄的，我这个菜的绳是绿色的，怎么能说是你的菜呢？我在那边刚交过钱的，大家一看就明白了，就冤枉了我们了呗。反正从这个事件上我们也知道，我们家虽然穷，但我妈妈从小就告诉我

---

① 中国城市独生子女人格发展课题组：《中国城市独生子女人格发展现状研究报告（摘要）》，《青年研究》1997 年第 6 期。

们，这种小偷小摸、占人便宜的事情不能干，贪小便宜吃大亏。（20220415LJ）

到了 80 后的国企子弟家庭，父母也看重品德，但是更加注重学业成绩。这种情况的存在与我国市场经济发展和高等教育大众化有关。80 后的第二代国企子弟父母对学习的要求更高，特别关注孩子的学习成绩。很大程度上是因为考生比较多，而高考录取率并不高，学业竞争比较激烈。这种竞争压力传导到家庭教育方面，就是体现为父母越来越重视孩子的学习成绩，甚至是只看学习成绩，对孩子的其他方面并不注重。受访者 LLZ 和 GB 的访谈中都提到父母对子女学业成绩的重视，由于高考录取率低，父母希望孩子能够通过获得高等教育，未来有更好的职业发展。

首先就是品德很重要，学习他也抓，就是样样都得做到，我那时候小学里我就是班长，小时候都是双百的，大红花送到城区送到家的。（20220730LLZ）

小时候父母也会打骂，比较看重考试成绩。只看这个不看别的。考得好就是比较开心，考得不好就要挨打、挨骂，大部分都是这样。从他们角度来讲，他们让孩子或者说在学业方面有更好的发展是吧。因为那个时候学生多，学校招生少。（20220226GB）

对于许多国企子弟而言，出身国企职工家庭，对他们的性格方面的影响是受到一定的约束，主要是内向、不冒进。从生活环境的影响来看，国企子弟大多生活在单位大院，这是一种小圈子组成的熟人社会，与外界的交往比较少，缺乏与陌生人打交道的机会。此外，在国企单位庇护之下，全方位的福利供给和比较安逸的生活，国企子弟对个人未来的发展规划比较容易受父母影响，追求稳定、不冒进的生活。从另外一个角度看，这种不冒进也是一种趋于保守的思维方式，不敢轻易尝试新的职业和生活方式。受访者 LJ 和 WYS 都提到在国企家属院的生活环境比较封闭，家庭生活也比较稳定，父母对孩子的管束相对比较多，导致了他们的思想比较的保守、拘束。

国企子弟这个身份啊，我最大的感受可能就是家庭教育趋向于保守，就是因为国企的环境会培养人的一种不冒进的性格。（20211226LJ）

三、学业成就明显提升

第二代国企子弟的学业成就有年代的区分，70 后国企子弟父母的教育期待不高，加之当时有接班、顶职等就业优待，对学历的需求并没有那么迫切，上大学的比例总体不高。一方面是当时的高等教育还没有大规模扩招，高校招生比例很低，考取大学的难度很高。另一方面，按照当时的政策，70 后国企子弟考取国企相关的技校能够直接解决工作，在当时的情境下属于性价比较高的选择。例如 DJX 是华北某省矿务局的国企子弟，他的发小大多没上过大学，基本上以中专、技校为主，从教育投入产出的角度来看，当时考取高中升入大学的比例低，而中专、技校毕业能够直接分配到矿务局，选择中专、技校的国企子弟肯定会更多。

小时候那些一起在矿务局长大的发小，他们没有上过大学的，都是技校或者中专，因为上高中的人几乎没有。上中专算是好的了，以前中专有分配的，大部分都是技校。（20221021DJX）

教育投入也是一项人力资本投资，需要衡量"成本—收益"的问题，如果父母认为教育投入并不能带来预期的回报，他们会倾向于让子女尽快参加工作，减轻父母负担。国企子弟中有一些本身属于"读书的料"，父母认为如果继续读高中并不一定能考上大学，考取技校最终的结果也是直接解决工作。对于他们的父母来说，解决工作比取得高学历成就更重要。这种基于"成本—收益"教育投入决策的理念影响下，使得部分国企子弟丧失了职业选择的可能性。就比如受访者WDH本来属于"读书的料"，当时想上高中考大学，但是受到父母的眼界限制，她考取技校直接参加工作，给自己留下了遗憾。

我从小就学习很好，当时初中毕业我想上高中，但是我爸不让我上。他就是说你考个技校三年出来了就可以上班了，就有工作了，说的就是在油田。你要是上高中了的话，以后能不能考上大学是一说，你再上了大学又不知道又上哪去了。我最后没招了，才上的技校。但是说实话，我们当时有一部分同学也上高中了，有学习也不如我的后来也都考上大学了。但是90%也都回DQ油田。最后结果都差不多，但是反正自己心里总有点遗憾了。（20220726WDH）

家庭社会经济地位变量对儿童学业成就有显著的影响，其影响甚至大于学校的影响[1]。从家庭背景影响子女学业成就的机制来看，可以从文化资本的范式进行理解。家庭文化氛围和文化资本对家庭教育投入会有直接影响，文化资本丰富的家庭更加注重子女的教育投入[2]；这类家庭更加注重培养子女的兴趣，从而有利于提升子女的学业成就。对于一些国企职工来说，他们思想意识上并没有充分认识到教育投入的重要性，更加注重孩子的就业问题，从而缺乏必要的教育投入，影响了不少国企子弟后续的教育获得。LJ提到他们父母这代人不重视孩子的教育投入，只是认为油田能够解决工作就是很理想的选择。

我那些发小后来上大学好像不多，因为从我们油田的大环境来讲，在那个年代父母都不是太注重孩子的教育，他们总觉得是能有一碗饭就好。而且以前

① Coleman，James S. *Equality of Educational Opportunity* （*COLEMAN*）*Study*（*EEOS*），1966. Inter-university Consortium for Political and Social Research［distributor］，2007-04-27.

② Bourdieu，Pierre & Jean-Claude Passeron，*Reproduction in Education，Society and Culture*（*2nd edition*），Trans by Richard Nice，Calif：Sage Publications，1990.

上大学的门槛还比较高的嘛，班里能上大学的都非常少。不像现在大学扩招什么的，以前真的非常难考，我的发小基本上都是在油田工作。（20220415LJ）

高校扩招对 80 后教育获得还是有比较大的影响，扩招之后意味着有更多的高中毕业生能考上一所不错的大学。高等教育大众化的趋势和市场经济环境下对人力资源要求水涨船高，意味着国企子弟也要有更高的学历才能参与到越来越激烈的就业竞争中。这种大背景下，使得国企职工也意识到学历的重要性，对孩子的教育期待也越来越高。就如受访者 DY 所言，他们这一批国企子弟中，只要孩子能够上学，哪怕是多交学费也愿意投入。

我们发小上大学的比例应该是多的，因为这种环境家长应该都是希望孩子上大学，就是看你考的分数高低，然后是不是重点，无非就是这些。但是家长都是愿意支持这些，或者多交一些学费什么的。上了比如说大专以上的，我认识的基本上都有这种。我们那时候熟悉的也就有一位，是从初中的时候他成绩就太不行。那他高中就不想上了，就没有再去高中了，然后就早早地出去打工什么，其他的我了解的都是去上大学的。当时那些家长就算多花一些钱，收费高一点的大学他们也都会让上。（20220306DY）

高等教育大众化一方面使得国企子弟也有了更多接受高等教育的机会，一方面使得学历逐步贬值，访谈对象中也有 80 后的国企子弟，考取了一流大学，乃至攻读硕士、博士学位。受访者 ZCC 父母是东北某矿区的职工，她成年后考取了大学，最后攻读了博士学位。

我之前是在子弟学校，小学四年级我们家就从矿区出来搬到城市了，是因为我爸妈工作调动。HH 就是属于地级市，我在 HH 一中、HH 中学上学，后来考上 HLJ 大学，研究生、博士也是在那读。（20220728ZCC）

国企改革之后，一大批的国企职工下岗，他们意识到想通过继承父业解决子女就业的途径已经行不通，他们的子女需要通过市场竞争来解决工作。在市场经济背景下，相对公平的就业环境中，需要以学历为基础，才有机会获得相对较好的职业。比如说受访者 WY 谈到他父母所在的东北某农垦企业效益逐年下滑，这里的国企子弟也不愿意回去从事农业生产，超过 60% 的同学都通过考取大学离开农场。

我们初中那些同学大概 60% 走出来了，然后上高中上大学都上了，也有一部分就是回去种地或者是帮家里有什么生意，回家种地的应该比较少。那会农场的总体效益已经不太行了。（20220728WY）

国企子弟的学业成就除了与家庭文化资本相关之外，还与国企所属的学校教育水平有关，有些国企自办的学校教育水平较高，甚至是在当地领先水平的，对于国企子弟来说是一种先天的教育资源优势。此外，国企子弟生活在同一个大院，彼此之间比较了解，这种朋辈群体也会有一定的促进作用。受访者ZQ 所在的东北某油田，拥有比较优越的教育资源，油田所属的子弟学校教育质量高，有利于国企子弟的教育获得。

当时像我们那些学校都属于油田教育局管。你像市政府这边有个市教育局，我们油田有油田的教育局，当时油田跟市政他所有的东西都是分开的。你像学校的话，你像当时油田的 TR 中学、DQ 一中、DQ 中学都是省重点，就是教学质量都是相当高的。（20220726ZQ）

也有些职工子弟学校由于地处矿区等偏远地带，很难吸纳优质师资力量，子弟学校的师资都是来自职工家属，由于遴选范围比较有限，很难保证教师队伍的专业化水平。在师资力量相对薄弱的国企子弟学校中，厂矿子弟的学业成就也会受到一定的影响。受访者 WBL 认为，他所在的矿区附属子弟学校的教育水平比较差，师资力量的专业性不强，所以后来他选择到市区的中学就读。

我小学在矿上上的，初中我就到市区上了，初中高中都是，这个因为啥呢？因为矿里的学校教育的水平差得很多。因为当时在办学校的时候，这个学校隶属于矿务局，当时招的这些老师都不是说正规院校毕业的，都是说在职工家属里头招了一些认为不错的，有一定基础的人，但是不是专业的。所以说为什么在矿里的孩子，他可能是这方面差点呢，就跟当时教育环境，师资力量比较薄弱有关，他可能很多就是为了解决家属工作。（20220730WBL）

第三节　从继承父业到自谋出路的职业选择

一、就业庇护趋于消失

第二代国企子弟的就业选择经历了急剧的转型过程，从显性庇护到隐性庇护，乃至庇护消失。70 后早期的国企子弟有些可以享受接班或者内部招工的待遇，到了第二代国企子弟，他们就业庇护逐步消失，开始走向自谋出路，大部分 80 后国企子弟并没有享受这种待遇。比如 70 后的国企子弟 ZQ 提到他们在初中毕业时还能享受到内部招工待遇，能考上技校的直接分配，考不上技校的先在青年点待业做临时工，再转为正式工人。受访者 LJ 也谈到当时油田的"油二代"不愁工作问题，油田招工主要面向内部职工子女，说明一部分第二代国企子弟还享受到了就业庇护。

我们就业不难，因为我们也算是油二代了是吧。因为觉得基本上你出来，差不多都能招到油田上，当时还不像现在中石油是整个统招嘛，以前各单位各油田有自己招人的权力，基本上都解决自己的子女招工嘛。基本上每隔几年油田新老交替的时候都会有这种招工的机会，还有接受学生培育的机会，然后培育出来不就分配了嘛，只有这点优势吧。不愁出来没工作，而且工作比较稳定。再有就是觉得我们也算是央企，反正是从各个方面来讲他的保护措施、安全意识各方面都比较完善。我当时读了高中之后也是属于招工来的，都是要考试的，也有油田职工的子女考不进去的。（20220415LJ）

随着市场经济体制的不断推进，双向选择、择优录取等市场化用工的制度逐步建立完善，国企招收员工的标准开始提高，更多的面向社会招收人才，针对企业职工子女的专门就业庇护制度开始减少乃至消失。同样是油田子女，70后的国企子弟ZQ提到他所在的油田招工从内部招工为主逐步走向市场化招聘，2005年左右取消了内部招工制度。

应该是十来年前，企业还有招工。这个招工主要就是招职工的子女。现在都是市场化用工的，都取消了内部招工。大概是2000年之后，那我们现在基本不招子女工的，现在都是85、86那批，也就是2005年左右，应该可能得有十多年没招子女工了。现在都是面向市场招大学生，属于人才引进那种。（20220726ZQ）

当然，我们也应该承认，公开招聘的形式中，并不排除非正式社会网络在企业用工时发挥的作用，但是即使存在也是比较隐蔽和少数的现象。就如受访者WWY提到公开招聘跟过去的内部招工不一样，需要通过正规考试等程序，意味着国企招聘的程序越来越公开透明。

招聘也要走这些形式，跟更早的一批接班顶替的可能又不一样，可能是在我们更早之前就有那种模式。在我们这个时候，这种模式已经取消了，还是要通过正规考试的，要求肯定是有的，不是随便进去的，该走的程序也都有的。（20210526WWY）

国企子弟的职业选择也受到行业的影响，有些国企子弟在毕业面临就业时，如果还想进入到父母所在单位，能够选择的行业已经非常有限。这个现象需要从三个层面来理解，包括政策、行业和家庭三个层面。

第一，就业政策的影响。进入20世纪80年代后期，接班、顶职、内部招工等政策逐步取消，国企提供的就业庇护已经不复存在。市场经济体制逐步建立以后，自主择业、双向选择逐步成为就业的主流方向。有些企业甚至采取"集资入厂"的方式解决国企子弟的就业问题，就是要求国企子弟自己支付一部分费用，企业交一部分费用。受访者LLQ就是通过家里先支付一部分费用来解决就业问题，就是所谓的"集资入厂"，这笔费用后期退还给国企子弟。

初中毕业不是上了技校嘛，到以后还指望能分到电厂呀，按按电钮之类的。后来我爸那厂反正就是说买设备，买旧的也可能是有个中饱私囊什么的，反正就是企业一下子不行了。所以，我一毕业立马没有方向感了，毕业以后立马就觉得前途一片黑暗。那只有辗转到 HM 市这边来。单位厂子已经不行了，谁愿意到这个地方。刚开始的工作这个叫棉纺厂，应该算是集资入厂，就是家里要掏一部分钱。然后单位掏一部分钱。结果单位当时也没掏，因为当时单位那会也是为了解决私利，也是为了解决上班的问题。交了三千，说是八年之后归还，不过这钱是还给我们了。那会形式应该是三地联合，到后来归到国企了，不过到最后也破产了。（20220815LLQ）

第二，行业变迁的影响。在市场化竞争日益激烈的情况下，随着国企改革的深入推进，很大一部分的国企行业也在走下坡路，甚至导致国企子弟的父母双双下岗，使得他们无法再选择进入国企工作。随着改革开放进程的推进，外资企业、私营企业大量涌现，他们的就业选择开始多元化，进入父母单位就业不再是唯一的选择，尤其是高危企业、重体力型企业不再是首选。例如，国企子弟 DJX 技校毕业后原本可以进入父亲所在的煤矿，但是比较担心危险，选择了其他行业。此外，还有些企业开始走下坡路，经济效益不好，甚至连工资都不能按时支付，此时的接班招工对国企子弟来说毫无吸引力。

考技校的话是自己考的，实际上跟父亲的单位没有关系，当时没有报矿务局的技校。如果报矿务局的技校，当时是可以分配到煤矿上的。当时主要是考虑到那个地方比较脏，也比较危险，主要是这个原因，因为当时和现在这个年代不一样，因为当时他的效益也不好，而且你还要下坑挖煤什么的，一般年轻人都不喜欢，所以我就没有，但是我初中很多同学们在矿上的。（20221021DJX）

受访者 YJ 的情况也是类似，她母亲所在的染织厂也有面向职工子女的内部招工，但是因为这一阶段染织厂效益不好，经过慎重考虑，她并没有选择去染织厂工作。

那时候染织厂也有招工，就是说子女去上班，但是我没上那去上班，我妈没给我整。不是太累了，就觉得她那个地方吧，就是不太景气了，工资啥的不按月发，就是有时候一压压半年。（20220730YJ）

第三，家庭禀赋的影响。家庭禀赋对于国企子弟在家乡就业可能会有一定的影响，父母的社会资本对子女找工作方面可能会有一定帮助，一旦国企子弟离开他们的家乡所在地就业，父母基本上就没有办法提供实质性的帮助。另一方面的原因是国企子弟的父母作为普通的工人，他们所拥有的社会关系网络大多数与工人有关，超出这个层面的社会资本较少，从资源交换的角度来看，这些资源在就业中并不算优质资源，也没有办法发挥更大的作用。

国企子弟作为一个个体，其职业选择受到多方面因素的影响，其中家庭禀赋也是不可忽视的方面。所谓的家庭禀赋，是家庭成员及整个家庭共同享有的资源和能力，包括家庭人力资本、家庭社会资本、家庭自然资本、家庭经济资本。个人就业选择会受到家庭禀赋状况的约束①。比如就业观念方面，国企子弟受到父母的影响，趋于求稳的择业心态。例如受访者 CLL 是东北某大型油田的国企子弟，她提到自己所在的油田，父母观念方面比较保守，国企子弟回乡就业的比例比较高。

DQ 人不是很认可其他的工作，都是要正式的工作。就是即使你在私企里面做得很好，见了很多你都叫没有工作。即使是找对象之类的话，都要看你的身份，你家是哪的，你是油田的还是管局的还是市政的？这三种类型当中，那市政肯定是最差的，你就像比如说学校、图书馆的什么，这不都是市政府的建设的这些东西，都是市政上管局的待遇好，然后石油公司更好。DQ 就是他不是很接受外地人，因为你来了之后你不是这几个身份的话，他可能都不会觉得你是"正常人"。所以我当时毕业的时候，我父母也很希望我回去，就是 DQ 我的同学一半大概都在本地，一个是石油有接收的这个政策。另外一个就是可能大家都觉得在这生活也都很好，所以说我的同学一半都在 DQ，剩下的一半可能就是都在各个地方，相对来说这个回乡的比例是很高。（20220728CLL）

还有一种情况是国企子弟所学专业与父母的行业毫不相关，受访者 PYL 大学学习的是计算机专业，他父母只是普通的摩托车厂工人，家庭资源并不能给他提供就业帮助，而且他是到外地工作，家庭资源对他找工作没有实质性的帮助，完全靠自己的努力和能力来解决。

我感觉如果说是回到 YS 的话，也许还能照顾照顾，你不回去肯定是享受不到照顾。就业方面只能靠自己了。择业没有受到父母的影响，其实我父母并不知道，我父母就知道我读计算机，他也不知道我找啥工作，他也没有管，因为他们是干工人嘛，其实他也不希望我干工人。（20220305PYL）

此外，由于不少国企职工的文化水平较低，信息来源渠道也非常有限，工人身份限制了他们的认知水平，他们对子女所从事的职业完全不了解。因此，在就业方面他们并不能为子女提供多少实质性的帮助。就比如受访者 ZCC 研究生阶段学习的是图书情报类专业，父母是铜矿的职工，跟她所学专业无关，无法提供就业方面的帮助。

目前找这个工作，当时我们硕士毕业找工作是有校招的，然后导师也有推荐。实际上跟父母没有任何关系，就是完全是不搭嘎的两个行业，根本牵不上的两个行业。（20220728ZCC）

也有些国企子弟通过自己的努力，考取中专、大学，获得本科以上学历，

---

① 石智雷，杨云彦：《家庭禀赋、家庭决策与农村迁移劳动力回流》，《社会学研究》2012 年第 3 期。

在职业发展方面脱离了父母单位的庇护，取得了较好的发展前景。例如受访者XXJ父母在东北某煤矿工作，她从小学业成绩优异，考取了中专，毕业后分配到邮政系统，完全是靠自己的学业成就解决了就业问题。

父母对工作没有什么帮助，发展都是完全靠自己。第一份工作是做营业，做了半年窗口营业，中专毕业分配了就到储蓄所。我感觉就业方面没有受到照顾政策，因为我是考学，上学的时候，但是我哥哥就是有职工技校可以上，他是招工的，所以就业方面父母也没有提供资源。（20220730XXJ）

第二代国企子弟虽然也经历过父母在国企比较辉煌的几年，但是他们印象更为深刻的是父母下岗带来的冲击，这种冲击使得他们认识到国企并不像过去一样成为首选，这种家庭经历影响了他们的择业。

二、工作满意度因人而异

（一）初职满意度

现有研究通常显示薪酬满意度与工作满意度之间存在正相关关系。也有学者提出，可以区分出两种类型的人，每种类型的人与工作报酬—工作满意度之间的关系各不相同。对于第一种人，工作满意度与经济和心理回报满意度有关；而对于第二种人，工作满意度只与心理回报满意度有关[1]。可见，影响工作满意度的因素很多，不止是经济上的回报，还有心理上的回报。

第一，工作满意度的评价要考虑经济回报，工作报酬高于预期或符合预期的职业满意度更高。下面这位受访者大学毕业后在南方某城市工作，能够获得比在北方某城市的工作2倍以上的薪资，这种薪资待遇对于他来说具有诱惑力。他后续的跳槽是因为发展空间有限，认为自己的职业发展遭遇天花板，从而需要寻找新的职业发展平台。

我2006年从毕业就来S市找工作嘛，找到FSK去了，当时在FSK也是从事程序设计相关的工作，我们是非生产线上的周边人员，就是做软件的研发。其实我当时毕业的时候还挺满意的，因为我在北方B市的时候找过工作，工资大概是1600块。我到FSK之后，我的工资是3000块。至于说为啥跳槽，因为我在那儿呆了已经四年了，时间有点久了。因为他是台资企业，大陆人的上升空间是很有限的，你基本上你很难往上走了，做了几年时间也差不多了，所以就跳槽了。我是其他同事推荐我去别的公司。（20220305PYL）

第二，心理回报满意度也影响工作满意度。这里的心理回报包括工作环

---

① Hofmans, J., Gieter, S.D., & Pepermans, R., "Individual Differences in the Relationship between Satisfaction with Job Rewards and Job Satisfaction", *Journal of Vocational Behavior*, Vol. 82, 2013, pp. 1-9.

境、工作强度、人际关系带来的直观心理感受。例如国企子弟 LLQ 虽然也在国企工作，但是由于棉纺厂的工作性质比较特殊，需要经常上夜班，作息时间黑白颠倒，虽然能够获得比较高的薪资，但是对身体的影响很大，也导致她对这份工作并不满意。

在盐场那个纯体力活不是一般人能承受的。棉纺厂在当时的话就觉得是很轻松的，最可怕的就是上夜班，尤其是成晚上夜班，你想我那会上了将近十年，我都已经上得有心理阴影了，一上夜班的话心跳加速。那会年轻嘛，谁不想多睡觉呀。可是一上夜班，成晚成晚熬夜呢。虽然我的工资很高，因为是拿薪建制嘛，工资肯定高，我那会工资都比我爸高。（LLQ）

受访者 WDH 第一份工作是油田的维修工，因为这种工种属于重体力劳动，对女性并不友好，因此她对这份工作并不满意，她后来通过提升学历和职业技能，调整到油田从事档案管理工作。

我第一份工作是维修工，那肯定是不满意。像我们女同志维修工那肯定是累，而且我还有同学现在也干着这个工作。反正我看她们确实觉得挺累的。当时事实上对维修工这个岗位肯定是不满意，因为那时候上技校就不太甘心，然后这个工作肯定也是不满意。（20220726WDH）

第三，人际关系也是影响工作满意度的重要因素。有研究表明，上下级关系、同事关系都对工作满意度有显著的正向影响①。人际关系对工作满意度的影响显而易见，因为从正常的工作时长来看，普通人大多数时间要和同事相处，和谐的同事关系有利于职工的工作满意度，而糟糕的同事关系则会导致职工工作满意度下降。例如下面这个例子，受访者 LJ 第一份工作是接班获得的，一方面由于父亲的去世，家庭经济条件拮据，急需一份工作来减轻家庭经济负担，虽然工作条件比较艰苦心理也很满足。这种满意度还来自人际关系，在国企大家庭式的氛围中，同事关系比较融洽，同事对她比较关照，因此她当时工作满意度较高。

当时我爸爸不在了嘛，就挺渴望自己有份工作的，就是想自己早点挣钱。我第一份工作是库房管理，条件比较艰苦的那种。当时想法就是只要能工作，给家里减轻负担，干什么都无所谓的。所以有了这份工作心里也特别满足，我们都是杂班类这些，同事都叫师傅嘛，进厂早一天的都叫师傅什么的，感觉他们人都特别好，毕竟自己也年轻，所以感觉周围的师傅们都比较好。不懂的什么的都给你讲，学得还行。当时没有什么可发愁的事情，就是还挺开心的。（20220415LJ）

---

① Lin，H.，& Li，T.，"The Influence of Grass-roots Employees' Interpersonal Relationship to Job Satisfaction in Middle and Small-sized Enterprises：The Moderator Role of Personality Traits"，*Strategy in Emerging Markets：Management，Finance and Sustainable Development*，2013.

第四，专业匹配度也是影响国企子弟工作满意度的重要原因，尤其是社会分工越来越细化，不同行业、职业的区隔越来越明显，就如俗话所言"隔行如隔山"。社会学家将"人职匹配"界定为学历匹配、经验匹配、技能匹配的综合指标体系[①]。根据"人职匹配"理论，个体的专业特长如果能够和工作岗位高度吻合，有利于发挥个体的专业优势，能够心情愉快地去从事自己擅长的工作，肯定是有利于提高个体的就业满意度。就如下面这个案例，受访者 ZCC 是图书情报专业毕业生，从事的也是图书馆的工作，属于典型的"人职匹配"，所以她的就业满意度高。

我觉着工作还不错，因为我也是学这个的，就是发挥自己的专业了，所学尽所用。当时选专业考虑选图情，其实是有点盲目的，因为我本科专业叫信息管理与信息系统，但在各个学校侧重点不一样，可能带信息管理信息系统。我们就比较偏图情目录这个方向，当时选的时候并不知道是这个方向，但是后来学了，学着也还不错。（20220728ZCC）

（二）现职满意度

行业整体发展状况会从宏观上影响就职者的工作满意度，有些国企子弟在发展前景好的行业，个人职业发展也有较好的前景，他们的工作满意度会更高；反之，如果他们处在一个没有职业前景的行业，个人职业发展受到限制，则会降低他们的工作满意度。受访者 PYL 在南方某城市从事的是金融科技工作，整个 IT 行业发展前景很好，也符合经济走向，具有较好的发展空间，因此个人的工作满意度也较高。

现在工作满意度还挺高，我是准备搁这退休了。我已经 38 岁嘛，但是我们这个行业的特征就是，它会给你 22 到 35 岁之间往上走，你到了 35 岁，如果没有走上去，那要么就稳在那儿，要么有可能就会往下走了，那我现在在这儿可能我准备就多干几年，干到退休算了，可能就不折腾了。首先从咱们这个移动互联网起来之后，IT 这个行业异常的火爆，它跟金融是一样的。正好我现在在银行里面做 IT 嘛，咱们现在在国家层面也在搞金融科技，就是比较契合整个社会走向，跟整个经济走向是比较契合的。就是现在我的职业，总体来说还算是比较往上走的 一个职业吧，发展空间还是有的。（20220305PYL）

还有一类国企子弟的职业处在稳步发展阶段，还有一定的职业发展空间，相对来说满意度还较高。例如受访者 DY 在某研究所工作，单位整体发展前景

[①] Bian, Y., Huang, X., & Zhang, L., "Information and Favoritism: The Network Effect on Wage Income in China", *Social Networks*, Vol. 40, 2015, pp. 129-138.

一般，他个人的工作满意度也一般。从职业发展路径来看，他可以通过职称晋升实现职业生涯的进一步发展。

工作整体还可以，反正没什么波澜，就是稳步地走。我们这个还是重职称这方面，我们这种单位也不太看重行政职务什么的。我们评职称一方面就是科技项目，一个就是行业标准。前面还和我们单位几个人也是出了一个书，就是从这个方面我们将来还有不少的发展空间。就是在这个职称上面到时候再努力努力，走走这个路也行。也有人评到那个正高级工程师了，像那个是非常难了，我们就是往那个路上走。（20220306DY）

管理学者 Ference 提出了职业生涯高原（career plateau）的概念。所谓的职业生涯高原，是职业生涯发展的稳定期。这一阶段既有负面影响，比如自己的绩效不受组织关注时会产生心理失调。Lee 发现，层级高原对员工的职业生涯满意度和工作满意度均有负向影响[①]。例如受访者 XXJ 在行业内工作了二十几年，在地级市邮政公司副科级岗位，由于职数和年龄的影响，晋升空间非常有限，进入职业生涯高原，从而影响其工作满意度。

我希望以后能清闲一些，可能是性格吧，什么事有点不放松。我感觉刷业务也挺辛苦挺累的，就是想在我要退休的几年工作上别太累了。我们没有什么太大的空间，我们学这个专业，我们科室十几个人，就一个正职一个副职，就是属于市级以上的科级。我是副科，晋升挺难的，除非是到下面再重新干，因为到我这个年龄了，也没那么大激情了。（20220730XXJ）

还有些国企子弟还在传统工业企业就业，工作强度很大，职业发展空间非常有限，再一方面也受到年龄、职业技能等因素的影响，对工作不是很满意。但是，由于生存需要，不得不继续从事这份工作。就比如受访者 SXS 是某钢铁企业的普通工人，感觉工作压力大，但是年龄受限，也没有更好的选择。

现在工作也谈不上满意，像现在工作强度特别大。我们是炼钢炼焦，他整个规模比较大，焦化、炼钢、化工啥都有。我这个岗位是一周休两天，但是不一定是休两天，但是基本上休吧，我的不是操作机械，我是调节一些温度，那肯定累，哪有白给钱的。我们像我这个年纪这样的，没有啥发展空间，没啥好升的。（20220729SXS）

受访者 LYC 是东北某城市的 IT 私企软件工程师，虽然对现有的工作满意度不算高，但是他已经超过四十岁，在这一行业如果要转换行业并没有年龄优势，而且该地的就业机会并不多，能够跳槽的选择不多。

其实说不满意这块也有好多，但是你换的话你能不能换到更满意的不好说，因为在企业干时间长了，你就发现其实各个企业都有他的不同，但你不满

---

① Lee，P. C. B.，"Going Beyond Career Plateau：Using Professional Plateau to Account for Work Outcomes"，*Journal of Management Development*，Vol. 22，No. 6，2003，pp. 538-551.

意的地方都是那么回事。现在东北要想跳槽的话，其实大部分他都要偏高层管理，他有好多也不太想要，除非他感觉你特别适合，其实像现在我跳槽我也能跳，但是选择面要比人家就年轻人窄很多。但是这是东北，问了一下什么北京那种大的地方，就是这种局限小很多。（20220729LYC）

三、职业流动趋于频繁

布劳和邓肯考察 20 世纪 60—70 年代美国代际升迁路径的研究表明，受教育程度对个人职业地位影响最大，其次是初职地位，而父亲职业对子女职业的直接影响比前者都要弱些[①]。就中国而言，影响个体职业地位发展的因素也分为先赋因素和自致因素。计划经济时期，中国人的个体职业地位发展很大程度上是被父母职业决定，家庭出身决定了个体职业地位，而到了市场经济时期，受教育程度、初职地位等自致因素有更大的影响。第二代国企子弟就业时处于计划经济向市场经济转轨的阶段，影响他们职业地位的要素也从先赋因素向自致因素转变。早期的 70 后国企子弟有些还赶上了接班、顶职等就业庇护的末班车，但是到了后期可能就遭遇了下岗失业，职业地位直线下滑。大部分的第二代国企子弟开始按照市场经济的规则就业，主要靠自身的学历、技能等自致因素谋求职业。

职业流动主要受到国企子弟的自身人力资本影响，父母的先赋地位影响明显弱化。三代国企人的情况开始减少，主要原因有两个方面：一方面国企开始取消了顶替、接班等就业庇护政策；另一方面是因为国企改革带来的大批量裁员，国企存量的员工岗位都在减少，不能再招收更多的新员工。

相比于第一代国企子弟，第二代国企子弟的职业流动更加频繁，跨度也更大，终身在一个单位就业的情况比较少。跨单位流动和跨地区流动都趋于频繁。主要原因是这一代人职业生涯处于市场经济体制逐步建立的时期，从人才配置的角度来看，资源配置由体制驱动变成市场驱动，市场对人力资源流动起主要作用。在市场驱动的配置方式下，"铁饭碗"逐渐被打破，国企子弟的职业流动也更加频繁，个人对自己职业流动的选择权在增加。例如受访者 LYC，从事的是软件开发工作，职业生涯中有一次流动，他本人从事的是专业技术工作，为了家属就业的需要，就业地点从东北某城市流动到另一个城市。

我在 D 市那边上班上了三年多，完了就回 H 市了。我当时回来是因为我爱人，当时我毕业上班了，她是读研了，后来她不想进图书馆嘛，她学的这个，但是上那边就没找着，完了正好 H 市她找到了，反正我这工作我跟你讲，我感觉都无所谓，只要地方别太小就行。在 D 市那会也是做软件这个行业。

---

① Blau, P. M., & Duncan, O. D., *The American Occupational Structure*, John Wiley & Sons Inc., 1967, pp. 160-162.

现在就一直在这个公司做软件开发，就是没再变过，大概 12 年。（20220729LYC）

第一种是体制内本单位不同岗位的流动，有些国企子弟也是继承父业进入到国企，后来依靠自己的学历和技能在国企集团内部实现了职业流动，这种流动主要还是靠自致因素。例如受访者 WDH 考取了技校，又通过继续教育获得本科学历，还学习了计算机，这两个方面的因素使得她有机会从体力型的电工岗位转换到信息中心岗位，再到档案馆的档案管理岗位。

初中毕业了之后我也是上了技校，后来自己又参加了成人高考，然后又念的本科。我在技校那时候学的是电工，然后就分配到单位，我刚开始干的就是维修电工。那倒是没干几年，因为我上技校的时候，我就自己开始学计算机了。后来因为 1998 年开始举办了全国计算机比赛。我就一级级地参加比赛，后来因为代表 H 省去北京参加比赛了，比赛之后工作就变了。后来就到油建公司。我到信息中心负责的就是计算机，就是维护网页什么的。再后来生完孩子之后，我就调到档案室去了。所以，啥时候还得学习，不学习不进步肯定是不行。当时实际上我们选择职业也没有别的选择，主要是父母要求我们上技校，因为当时技校的话，很多专业其实也都是跟油田相关的专业，你像有的学采油的，像我们学电工其实在工人里边还算是好工种了。（20220726WDH）

体制内的职业流动一方面受到自身职业技能的限制，另一方面与个体性格有关，有些国企子弟有冒险精神，希望走出父辈单位的庇护，到外面闯出一片天地。而也有不少国企子弟追求职业稳定性，选择继承父业，在父辈的单位继续工作。这种情况下，国企子弟到了一定年龄几乎不可能再有职业流动，因为受到年龄限制，离开所在单位的平台，几乎很难再找到比目前更好的职业。比如 WBL 一直在父辈的单位工作，没有特别的技能和较高的学历，工作时间长了难以离开这个单位另谋生路，要考虑家庭抚养负担的压力，选择在这个单位内部流动可能是最理性的选择。

我参加工作就是一直在 JX 矿，只不过是岗位有所调整。我一开始是财会，原来学这个专业的，前两年才做培训。其实出去的国企子弟很多，一半就是留在矿上，另一半有一些拼搏的精神，认为在这个地方不好，出去闯，有的闯得很好，但毕竟少。为啥闯呢？我感觉还是第一个是机会，第二个是教育。像我们在这个企业工作了好几年以后，离开这个企业很难生存，我认为就是没有一定的技能，什么也不会，本身还没有很高的文化水平，现在到哪儿都要文凭，所以说就是很难生存。你只能去打工或者是自己创业，没有其他的选择。你离开这个平台，没有人录用你，只能干一些体力活。而且我们人到中年也不可能再折腾，轻易不要换岗位。（20220730WBL）

第二种是体制内跨单位的职业流动。国企子弟的职业流动中，开始有了公开招考的机会，说明职业流动更加公平、透明，过去庇护体制下身份制开始被打破，个人学历、能力等后致性因素开始发挥更大作用。例如，受访者 LLZ 父亲是国企职工，他考取了专科学校，分配到黄金公司后，初次就业后由于公司的效益不好，他选择通过招考进入技术监督局，这一过程他父亲的资源并没有发挥作用。

第一份工作是在黄金公司，那时候专科毕业有分配，就是直接分配到这个公司，黄金公司它不属于国企，我们那个时候叫管理局，他隶属于矿产资源局。黄金公司属于矿，在那待两年，现在这个单位没了，当时我就在那做财会。后来去技术监督算是属于自己考的，那时候企业效益不好嘛，工资都开不出来，那你说你不能在这个单位了，那咱就换个地方是不是？工资开不出来了，你还得生活，我属于招考考过去的。后来到技术监督局还进修的，到那以后通过继续教育培训。（20220730LLZ）

第三种是体制内失业。少数国企子弟通过招工等方式进入到国企工作，后来由于所在的国企不景气，为了减员增效裁员。其中一些缺乏专业壁垒的工作人员就很容易因此而被裁员。例如受访者 LXS，早期初中毕业通过招工进入国企办公室，虽然取得了成人本科，但由于企业效益下滑，导致他被裁员，依靠微薄的收入度日。

我工作经历挺坎坷的，一开始就在这国企工作，我初中毕业，通过成人教育读的专科、本科。招工进入是 1994 年左右，后来在矿务局干也干二十多年了，最开始招进去是办公室，一直在机关干到 2015 年年末，那时候不是减员，学名是减员增效，给你生活费，每个月开 800 块钱，除掉扣的就剩 300 多了，你得交养老保险、失业保险、医疗保险、住房公积金，还剩 300 多嘛。（20220730LXS）

吴愈晓的研究发现，完全通过关系获得初职的劳动者群体是低社会经济地位的群体，他们自身人力资本低、社会网络资本质量差，更可能发生职业流动①。与 LXS 不一样的是，受访者 DYJ 是通过接班进入国企工作，从事维修工，后来因为企业裁员失业。由于自身文化水平低，职业技能比较单一，还有年龄偏大，因此他失业后只能在社会上打零工。他主要的问题是自身的人力资本差，而且获得第一份工作是依靠父亲单位的就业庇护政策，他父亲只是个普通工人，不可能给他后续的发展提供更多的帮助。

1986 年我父亲提前退休，我属于顶职接班了，顶职接班是年过十六、身体健康就可以了。在车间先学习，下来就是进摩托厂干活。学徒工要干就干三个月，就可以进摩托车厂转正了。我是 1986 年进厂，1987 年转正式工的，学徒工以后就转正了，干维修工干了有六七年，后来转岗换了一个系统，1986

---

① 吴愈晓：《社会关系、初职获得方式与职业流动》，《社会学研究》2011 年第 5 期。

年干到 1996 年，1996 年干到 2003 年失业，又干到 2018 年 9 月。刚进厂那个时候工资还行，现在还是觉得咱当工人比在社会上混还好些，那时候比农民工好一些，在厂里学知识吧也能用上一些。我之前在厂里头是维修工，记得定的是初级吧。现在是从厂里失业后就进社会上打零工，这几年退休了，反正是去一些地方到处找工作，这几年因为疫情影响，零工也不好打，也去工厂里一个月拿两千块钱，现在想着做零工也没那么好，一个是工资不合适，另一个是一般的工作对这个要求也高，农民工干建筑这行也不少拿，一个工时十几块，那时候碍于面子吧，如果想找一个合适的工作吧还可以，要找一个一般的工作，说老实话也不好。70 后在社会上找工作年龄上都会受限制，关键是农村人都去干建筑行业吧，后来干燃气管道这一类的，俺伙计给介绍的，那时候也歇不住，在附近能干点是一点，没干多长时间吧，那时候燃气工钱是一天一结。（20220402DYJ）

第四种是体制外的跨单位跨地区职业流动。从职业类型看，商业、服务业从业人员的职业稳定性显著低于其他从业者，这也与服务行业本身的强流动特性显著相关[1]。例如受访者 WY，他大学毕业后主要从事服务行业，他所从事的销售电器、旅游、定制家具等行业都是属于服务业，这些行业波动比较大，也受到电子商务发展等因素的影响，导致其在不同行业之间辗转流动。WY 的职业经历在 80 后的国企子弟中有一定代表性，一方面说明当国企子弟选择体制外就业时，他们的职业流动比父辈更加频繁，职业流动更大程度上受到行业发展的推动。另一方面，他们也更加趋向于主动选择职业流动，而不是被动的裁员，作为个体更有可能根据自身的人力资本实现利益最大化。

当时我学了两种专业，一个是计算机专业，一个叫土木工程。我 2004 年毕业就去 BJ，来 BJ 市 DZ 电器做手机类的管理工作，大概干了三年，2007 年回到 DQ 之后，又在 GM 电器干了三年。2010 年从 DQ 回到 H 市，在电视厂家做销售做到 2015 年。后来几乎家电行业不太好做了，然后我就辞职了，正好我媳妇做旅游行业，那时候她怀孕，我就把家里的旅游公司接了，我干到 2018 年。2015 年我感觉家电受电商发展的冲击比较大，就是赚不到钱了，我就把家电业务都撤回来了，我就开始做旅游。2019 年那会有很多类似于旅游网站，把旅游行业做得很透明，我们也就中间没有差价的赚了，就是没有生存空间了。原来是赚钱的啊，后来赔了有半年，然后我就把旅游公司注销了。正好我以前做家电的一个朋友改行刚开始做定制家具，他那公司缺人，我还是做销售出身，我就来到这个公司给他打工。（20220728WY）

---

① 赵晔琴，古莊欢：《职业稳定性与代际差异：基于上海居民职业经历的追溯调查》，《人口与发展》2023 年第 6 期。

除了正常职业流动之外，还有少数国企子弟是自愿选择在家待业，当然这种情况相对比较少，有的话也是以女性居多。例如 FNS 已经 40 多岁，但是工作经历只有三四年，结婚之后为了照顾孩子，选择做家庭主妇，在家照顾孩子，此后再也没有进入劳动力市场。

我最开始初中毕业之后做服务员，饭店就是属于小饭店，刷盘子、擦桌子什么的，就是打扫卫生，那工作干的时间也有三四年。在我老家父亲那边，回到这个 SYS 都 18 岁了，我爸去接我回来了。我结完婚以后就是一直在家带孩子，再后来就没有工作了，因为我丈夫说你就在家把孩子伺候好了就行。我丈夫开车的，一年 6 到 7 万差不多。原先孩子上小学的时候，他比较远，天天得走着接送，等到他上中学的时候就给他包车了。现在上高中他就回家天天中午回家吃饭，我还得做饭。（20220729FNS）

国企子弟的职业流动受行业影响很大，尤其是传统的厂矿企业，受到行业发展波动的影响更大。煤炭行业发展一方面是受到宏观经济形势影响比较大，另一方面也是由于生态环保政策的深入实施，更多的提倡光伏、风电等清洁能源，传统煤炭行业的发展空间受到严峻考验。在煤炭行业就业的国企子弟职业流动受到更大的影响，自身人力资本和社会资本比较强的会选择走出去，而缺乏人力资本和社会资本的国企子弟只能被动留下或者被裁员。受访者 LXS 谈到他所在的煤矿在效益下滑时开始减员增效，裁员分流力度很大，其中有很大比例都是国企子弟。

这个矿已经黄掉了。2000 年左右国企改革没啥影响，煤炭那时候低谷的时候，从 2016 年开始好了。2016 年之前就有那么几年，我们那时候开工资都挺困难，那时候煤炭效益不好，我们在那个时候好多工资压两三个月的。2015 年 2016 年是煤矿企业最困难的几年，分流力度很大，以画票的形式减，就是投票，那时候没少减。减掉的这些人没有一线工人。一线的工人人家给你送钱也不愿意分流，总想回去干点啥。有些人是愿意，有些人是有别的门路，然后人家就找着机会分流出去干。四十多岁你就是好劳动力，有门路的想走的，一线的反而分流的不多。现在闹人荒，一线工人 55 周岁退休，现在还给你返聘回来干到六十多。那个时候有一些人不干了，有一些还没到年龄退休了，再加上分走的这些，人就不够了，煤矿企业全国去招工，招不上来没有那么多人。（20220730LXS）

还有一种类型是主动从体制内向体制外的流动，这种类型的流动相对较少，因为从大多数国企子弟的观念层面来说，如果在体制内工作有一份比较稳定的收入，主动离开这种工作岗位的可能性不大，只有少数有进取精神的国企子弟可能会选择跳出舒适区，进入体制外的私企、外企等工作。以 YJF 为例，先继承父业进入煤矿工作，进修后从体制内出来到私营企业工作，职业流动非常频繁。这其中有多个方面的原因，既有行业发展波动的影响，也有自己家庭的制约，但是由于她本身有设计特长，也擅长销售，使得她有机会在不同行业、职业之间流动。

我初中毕业顶班，1992 年的是最后一期，在煤矿干了几年进修去考学嘛，进修之后回去了。结婚然后生孩子了嘛，我在那里感觉也没多大发展，后来我就停薪留职出来 N 市了。我不就是学设计嘛，然后做那玩具设计，我干了几年后来到国际礼品公司，后来我就是又跳槽到 GJL 干了几年，碰到非典外贸单都受影响了。刚好我有一个朋友是做床上用品的，后来我说不然做床上用品设计吧，我就到他那边做了几年了。那时候也能做团购，他一天营业额都蛮厉害的，他有时候人忙不过来嘛，我就过去跟他们做销售的事。后来是自己开了店有三四年，后来因为那边拆迁，店铺搬到楼上也不太好，有小二的我就接了一段时间歇了段时间，孩子断奶以后，我想怎么还要做点事。后来跟我一个朋友做茶饮也做了几年，那状态也不太好我就歇了吧。因为就我一个人我也受不了，我请过一个人，你不在的时候现金不好控制。我后来和丈夫有点不对头，状态也不太好就不做了，再往后就是做这个电商了，后来我就去上班嘛。（20220724YJF）

第四节　社会地位的分化与地位认同的淡化

一、主观社会地位分化

相对于客观测量，主观社会地位测量有利于说明人们在社会中评价自身地位的方式，并能够反映人们对社会结构的看法[1][2]。马克斯·韦伯从"权力、财富、声望"三位一体的社会分层标准，考察教育、声望、收入对个体主观社会地位认知的影响[3]。此外，政治态度、参照群体、个体心态等要素也会影响个体主观社会地位。

---

[1] Bottero, W., "Class Identities and the Identity of Class", *Sociology*, Vol. 38, No. 5, 2004, pp. 985-1003.

[2] Lindemann, K.; Saar, E., "Contextual Effects on Subjective Social Position: Evidence from European Countries", *International Journal of Comparative Sociology*, Vol. 55, 2014, pp. 3-23.

[3] ［德］韦伯·马克斯：《经济与社会》，阎克文译，上海人民出版社 2010 年版。

经济状况是衡量主观社会经济地位的重要依据之一，可以将主观社会地位看做对社会经济状况的综合认知[①]。通常来说，个体经济状况好，主观社会地位评分更高。例如受访者 PYL，家庭经济收入超过 100 万，在深圳有 2 套房子、2 台车，属于高净值人士。相对于大多数人来说，他的经济收入应该属于前 20％的水平，所以他的主观社会地位评分为 9 分。

我是这么看待这个问题，就是站在经济的角度，我个人的话，我在深圳有两套房子，有两台车，我经济状况应该已经可以，我觉得到 9 分吧，我自己的话就是，我们家庭的年收入每年也是过 100 万。整体来说很好，我老婆父母也是在深圳这边退休的，整个经济状况我觉得还算可以，当然在深圳可能不能跟那些有钱人比啊，因为有一些土著什么，那些我们是没法跟他们比的，但是我觉得可能作为 10％或者 20％那些人还是可以的。（20220305PYL）

与此相反的是一些经济比较困难的国企子弟，他们对自己的主观社会地位评价偏低，经济收入成为影响他们主观社会地位的主要指标。例如 LLQ 曾经在棉纺厂工作过十年，后来下岗后自谋职业，先后从事过保险销售、洗车等行业，现在就是自己在做小吃，由于疫情等各方面因素影响，经营非常困难，年收入约 3 万元，还很不稳定，因此她的主观社会地位评价很低。

我觉得还不如我父母呢。1 到 10 之间，我在 2 上面。为啥？第一可能也是没有单位，第二也就是赚钱太难了，最基本的社保感觉都很困难，我觉得我真的不如他们。虽然这两年想办法去多搞点钱，反正我就觉得我还是不如父母。肯定是不满意的嘛，可是不满意又能如何呢？你不调整心态的话，你只会让自己越来越退。所以我现在竭力调整心态，积极面对。只要有机会就抓住机会。目前这个小吃店也是很难，现在形势都不太乐观，从维稳之后就不太好了，加上疫情之后就是雪上加霜。这个管控是全方面的，就包括餐饮配备、防护服，就这么热的天你都要穿防护服。什么一键报警器，随时按你随时就要冲的，那会快把人搞疯掉了。临时演练啊，临时让你站队啊。我们前几年是经常性的，就这两年稍微好一点。肯定受不了啊，所以就大批量的内地人都不在这里了，没多少生意呀。（20220815LLQ）

例如受访者 WY 对自己的评价处于中间水平，他主要的评价维度是经济水平和健康状况，他对这两方面的自我评价良好，而且他也没有横向对比，不以权力或金钱米比较。

我自己这个地位还是 4—5 分，就比较中庸的那种，因为我也没说跟谁比

---

① Singh-Manoux, A., Adler, N.E., & Marmot, M.G., "Subjective Social Status: Its Determinants and Its Association with Measures of Ill-Health in the Whitehall II Study", *Social Science & Medicine*, Vol. 56, No. 6, 2003, pp. 1321-1333.

较多好。你要比的话那很累的。但是我感觉自己家庭也好，还是我的父母也好，还是我老丈、老丈母，我们整一个家庭，至少我们家庭内部生活得很好，只是一种满足产出的满足感。第一就是经济来源还算良性，而且家庭的所有人都比较健康，没说我多有权或多有钱或者怎么样，没有那个横向比。（20220728WY）

职业是教育水平、经济收入、社会声望和工作特征的综合反映，也是影响个人主观社会地位认知的关键因素[1]。有受访者并不简单地以收入作为评价自己社会经济地位的主要维度，从职业的角度出发作为主观社会地位的衡量标准之一。例如受访者XXJ是东北某地级市邮政公司财务工作人员，她认为自己是专业人员，依靠专业知识和技能为大家提供帮助、解决难题，因此而受到大家尊重，所以她虽然经济收入并不算很高，但是主观社会地位评分为7分。

我自己7分，就是因为我是财务，专业性挺强的。为基层和基层部门服务的，现在财务也挺高的，也挺严谨的，所以说我就靠掌握的专业知识为大伙解决在工作当中遇到的难题，能帮助到大家。再一个我从事这个工作年限多了，属于靠专业吃饭吧，所以我觉得也挺受人尊敬的。（20220730XXJ）

以职业为依据的评价还考虑职业稳定性的因素，有没有失业风险是主要的衡量标准。例如ZCC女士是东北某事业单位的员工，博士研究生学历，虽然事业单位的收入不算高，但是她比较注重职业稳定性，预计可以在目前的就职单位退休，她的自我评分属于中上水平。

你说综合来看吗？达到6.5到7，我觉着为什么打这个分。首先从收入来看，事业单位确实工资不高。我们说你跟企业比不了，你跟公务员也比不了，但如果说刨除收入，就比如说从你的稳定性来说，那可能很高。如果你就一直想在这个单位干，也没有什么问题，也可以一直干到退休。然后疫情下就不干了，我觉得会有提升，因为你稳定，不会面临着失业的风险，永远都没有，而且到日子就会有工资，虽然不多。（20220728ZCC）

再如受访者ZYY是第二代国企子弟，在东部某211高校获得博士学位，就职于某双一流高校，职称是副教授，他认为自己的主观社会地位评分应该是6分，理由是这种工作虽然稳定，但是没有行政职务，也不是知名学者，在高校处于中间水平。

我们顶多算个6分呗，像我们这种没有职务，我们这个怎么说呢？就算以后你熬到教授7分到7.5分，我们是普通人6分呗，"青椒"什么的[2]，学术这

---

[1] 仇立平：《职业地位：社会分层的指示器——上海社会结构与社会分层研究》，《社会学研究》2001年第3期。

[2] "青椒"是网络用语，一般指的是博士毕业若干年内，尚未评上副高职称的青年教师。

个东西，你没有职务嘛，你就是教授你也在 7.5，你没有行政职务，或者说不是知名的学者，我说你没有什么，就是国家给你颁个头衔什么的，那你这顶多7.5。（20211219ZYY）

主观社会地位还与国企子弟的心态有关，有些人虽然处境并不理想，但是能够摆正心态，给自己社会地位比较高的评价。当然，这种评价与客观的社会经济地位是有明显差别的。

自我评价大概能打 8 分吧，首先我觉得幼儿园教师这个职业是我比较喜欢的职业。经济收入吧还可以是吧？当然比人家公务员、事业单位还是差距很大，但是我觉得还行吧。知足者常乐，是吧？我觉得就是毕竟咱们都是老百姓，挣多多花点、挣少少花点，也不要和别人去攀比，尽力过好自己的生活。（20221120WY）

比如受访者 LXS，虽然属于失业状态，月收入只有 800 元，但是他的自我评价为 10 分，他强调的是自我满足感，认为自己已经解决了温饱问题，衣食不愁。当然，从旁观者的角度来看，这种评分可能偏离正常水平，与客观经济地位偏离。

我现在很知足，因为我小的时候是一个挨饿的穷家孩子，现在我最起码温饱不用犯愁了，所以说觉得挺幸福的。收入来源就是这个企业给发的生活费，一个月 800 块钱嘛，不够花想办法花呗，那现在就是这种情况，或者条件允许自己打个工啥的都可以，我觉得这个社会地位咱们没有必要去看别人，咱只能看见自己，看见自己就是你自己活得高兴，活得幸福了，那你要用那些物质去衡量的这个没办法，因为我自我感觉我能达到十分，为啥呢，活得应该有满足感。知足常乐，这样你才能幸福、快乐、健康。小时候窝窝头都吃不上，你现在你天天吃大馒头、大白菜馒头，你还不知足你还想啥？（20220730LXS）

主观社会地位的评分与自我评价的参照群体有关，也就是要看个体比较的对象是什么群体，参照群体的经济社会地位会影响个体对自身主观社会地位的判断。例如 GB 是一位公司法人，年收入 40 万元—70 万元，在中部某省会城市来说也算高收入群体。但是他以年收入几百万的企业家群体作为参照群体，他的自我评价就偏低，只有 5—6 分。因为他所接触到的很多企业家收入远远高于他，他的收入在企业家里面并不算很高，只能算中间水平。

我对这个东西没有太直观的理念，我觉得也就 5、6 分的样子吧。我觉得社会阶层这个东西其实差距还是挺大的，你像我们接触的特别特别有钱的，事业好的让人感觉还是有阶层的差距，但是就是说从整体来看，我觉得自己阶层就是中间吧。从收入讲一年有 40 到 70 万，在我们中部省会城市也算是高收入了。我水平也可以说跟阶段性有关系，因为我是在 2010 年前收入还是可以，现在看也不怎么高，人家都是年收入几百万的，没法比的。就是得看参照系的问题是吧。如果说举个例子，说在上海或者跟北京的，你一年拿个小 100 万也是一样的。（20220226GB）

从现有的经验资料来看，国企子弟的主观社会地位认知具有很大的差异性，出现明显的分化趋势。自我评价高的能达到 9 分，大部分是 4—7 分之间的水平，也有少数国企子弟自我评分很低，最低为 2 分。这些差异性的影响因素是多元的，首先经济收入是最为重要的评分标准，其次是职业声望，再次是参照群体和个体心态。第二代国企子弟大多生活在改革开放之后，这种主观社会地位的认知差异要放在宏观社会结构变迁背景下考察。改革开放以来，我国经济体制改革背景下带来急剧的社会结构变迁，过去单一的工农为主体的阶层结构开始演变成多元化的阶层结构，第二代国企子弟的就业方向趋于多元化，既有少数留在国企就业的，也有在私企、外资企业就业的，还有从事个体经营或自主创业的，还有少数是失业在家或选择做家庭主妇。多元化的就业方式导致他们的经济收入、职业声望有显著的差异性，这种差异性必然会体现在他们的主观社会地位评价中。此外，参照群体的相互比较，也会影响个体对主观社会地位的评价。

二、身份认同明显淡化

身份认同是个体对于自己属于某个群体的认知，既包括"我们是谁"的问题，也包括"我们"和"他们"的区别。在韦伯看来，人们的身份认同和社会政治态度更多地取决于身份群体归类（声望分层）而不是阶级归类（经济分层），主观意识与客观经济地位没有必然的、决定性的联系[①]。

从调研资料来看，只有小部分国企子弟有"认同感""自豪感"，不少国企子弟在访谈中都提到"没有感觉""没有特别的感觉"等等类似的感受，与第一代国企子弟相比，第二代国企子弟的身份认同已经在明显淡化，其背后原因何在？本文从平台影响力、代际比较、共同记忆等几个方面进行解释。

虽然国企子弟是一个群体，但它更多的是属于一种类群体，因为这种群体并没有特定的组织。正如一位受访者说"我没有觉着有什么不同，我也没有觉着不好，就是如果你不提的话，我还真的就没有刻意地去想过说这个国企子女怎么样"。（20220728ZCC）

受访者 PYL 认为，国企子弟这种身份认同与部队大院、干部家属区的子女又有所区别，后者认同感比较鲜明，而国企子弟的身份认同并不明显。他认为平台的影响力很重要，好的单位平台，其社会声誉比较高，国企子弟的认同

[①] 李春玲：《社会阶层的身份认同》，《江苏社会科学》2004 年第 6 期。

感就高。但是大多数国企在改革后又走向衰败甚至衰亡，从这种单位出来的国企子弟的认同感就很低。

作为这个国企子弟来讲，可能这种身份的认同感，不是像以前这种部队大院或者干部大院的这种感觉特别鲜明，有可能是我们那个工厂就不咋地了，大家就没把它作为一种荣誉。如果说工厂现在是世界500强的话，可能就是另外一个样子。比方说我工作之后遇到华为、中兴的，那是以企业为荣嘛，大家就是这样，还是跟平台现在这种社会声誉、影响力有关。（20220305PYL）

国企子弟的身份认同还有代际之间的比较，因为不同年代的国企子弟所享受到的优惠政策差别很大，享受了国企就业庇护政策的国企子弟，对国企的认同感更高，而他们的子辈如果没有享受到这种就业优惠，完全靠自己的能力生存和发展，他们对国企子弟的身份认同可能没有那么高。例如受访者 WYS 是一名牙医，她父母接班进入工厂的，对国企子弟的身份认同度高，而她自己却完全没有这种感受，因为也没有在就业或其他方面享受过类似的优惠政策。

因为老一辈的国企子弟他们是有过从优越感到落魄感的过程，比如说他接班之后，他又是中年下岗，他们落差是很大的。我周边阿姨叔叔们有时候聚在一起，他们会说他们之前生活非常美的，那说起话来脸上笑容就是洋溢、美滋滋的。下岗之后肯定生活落差特别大，因为当时接班可光荣，也很幸福啊。那用我们当地话说就是"特别拽""拽得很"。就我要接班啦，比你们都强那种感觉，你说的有那种优越感。但是我从来没觉得我是国企子弟就怎么怎么，我没有得到这种待遇，我只看到父母后来特别的辛苦。年龄那么大了又去辛辛苦苦赚钱，为了生计，为了养活我，我没觉得有什么优越感。可能是我们现在的生活会比他们以前过得更好，我就觉得他们那个年代还是挺辛苦的。（20220414WYS）

社会身份认同是社会记忆与社会时空相互作用的产物，社会环境和文化心理结构对主体认同起着形塑作用[1]。认同感的产生需要有一定的共同记忆，国企子弟儿时在单位大院的生活经历、子弟学校的学习经历都是一种共同的社会记忆，这种共同记忆作为连接他们之间的一种情感纽带和心理基础，会唤起他们记忆深处共同的情感，使他们即使是经过多年以后，还有"我们是国企子弟"的共同感受。有受访者认为，这种认同感以共同记忆为基础，如果不是他们国企子弟在一起也不会刻意提起，只有他们在一起时会聊到儿时生活的情境，这种认同感才会被唤醒。正如有研究者指出，在社会类别化进程中，共同的群体情感标的物容易构成个体间类比化或范畴化的重要参考系数[2]。他们共

① 周明宝：《城市滞留型青年农民工的文化适应与身份认同》，《社会》2004 年第 5 期。
② 聂文娟：《群体情感与集体身份认同的建构》，《外交评论（外交学院学报）》2011 年第 4 期。

同的生活经历也带有共同的情感，这种情感会强化对国企子弟身份的认同感。

我们自己之间是有一些认同感的，就是大家在一个厂区里面长大的孩子，比那种小区有更强烈的认同感，就我们之间可能会觉得更亲密一些吧。同样是那些国企子弟的发小，后来交往联系不太多，但是见面是非常亲切的，还是有很多可以聊的东西的。主要还是有共同的记忆。如果说我们一帮人在一起的话，是有一些认同的，但是如果不是我们这些人在一起的话，其实也不会刻意地提这个东西，还是要有一些共同记忆的人在一起。我们的发小来深圳之后，甲方请他吃饭，他就喊我一块儿去，他在介绍的时候就说，这是我们一个厂区，就是相当于是国企子弟的朋友。我觉得就是只有在这种场合下，可能有一些认同感。其实我们聊天的时候尽量会去找以前经历过的人和事儿，比较明显的就是我们会刻意找那个年代的话题，聊着聊着就聊到小时候的经历，聊我们当时的一些活动啊，上学的经历什么的。（20220305PYL）

国企子弟的认同感并不会一成不变，也是会随着时间推移有所变化。例如，受访者WDH是某油田企业的职工，也是第二代国企子弟。她认为年轻时确实有认同感和自豪感，原因是当年油田效益好，能够提供较好的福利，觉得有一定优势。相比之下，现在企业效益下滑，这种身份认同已经不存在了。为何出现这种状况，可以从身份的变动性来看。有研究认为，流动性、变动性较大的阶层和新生阶层（经理人员阶层、商业服务业员工阶层），成员的身份认同率较低[①]。在国企改革过程中，国企子弟的身份经历了剧烈变动，甚至从国企职工下岗失业，他们对于国企子弟这一身份的认同也会从清晰到模糊、淡化。

认同感、自豪感可以说年轻的时候有，现在没有了。年轻的时候油田各方面都比较好的时候有，年轻的时候觉得这单位很好，然后还觉得挺有优势，但是现在没有了，现在感觉还不如以前了。（20220726WDH）

汤普森认为，共同的经历与共同利益的意识相结合产生了阶级，阶级与阶级意识是一体的。这种在一批人的共同经历中、在人与人关系的经验层面上形成的利益意识，显然是群体心理意识[②]。国企子弟客观的社会地位和生活满意度会影响其身份认同。第二代国企子弟享受了父母工作单位提供的社会福利政策，儿时生活水平相对较高，起码解决了生活问题。此外，相对于当时普遍比较低的生活水平，国企子弟能够凭借就业优惠和生活福利的优势，在择偶方面占有优势，被社会上同龄人羡慕，这种共同的现实利益某种程度上增加了他们对国企子弟身份的认同感。受访者YJ和LJ都提到作为国企子弟家庭生活水

---

① 李春玲：《社会阶层的身份认同》，《江苏社会科学》2004年第6期。

② ［英］汤普森：《英国工人阶级的形成》，钱乘旦等译，译林出版社2001年版。

平有一定的保障，而且像 LJ 所在的油田子女收入相比地方更占优势。这种比较优势给他们带来更强的认同感。

当然自豪了，那时候要是家里父母都有工作的，那挺难的时候别人都穿得不行，吃的也都吃不上啥，像俺们都小时候那啥，白面和豆油都是一个月一家就一家按口分的那个，就一月能上那个粮店去买，你还得省吃，要白面都不够。爸妈都在国企上班的话，吃喝不愁的，最起码的不错。(20220730YJ)

认同感或者自豪感也有一点吧，反正我们自己觉得怎样不说，反正从我们这个小地方来讲，反正 HM 市的姑娘们当时都愿意嫁给油田上的小伙子。因为肯定她们周围有找这样的小伙子，她们肯定日子过得算是有滋有味吧。因为首先她们感觉和她们地方上的比，油田上的收入会高一点，她们肯定从这一方面也有考虑。再一个，从她们经历上去考虑，靠着油田她们的子女有可能会招向油田嘛，会有一些福利待遇。(20220415LJ)

也有少数国企子弟跟父辈一样，继续在国企工作，他们的切身利益与国企息息相关，他们的身份认同感更高。比如受访者 WBL 跟他父亲一样，在国企煤矿工作，他自己在煤矿工作了二十几年，对煤矿有一定的感情，因此他的认同感会比较强。

认同是肯定有，没有感觉到什么优越，他毕竟不像什么富二代、官二代，这个认同主要是因为自己也在这个单位，因为我参加工作，我父亲母亲在这个矿，我参加工作也是在这儿，工作二十多年了，就是说我们两代人都在这个矿。我目前的生活状况还可以，没有什么负担，工作还可以，因为我们毕竟家庭收入不高，但是我的工作岗位挺轻松，因为我们有双休日，节假日。(20220730WBL)

即使同样是接班的国企子弟，他们对国企子弟的身份认同还是有所区别，第一代国企子弟参与第一次创业当中，为所在国企付出很多，但是如果他的子女就业和国企没有关联，尤其是在走向没落的国企中，也没有享受过任何国企带来的福利，因此也不会有太多的情感认同。

其实我们对这个单位应该是感情挺深的。你像就说我们父母这一代。他们就是参与油田的建设。你像我们这一代 70 后左右的。这一代基本上就像我之前说的，就是石油管理局下属各个行业。你像钻井、采油、井下油建呐，都有自己的技工学校。基本上大部分人都是上技校。这一批人技校毕业以后又充实到油田的开发建设。对我来讲对 DQ 油田感觉，我们这两代人确实也付出了很多，现在就说感觉生活也不错，完了也挺认同的。但是你像我们的子女一般现在很少在 DQ 油田。(20220726ZQ)

正如前文所言，国企子弟是一个类群体，只是他们父母单位所带来的一种身份标签，这种标签只是某种程度上证明父母曾经是国企员工，但并不能说明这个身份能够带来更多的利益。正如受访者 GB 所言，关键要看自己个人能力大小，不需要被曾经的这种身份标签所束缚，并不意味着这种身份就能对自己个人发展有多少优势。

要看自己个人的能力大小，而且国企子弟这个身份只能说是他与生俱来身上的一个标签，对一个人评价还是要看他自己的本事。这个标签只能说是他当时一个状态，他个人是什么样的，我觉得还是要看人的，你比如说父母都是央企，他的子弟发展肯定和我们是不一样的。那看父母企业的性质和职位等级是吧。后期的话跟你这些曾经的身份没有太大的关系，因为我觉得国企子弟，你父母就是在那里工作，只能说你曾经那个状态对你现在的影响没有说那么的多。（20220226GB）

三、代际地位流动剧烈

分析社会流动最为直观的方法就是计算流动率，发生社会流动的人数占总人数的比例为粗流动率。对流动规模（粗流动率）影响最大的因素有两个，一是发生剧烈社会动荡，二是产业结构的快速调整，这两者都意味着社会结构在短期内发生剧烈的变动[1]。对于国企子弟来说，他们生活在和平时期，并没有剧烈的社会变动，影响他们的粗流动率的主要因素是产业结构调整。因为在国企改革过程中，大量的国企转制、破产乃至注销，国企的经营范围大为缩减，国企退出了原来经营的大多数产业，很多产业被外企、私企所替代。此外，新技术的广泛采用，也推动了我国产业结构的不断调整，这种调整也会影响国企子弟的社会流动。社会筛选机制发生了本质性的转向，从先赋决定转向自致决定，过去以父母职业身份影响子女初职身份的模式转向靠教育、技能来影响国企子弟的初职身份。

（一）自评社会地位整体下降

第一种情况，一些国企子弟的自评社会地位比父母还低，这种情况在第二代国企子弟中比较多，主要是从经济收入方面来考量。例如国企子弟 LLQ，父母是西部某大型国企员工，她认为父母在职时社会经济地位评分为 7 分，因为经济收入比较稳定，当时社会对工人也比较认可。父母退休之后，有 6000多元的退休工资，在当地属于中等水平，评分为 5 分。她本人也曾经是国企职工，后来因为企业破产下岗，靠经营小吃店谋生，一方面经济收入低，年收入仅 3 万元左右，另一方面收入很不稳定，所以她的自评社会地位为 2 分，相对

---

① 李煜：《代际社会流动：分析框架与现实》，《浙江学刊》2019 年第 1 期。

于父母是严重下滑的。

小时候他们在 YH 总厂的时候，我觉得应该都是中上吧。他们打个 7 分左右，那会好像阶层划分得也不太明显。父母退了休又去种地，给自己多一份收入嘛，没有特别明显的落差。作为一个退休工人来讲，能拿 6000 多块钱，有固定收入，我就觉得中等吧，打个 5 分了不得了。不能算最好，也不能算差。我自己现在的话，我觉得还不如我父母呢。我在 2 分上面，第一也是没有单位，第二就是赚钱太难了。最基本的社保感觉都很困难，我觉得我真的不如他们，虽然这两年想办法去多搞点钱把这些补一补。（20220815LLQ）

第二种情况，有些国企子弟的自评社会地位和父母类似，说明社会地位没有发生较大改变。这种情况有的是自评社会地位和父辈社会地位较高。例如受访者 LJ 是西北某油田附属幼儿园教师，她父亲是油田机关工作人员，两者工作性质类似，自评社会地位也比较接近，属于中上水平。

小时候父亲还在的时候，像工人社会地位的话，我觉得能打到 7 分。因为当时我爸爸那批人，基本上他们都在井地上干活都比较累。我爸爸属于那种也比较能写，比较有才，领导也比较看重他，反正因为这些原因吧，他就在办公室工作，反正对他都比较好。他当时是 1969 年招工进来的。爷爷奶奶都是农民，我们老家是西北的。我父亲高中毕业招进油田的。我自己是油田二代，也在油田那么多年，社会阶层也就是在 7 分吧。首先，我一直当幼儿老师，感觉当老师这个身份，反正我觉得家长总会敬三分，可能觉得小孩在我手里吧，就想着对老师要客气。（20220415LJ）

也有自评社会地位和父辈的社会地位评分都比较低的情况，比如 FNS，父亲是东北某煤矿工人，她给父亲的评分和自己评分相同。主要是从经济方面衡量，她认为父亲作为工人的收入并不高，而她本人因为是家庭主妇，没有收入来源，依靠丈夫作为司机的收入维持生活，总体生活状况并不理想，因此自评社会地位较低，代际社会地位没有发生根本的变化。

爸爸在单位的时候反正三四分，因为他总爱喝酒，他有的时候一喝酒就耽误上班。收入就一般。可能比农民稍微好一点，因为农民最起码人家年年种地了，到秋天人家剩的也不少，矿里差不多。我也都是三四分，因为我不怎么跟外面接触，就是在家带孩子，圈子比较小，所以就感觉脱轨了。十几年了，我家这个是年挣年花吧，有的时候还不一定能够，我老公就是给别人开加工厂的车。这个工人的子女很不错或者怎么样？没有这种感觉，因为也说不上来了，反正没觉得什么好不好。（20220729FNS）

第三种情况是自评社会地位上升的情况，认为自己的社会地位比父母有所上升。以受访者 LYC 为例，他从小生活在东北某国有农场企业，父母都是农场工人，他自己大学毕业后在东北某省会城市从事软件行业，年薪在 15 万元到 20 万元，这种收入水平在当地来说属于高薪，因此他自评社会地位较高。

> 整个总场就在我生活的环境内，我觉得我爸妈他们应该是 3 到 4 分。我觉得别人家生活水平还比我家会高一些，我爸这人原来也不是特别灵活的，就是可能跟领导的关系也不太会处，就是也不会说，领导有什么好处肯定跟他也没有多大关系。在 HEB 当地，我自己评 7 分，我们收入算高，但是压力也偏大。现在社会认可还是认可公务员、事业单位。但是我们企业在 H 市算是偏高收入。（20220729LYC）

（二）代际职业流动开始市场化

代际流动的另外一个维度是从职业流动角度衡量，从第二代国企子弟开始，市场化就业开始替代继承式就业，并且成为主流就业方式。国企子弟就业选择并不局限于继承父业，更加多元化，可以说各行各业都有。

在一些仍然存在的特殊行业，比如能源、电力、铁路等，还存在着三代人都在国有企业的现象。例如，受访者 WDH 一家三代人都是在东北某大型油田，只不过职业继承的方式发生了改变，她父母属于照顾性质的内部招工进了油田，她本人是通过考取技校分配到油田。虽然都是在油田，但是职业获得的性质已经开始发生改变，从直接获得转向间接获得。

> 爷爷和奶奶都是这个油田的工人，奶奶算家属工，我姥爷是油田工人，我姥爷是钳工。我姥姥也是家属工。我父母都是油田职工。我夫妻俩都是在一个单位，我应该算干部，他还是工人。我弟弟是工人，他除了上班就是自己开店做买卖。我弟媳妇是干部，儿子是大学生。我爸老家有一个哥哥，我爷爷当时自己在 DQ，然后我爸是 18 岁之前我爷爷就算把他带过来就业的，那个时候我大爷都已经 20 多了，带不过来了，然后他就是在农村老家。舅舅这边的他们都在油田的，就是我姥爷来会战的时候，就是那个时候我妈才 10 岁，然后像我有老舅就是在 DQ 生的。也是上学毕业了之后就留在 DQ，我们一大家族三代人都在这个油田的。妈妈这边兄弟姐妹四个大多是这边的工人，我老舅和我老舅妈，他俩是 DQ 石油学院的干部。（20220726WDH）

从大多数第二代国企子弟三代人的职业获得来看，从体制庇护走向市场筛选是一个大趋势。以受访者 DY 为例，虽然是三代国企人，但是职业获得有区别，爷爷奶奶属于部队转业安置到国企的工人，父母都是某国有摩托车厂的干部，父母都是招工进入国企的，但 DY 属于后致地位，获得初职地位时学业成就发挥了主要作用，他是硕士研究生毕业后进入某电力研究院，当时这个研究院来学校公开招聘过去的。

> 爷爷和奶奶都是在中部某市 DFH 拖拉机厂。因为我爷爷他就是解放以后

从部队到这个企业，相当于安置呗，他们当时从抗日战争开始就在部队了，解放以后就进了国企。外公外婆他们两个都是老师，都在我们旁边。我的小学初中去的也都是他们当时所在的学校，都是他们那边的。我父亲是办公室主任，我母亲是财务的人员。父亲这辈叔叔伯伯这些都在国企。因为他毕竟不是在完全一个企业，他是在附近这些其他的国企工厂，不是说接班进的，就是也是慢慢的什么招工，就是企业招工性质。可以说我们家三代人都是跟国企有关，我自己是电力的一个研究院，硕士毕业后就一直在这工作。（20220306DY）

有些国企子弟家庭有两代人在国企就业，这种类型的有两种情况，一种情况是国企子弟接班后继承父业，一直在国企工作；也有一种情况是国企子弟接班后，企业效益不好导致下岗失业。以 ZQ 为例，爷爷奶奶这一辈都是农民，然后因为父亲这一辈通过参军发生家族命运的转折，他转业之后到油田当了干部，连他母亲也成为家属工，后来他和弟弟夫妻俩都是工人。

爷爷奶奶、外公外婆他们都是农民。父亲因为是转业之后到了油田做干部，我母亲作为随行家属完了来 DQ 以后就进地方生产队。她们不算工人，就叫家属，你像我母亲、我岳母都叫家属工，就是生产队接收。我和我媳妇都是这个单位的工人。我弟弟弟媳他们是另外一个单位的。他们叫 YT 建设集团，我们叫 ZY 电能集团，我们都是工人。我岳父岳母这边的家庭背景都一样的，我爱人就隔几栋楼，在我家前面。（20220726ZQ）

以 LLQ 为例，她父亲通过招工进入国企，后来她本人也通过招工进厂，后期因为国企改革，夫妻双双下岗，靠着开小吃店谋生。整体而言她的家庭社会阶层下滑，她三代人经历了军人—工人—工人的转变，她个人由工人变成自谋职业。

爷爷奶奶当初在老家的时候，应该都不是农民嘛。解放的时候，我的爷爷那会家里还算有家产吧，给当时的军官开车的，反正也是说去了台湾就是再也没有回来过，那也算军人了。我奶奶后来就是跟着我爸到 YH 总厂，奶奶没跟着去，因为当时我头里还有个大伯，我大伯还是在老家的。就像我大姑二姑，就也是这边招工，我大姑先来的，然后我爸和我二姑招工都来了，就都在这边 HM 市，就我小姑在 YH 总厂。我外婆就是农民嘛，我外公他当时还是生产队队长嘛。我丈夫跟我一样都是在一个单位，后来都下岗了，他现在在一个酒店打杂。（20220815LLQ）

两代国企人还有一种情况是祖辈和父辈在国企，而自己本人在私企或自谋职业，这种情况在80后的国企子弟中比较多。因为他们的父辈已经享受过接班或顶职的待遇，而到了他们这代人已经没有就业庇护，完全靠自身学历、能力谋求职业。例如 LYC 祖父、父亲两代人都在国企，而他自己大学毕业之后进入私企工作。

　　我爷爷原来就是水利科的，农场的工人。他最开始从山东逃荒过来的。奶奶从来没种过地，她也没上过班。外公也是农场，原来是叫什么成员主任还是什么呢？就是他们连队的。其实我姥爷是职工，姥姥不是职工，但是后来办个什么叫五七工，相当于就是你还不是工人，但当时交了1万块钱然后就给你办个（社保），当时一个月好像开几百块钱，最后那临去世的时候，一个月也开个1700块。父亲是工人，母亲也算工人。我本人是在企业。爱人是那个事业单位的，孩子是上学。（20220729LYC）

　　很多受访者家庭一代人在国企工作，这类国企子弟的祖辈是农民，父母在国企工作，自己在私营企业。只有一代国企职工的家庭，往往是父辈在国有企业，而国企子弟本人通过市场化方式就业。以 ZCC 为例，她父亲是国有煤矿干部，母亲是工人，她本人是硕士毕业后进入事业单位工作。

　　爷爷早期是自由职业。奶奶就是在家，其实他们都可以归为农民。姥爷就是这个矿工的老干部，姥姥就是在家的啊。父亲的话是这个矿的，也算干部，母亲是矿的工人。我是专业技术人员，我爱人也算国企控股企业吧，然后女儿是小学。（20220728ZCC）

　　受访者 LBB 祖辈是农民，他父亲通过招工进入煤矿工作，他自己没有享受过国企的就业庇护，先后经历了打工、装车装煤、经营挖掘机等不同行业的工作。

　　爷爷奶奶是农民，种地的，我父亲应该是招工进去的，小时候他跟我说他家的那地方穷，吃不上饭，但是那时候上北方来能吃饱饭，老家是东北的。我姥姥家那时候是做小买卖的，卖点花椒面、辣椒面这些，母亲也是家庭主妇，我自己现在干个体，我爱人家庭主妇，儿子是大学生，我哥哥他在 DL 煤矿退休了，姐姐是大集体的职工。（20220729LBB）

第五章　第三代国企子弟的命运与抉择

第一节　完全福利制式微下的生活境况

一、家庭住房走向商品化

（一）从福利房向商品房转型

1998年住房改革以后，福利分房制度退出历史舞台，住房市场化开始建立，在住房制度转型过程中，还存在集资建房等单位福利方式。第三代国企子弟所在家庭经历了福利分房—房改房—商品房的住房状况演变过程。

当时我国住房市场尚未发展的情况下，国企家属区的基础设施还是比较健全，环境也比较优美，生活比较便利。例如受访者RH提到他所在的国企家属区商业设施、市政设施都比较完备。

> 我小时候PC家属区当然不是这种环境，像街道也不是类似现在这样的，中间开的就像现在的夫子庙一样一格一格小铺，1997年那时候，每到星期天我们楼下就会有赶集，十里八乡的都聚到一块了。我们那边绿化能做到80%，照明能做到百分之百，那是什么概念哦。（20210515RH）

有些企业自身有比较充裕的土地，经济效益不错，将企业用地开发为住宅区，为职工提供了住房福利。例如受访者FXS父母是某石油集团的干部，先后享受了福利分房、集资建房的待遇，这种集资建房的住宅区价格远低于周边的商品房住宅，也是属于国企给职工的福利。

> 我父母是1990年结婚嘛，我是1991年出生，我小的时候有一个顶层的房子，那个楼应该是归厂里的，那个房子应该是不要钱的。分房之后又买了新房我们就搬出来了，新房是低于市场价购买的产权。应该是1995年左右我们就搬进去了。这个房子一直到2012年他们还在住。（这种房子）其实就是企业投资，拿地来盖房，以企业的名义去找施工队来盖楼，但不是商业化的售卖，然后员工内部摇号抢购买资格。一九九几年那一拨应该是低于市场价的，到2011年那一拨几乎是等同于市场价的。但是我们小区是那种非商业小区嘛，它的楼间距、社区环境都比较好，我们小区对面就是恒大和万科，当时我们是

四千块一平，恒大万科就是六七千。大概就是惠民的，但是没有分房那个年代力度那么大，但其实还是实惠的，有点像集资建房。（20211225FXS）

这三种住房来看，福利分房虽然是免费，但是相比之下人均居住面积很小，居住环境较差，配套设施也不够完善，而且能够享受福利分房的名额有限。例如受访者 WWF 祖父这一辈在钢铁厂工作，他家的住房是祖父名下的公房，也有 70 年产权，这种住房属于年代久远、面积较小的住房。

我们一共三个小区，是分给我们员工的，所以我们家现在房子就是当时单位分的。面积 50 平方，比较小的老房子。那个房子的话它是有 70 年产权，当时好像没花钱吧？我那时候还小，因为是我爷爷留下来的。（20211002WWF）

"房改房"也称已购公房，是指 1993 年国家房改政策实施后，机关、企事业单位及房管部门按照相关条件和程序，将原来的公有住房产权出售给本单位内部职工的住房①。"房改房"在很多国有企业都存在，也就意味着国企家庭中有不少享受过"房改房"政策，房改房面积相对比较小，国企职工家庭用较为低廉的价格就能得到有产权的住房。自从我国推行商品房政策之后，作为家庭获得住房的主要渠道从单位供给为主转向市场供给为主，国企职工家庭也是如此。

分房还是有的，就是分配的房子换成了一户一栋的，就是一家一户的这种，先是住筒子楼，这边再换到楼房。后来房子都有产权，分配归分配，还是花钱的，只是可能比如说现在 3 万块钱，可能当时就 200 块钱这种。这 200 块钱好像也是筒子楼的价格，换了大房子的时候可能会更贵一点，但是按市价就不是说当时拿员工的价格。（20211029YQX）

当然，"集资建房"作为一种国企福利在较长一段时间内也长期存在。按照政策设计来看，"集资建房"是逐步实行住房分配货币化的举措之一。《关于进一步深化国有企业住房制度改革加快解决职工住房问题的通知》（建房改〔2000〕105 号）指出："在一定时期内，对有自用土地的企业，在符合土地利用总体规划、城市规划和单位发展规划的前提下，经批准可以在自用土地上自建住房。所建住房原则上按建造成本价向本单位职工出售。已经取消单位建房的地区，按当地人民政府的有关规定执行。"② 根据这一文件精神，不少国有企业也采取了利用自有土地集资建房满足职工的住房需要。例如受访者 SQ 父母是在北方某大型油田工作，他提到自己父亲享受过 2 次住房福利，其中第二

---

① 余少祥：《我国城镇"房改房"的遗留问题、成因及治理建议》，《华南师范大学学报（社会科学版）》2023 年第 4 期。

② 国家机关事务管理局：《关于进一步深化国有企业住房制度改革加快解决职工住房问题的通知》，2000 年 5 月 8 日。

次应该是属于集资建房性质，用较低的价格取得了住房产权。

当时国有企业都进行一个以工龄作为分界线进行分房。改革之后就所谓抽签，就是油田集中起来，他不分任何单位。因为油田下属有一个建筑公司叫SL建筑公司，它会把他们企业用地一部分改成住宅区。因为前期国家对工业用地改为住宅用地的规定并不是那么严格，甚至没有这个规定。当时油田就会说今年建了多少套房子，然后会面向它下属所有单位开始分名额。这个名额每个单位确定好之后去现场抽签，电脑会给签。当时我爸是有一套六十平。他最早2000年分的是50平，就是我们在五楼。后期再分了一次房，是120平的一个商品房。油田会给予我们优惠政策，比如说这边可能卖七千，他给我们四千一平这样，有点像集资建房是不是？（20211002SQ）

还有一种比较特殊的住房供给方式是单位提供购房指标，职工凭购房指标购买住房。受访者YC谈到她父亲所在单位是采用这种方式解决职工住房问题的。

以前这种单位没有集体房子，但是其实有一个房子的指标，就是如果你有指标之后，你就可以拿钱去买这个房子，我家有享受过，我家最开始的那个房子，就是我爸的那个指标，他那个当时就是没有指标你是买不上房子的，然后你有了指标的话你就可以买房子，没有指标他可能找人家去借。（20220518YC）

有些2000年之后出生的第三代国企子弟谈到他们父母的单位已经没有住房分配，家里居住的是纯粹的商品房。例如受访者XJH，祖辈和父辈两代人都是国企职工，她爷爷奶奶享受过福利分房，而她父母没有享受到这一政策，是通过购买商品房来解决住房问题。他们家两代人住房供给方式反映了国企职工的住房供给从单位供给向市场供给为主的转型，这种住房供给方式的转型在第三代国企子弟家庭比例相对较高。

我们家不是福利分房，也不是厂里自建房，就是自己在楼盘里买的房子。还算CG的生活区。我爷爷奶奶那一辈是统一分的房子，爷爷奶奶以前也是这个厂的。（20220719XJH）

（二）共同体居住体验仍然存在

由于第三代国企子弟从出生到青少年正处于国企改革的急剧转型过程中，他们的成长伴随着改革带来的剧变。这代人当中，很大一部分人有居住在单位大院的体验，也有些人要么从小居住商品房，要么父母所在单位没有商品房。例如受访者LXN，父母都是东北某国企工厂的工人，家里住房都是商品房，没有体验过单位大院的生活。

我父亲是热电厂的工人，母亲是造纸厂的工人。最早的时候我五岁之前我们家住平房，后来在市外是自己买的，也不是员工宿舍或者分的房子什么的，也是自己买的。后来是五岁以后，我妈准备让我去一个好点的小学，在好的小学附近买了一个学区房，我就去那边上小学了，跟单位没有关系。我小时候没有住过这种单位大院，对这种家属院的生活没什么感觉。（20211005LXN）

居住过单位大院的第三代国企子弟，对单位大院生活大多数评价是积极正面的，比如"安全""熟悉""亲密""和睦"等等，也有少数国企子弟认为没有特别的感觉，甚至在一定的年龄阶段感觉不好。

在那年代嘛，那地方没有外人嘛，都是厂里的人，所有人互相都认识。所以在外边就是谁小孩儿走丢了，就厂里人就会送回来，老人倒了呀，也都知道是谁家老人给你送医院去，喊你家人来呀。比如像我上学的时候书本就掉外面了，别人捡到都会送学校的，我小时候在学校学下棋，上学的时候把棋搞丢了，也是别人路过就会送到学校教下棋的地方。大院是挺安全的，因为没有什么外人，有一个外人的话，大家都会发现有个外人。国企效益好的时候的氛围还是挺好的，后来国企效益不行了这氛围就不行了。（20211220CN）

有受访者也提到国企单位大院的体验是"方便"，主要原因是生活区里的配套设施非常齐全，不出生活区就可以解决基本的生活服务，这一点跟很多的受访者有相似之处。因为在国企改制之前，很多国企生活区都有医院、饭店、浴室、理发店等基本的生活设施。

我感觉非常方便，因为范围不是很大嘛，生活区里有医院、饭店什么的，基本生活就可以在生活区里解决，包括你上学的很多朋友都是在生活区或者在附近居住，出去玩的话和同学联系也比较方便。我小时候还比较喜欢，我也觉得小时候生活在家属区里是比较安全的，就是出去玩也不需要自己乘坐交通工具什么的，就在家属区里玩的话，街道还是比较安全。（20220719XJH）

当时是挺喜欢的，因为毕竟所谓衣食住行基本都不愁。然后教育方面，以当时国企子弟学校师资来说基本抽调的，我觉得应该和现在所谓实验小学或者实验中学这种条件差不多。硬件设施也很好，我们不夸张地说，我们学校的硬件设备基本上都普遍领先地方政府的设备五年左右嘛。而且在当时我们初中，不能说所有的初中，就是重点初中都有天文馆这样的设备。（20211002SQ）

受访者HZJ父亲是西南某三线军工国企工程师，母亲是教师，父亲单位大院在山区，后来搬迁到市区。他在访谈中提到大院里人际关系的和谐、亲切。

相比一般的小城市，大院里面的人际关系会亲一点，楼上楼下邻居啊，大家基本上都认识，都是同一个单位，和小朋友都玩得比较开心，因为家里大人都是同一个单位的嘛，生活水平都差不多，也有比较多的共同语言，父母也不会担心你去外面玩学坏了，大院里面都比较和谐吧。整个安全感也比较高一点，当时感觉挺好的，守望相助的感觉。（20220625HZJ）

受访者 JXR 的生活体验是从单位大院搬到商品房小区，前后两种生活体验截然不同。在单位大院是"熟悉""亲密"的环境，后来搬家到商品房社区，邻里之间非常陌生，她经历了从"熟人社会"向"陌生人社会"的居住体验转换过程，她的生活体验在第三代国企子弟中有一定的代表性。

大院文化还是有的，因为我幼儿园还有幼儿园之前，我的朋友就是全部都是厂区里面的那些小朋友，和他们一起玩。因为大家都住在一起嘛，就是厂区的居民区，大家每天都在一起，反正就是每天出门啊，或者在外面玩啊、买东西之类的，遇到的都是熟人，反正就是一个很熟悉、很亲密的环境。就不像后来到了外面，对门邻居都不是很认识的这种感觉。我还是很喜欢这种大院生活的。（20220630JXR）

在这些描述中可以看到，即使是 90 后或 00 后的国企子弟，他们居住的环境带来的体验还是类似于乡土社会，自小生活在相对熟悉的环境中，单位共同体的记忆还是给他们留下了比较深刻的印象，也一定程度上影响了他们为人处世、人际交往的方式。也有受访者认为，对于大院生活的认可度会随着年龄增长而降低，因为大院是一个熟人社会，也即意味着没有隐私，到了一定年龄可能会对个人隐私更加敏感和在意。

我觉得小时候还是挺好的，但是可能到了高中以后我就不太喜欢这种生活。因为就是你周围的人都比较了解你的这个情况，比如你这个成绩是多少，然后因为大家都在这个系统内嘛，所以生活圈和孩子的学习圈也是一样的，没有什么秘密了，我觉得我的一些事儿，可能邻居的都不是通过我父母知道的，可能通过自己的孩子知道的，他们也就都知道，基本没什么秘密。可能稍微大一点，就在乎一点这个隐私性的东西，比如这个成绩啊。（20220518YC）

还有国企子弟提到自己觉得不喜欢这种生活，主要是随着时代的变迁，周边的区域发展很快，而自己所处的单位大院年代已久，最主要是单位效益下滑，没有财力对生活区进行更新，从而使这一片区成为发展的洼地。我们在调研中，到了某机车厂生活区，该地区建成于上世纪 70 年代，房屋年久失修，地面坑坑洼洼，大院内部卫生状况堪忧，也没有必备的安全设施，居住体验确实不好。

现在回过头来看，这种大院生活我不会喜欢。单位式的是可以解释，但是大院式的就不能这么说，它有客观的问题呀，一个是学校不行，医疗不行，出行不方便，健全配套设施提了二十年了。我跟你说吧，当时 NJ 市 X 光机就 PC 医院没有，其他医院都有的，你还得走过去。说白了主要问题还是配套设

施已经远远落后了，周边地区都已经发展了，我们还算是停滞的状态，变成了一个洼地。（20210515RH）

图 6 东北某电厂家属楼（陈俊达摄于 2023 年 1 月）

二、单位福利功能萎缩

在市场化改革逐步推进的过程中，国企单位福利呈现一元化向多元化转移、显性福利向隐性福利转移、"均等化"向"层级化"转变、单位福利向社会福利转移等特点。"后单位时代"的单位福利趋于弱化，社区功能日渐显现①。这些特征在我们的调研中也有所体现，主要体现在以下方面：

首先，不管是 90 后还是 00 后的第三代国企子弟，他们或多或少是有享受过父母所在单位的福利政策。这些福利政策包括免费的生活设施或服务，极大地便利了职工及其子女，也降低了他们的生活成本。这些生活设施包括附属学校、医院、电影院、浴室等。例如受访者 RH 提到他父母所在的机车厂，有医院、学校，免费的文化宫、澡堂等服务。

过去福利确实多的。PC 有医院，NJ 市别的医院搞不定的都往 PC 医院送。独生子女有一些福利，就是学校老师辅导职工子女。可以去文化宫里去玩，什么电玩室、桌球室，过去这些东西我们 PC 子女都不需要花钱的，现在都要收费。还有就是进澡堂洗澡，每天发洗浴票，带着全家进去洗澡不要钱。

---

① 胡水：《单位福利的变迁与转型——以东北老工业基地 H 厂为例》，《政治人类学评论》2023 年第 1 期。

（20210515RH）

　　受访者 CN 父母所在的单位是东北某地有色金属加工厂，是特别大的一个国企，建在东北 S 市的外围的一片荒地，就是独立的小城区，那一片都是这家企业。这个厂区是先有厂再有城的小城市类型，这种类型的厂区为了满足职工生活需求，往往基本生活服务设施非常齐全。例如受访者 CN 所说，这个厂区有电影院、医院、商场等等，完全是一个独立的小城市。

　　厂子里有电影院、医院，有自己的学校、幼儿园、商场，反正就是一个小城，这里都是厂子的配套产业啊，咱们那个小城就是这厂子建的，应该说先有厂再有小城。那个厂子是张作霖、伪满年代就有了。（20211220CN）

　　其次，生活用品类的单位福利发放，这类是最为普遍的单位福利，也是至今机关事业单位和国企能够发放的福利品类型。大多数第三代国企子弟提到他们小时候父母单位曾经有种类繁多的节假日福利品发放，比如下文中两位受访者提到的鱼、月饼、饮料等食品类福利，还有筷子、菜板等生活用品，还包括春联等节日装饰用品。只不过随着时间的推移，这些福利品类型大大削减。

　　我小时候过年发鱼，有时候会发筷子、菜板这种生活用品，春联肯定会发，就是会发那种最大程度减少你必须得买的东西。我是 2013 年上班，然后这个时候就没有了，或者说是被削减得很厉害。（20211225FXS）

　　还有夏季的高温补贴之类的，发一些饮料，这些乱七八糟的东西比较多，我们以前夏天还有那个冷饮券，我们自己承办的冷饮厂、食堂都可以兑换，都是免费的。（20211002WWF）

　　最后，单位的集体活动，组织文艺、体育等各类集体活动。不少受访者都提到自己父母所在单位曾经有各种各样的集体活动，包括运动会、球类比赛、文艺晚会、联欢会、露天电影、猜灯谜、灯会等各种类型。

　　集体活动挺多的，当时会放露天电影，还会有一些晚会，就是厂里面请别人来给我们表演节目，还会有门球比赛。过年过节的时候会发一些牛肉、鸡蛋，米面粮油有时候也会发吧。（20220519XMK）

　　这些福利政策与国企所在行业相关，例如受访者 TJP 的母亲所在的保险行业并没有福利分房，但是除了发放生活用品之外，还会组织职工外出旅游或者团建，这也是一种单位福利的体现。

　　我看我妈的单位没有分房子这些，都是过年过节公司发点米面、抽纸等小东西，有时候业务好会组织他们去旅游。集体活动可能就是会组织团建，去学习顺便旅游，保险行业这些是比较多的。（20220720TJP）

　　"这种内部服务机构的财务收支纳入单位的预算，并不自负盈亏，实际上是以社会福利的形式向单位成员提供服务"①。随着市场化改革的推进，为了减轻国企经营负担，适应市场竞争需要，削减单位福利成为减负增效的一个重要手段。总体上单位福利从过去的"从摇篮到坟墓"的全方位福利走向有限的福利。例如受访者 SQ 父母是北方某大型油田企业干部，上世纪九十年代父母单位的福利非常全面，除了一般的衣食住行等方面的福利品之外，还有职工疗养制度，当然这些福利政策到了国企改革之后基本废除。

> 说句实在话，我觉得所谓阿里、腾讯也好，他们的员工或者是中层员工，可能现在收入很多，但是他的子女教育和幸福感应该是比不上当时国企职工。像我们国企以前对于员工子女有很好的照顾，一个星期五天班，八个小时的工作制，还有节假日的全部休息以及学苏联的定期疗养制度，费用全免，还可以有家属名额。我们小时候去的是 SL 油田的疗养单位，就是不招待外人的，现在那个单位可能改制了吧。我们的生活水平按九十年代标准来说都很高。我们长辈逢年过节，他们企业提供油、米、面、副食，就基本上除了你穿的衣服和你自己花的钱以外，生活上衣食住行基本上都能照顾到，每年都能提供像面粉、大米，还有海鲜、猪肉、花生油啊，有些单位还会发一些卫生纸什么的。1998 年到 2000 年左右国企改革对我们影响大。首先像油米面的指标基本上就砍半了，甚至个别单位已经不发了，疗养制度基本全部废除了，开始收取基础的费用。（20211002SQ）

田毅鹏认为，作为一种单位俱乐部式的资源配置通常带有极强的封闭性和自利性，在很大程度上破坏了经济社会秩序，也造成了单位之间的不平等，成为国企改革的重点环节②。国企在长期的单位制背景下，全方位的福利成为企业经营的负担，在国企改革过程中，单位福利功能开始剥离，大多数原本由单位承担的福利功能，例如生活服务、教育机构、医疗机构、娱乐设施等等开始转为市场化供给，需要职工本人付费获得，也就意味着原本拥有的单位福利，并没有因为国企职工的身份也必然拥有。例如受访者 XJH 谈到她父母所在的企业有医院这些设施，但是后期医院转为地方所有。

> 除了这个生活区之外，有医院、电影院这些设施，医院的话以前就叫 CG 总医院，现在是我们这的第二人民医院。礼堂也有的，电影院不是厂办的，是近十年才在生活区开的。（20220719XJH）

再如某大型油田所附属的学校、医院从 2010—2015 年开始转向社会化管理，由油田经营管理转交给地方政府。这种剥离从国企改革的角度来看是有必

---

① 路风：《单位：一种特殊的社会组织形式》，《中国社会科学》1989 年第 1 期。
② 田毅鹏：《中国国企"单位依赖"结构的生成演变及其改革调适》，《武汉大学学报（哲学社会科学版）》2022 年第 5 期。

要的，一方面公益性的公共服务应该由政府兜底保障，例如义务教育阶段的学校、基本医疗卫生机构、养老机构等等，另一方面不属于企业业务范围内的经营性福利也应该由市场供给，因为这些企业办社会的福利设施，例如电影院、浴室、理发室、菜市场等等占用了企业主营业务的资金，也增加了不必要的冗员。为了提高国企的市场竞争力，便于国企"轻装上阵"参与市场竞争，这种改革是很有必要的。

这些学校、医院现在改制了，都归地方政府了，它实际上应该是在 2005 年左右，大概花了五年左右时间确定完这一块儿工作之后，就是清点、盘点、统计之后，2010 年左右开始，到 2015 年左右就基本完成移交给地方政府了，地方政府进行了人员的改动，因为他是收编不收人，它只要编制的名额，不要在厂员工。（20211002SQ）

三、生活质量相对下滑

对于国企子弟生活质量的讨论，要考虑多方面的因素。其一，1998—2003 年这一阶段的大规模国企改革背景，对大多数破产改制的国企来说是一个巨大的冲击，剧烈影响了国企职工家庭的生活水平，大多数下岗职工家庭生活不同程度的下降。受访者 RH 父母所在国企是南方某大型车辆生产企业，这个企业在 1990 年代效益非常好，他家的生活水平也是相对来说比较高的，当时各种家电家具都齐全，家属区环境也很好，生活设施齐全。到了 2003—2004 年左右，在国企主辅分离、辅业改制中，该企业一度陷入困境。企业职工的生活水平直线下滑，就如受访者 RH 所言，最困难的时候，需要靠到菜场捡菜叶子。两相比较，可见第三代国企子弟经历的生活质量剧烈下滑。

生活水平来说，我们跟真正的有钱人比还是不能比的。但是在一九九几年的时候，我认为还是算生活水平比较高的。像你家结个婚，1980、1990 年代，叫什么两响三什么的，要有缝纫机，家里有钱的要买自行车，再有点钱的要买电视机，收音机、洗衣机、电视机、冰箱各家各户都有，这都是标配。就从我初中开始，有那个曲线，有分有总，就是个下滑。我们在 1980 年代还是有一定品质和优势的。当时铁道部长下台（对我爸单位）打击巨大，感觉整个街道都翻了，一夜之间所有的东西都不要了。2003、2004 年的时候，PC 就把这个地让给政府了。后来我们就得去菜场捡菜叶子，回来洗洗就炒了。那会真没钱啊，一天就吃一顿馒头，就一天一天这么过，就吃泡面，就跟电视上演的那很像。（20210515RH）

受访者 QT 也在访谈中提到由于父母下岗，一方面导致家庭生活水平直线下降，父母想方设法克服困难为他提供学习机会，主要是靠父母省吃俭用来解决。他母亲下岗之后，和其他下岗女工一起抱团取暖，一起到单位食堂做零工。

我印象里小时候就是还挺好的。主要是改制之后，2007 年左右吧，我父亲单位就是买断了。国企改革对我家影响反正生活水平上来讲我觉得差别挺大。经济收入、生活水平下降非常大。当时反正因为年龄也小，也不太明白到底具体是什么意思，反正直接影响就是我家生活水平各方面差距也挺大的，这是我能感觉得到的。包括我上学补课开销比较大嘛，也得花钱啥的。就是也算能省就省吧，对我学习倒是没有什么影响，就是主要能省就省在他俩身上了，然后尽可能地去供我去学习。其实上大学来讲就好了，因为上大学之后主要就是生活费，我这边也不是很花钱，再加上有奖学金、助学金这些就好很多。有个七八年左右的时间比较艰难一点。（20211221QT）

其二，还要考虑国企改革之后，尤其是我国加入 WTO 之后，实际上人们有更加多元的就业、创业渠道，这些渠道能给家庭创造更多财富，而相比之下国企职工家庭的优势是相对下降的。这一阶段，在整个财富分配体系中，国企职工并未像过去一样占据绝对优势，因此第三代国企子弟普遍的感觉是儿时家庭生活水平没有优势。正如受访者 YYL 所说的，他小时候的生活有点穷，主要是行业发展效益欠佳，与自由职业者等群体相比，自己的家庭是最普通的。从他的经历来看，第三代国企子弟和第一代、第二代国企子弟相比，家庭生活水平在社会上的相比较而言没有很大的优势。

小时候就勉强能过，那个时候家里不太富裕，不算很穷但也有点穷，就是慢慢能过。我小时候肯定是自由职业者的孩子是最富裕的，我们就没有那么大的优势，就是最普通的那一批人。可能是阶段不一样，那个阶段国有企业属于效益不是太好的时候，零几年的时候不是特别好。（20220626YYL）

受访者 YZX 父母所在的钢铁企业在东部某省会的郊区，原来国企效益好的时候生活条件相对优越，随着市场化的发展，城市居民整体生活水平稳步提高，而他们所在偏远郊区交通不便、企业效益一般，从而使他们感觉生活水平不如以前。

随着时代的发展，等我到了十几岁的时候，NJ 市就是很多企业包括这个特别是做生意的人，如果大家的生活条件都好了嘛，你就逐步就感觉不到那种优势，也没有原来小的时候会有优越感，你就会觉得有开始逐步下滑步态，也不如周边的人。毕竟我们这个地方相对来说，在 NJ 是属于比较偏一点的，然后交通也没有那么方便，逐步就觉得没有以前那么好。（20211029YZX）

其三，要考虑行业发展的情况，即使是国企改革之后，有些国企没有破产改制，反而搭上行业发展的快车，可能有更好的发展，国企职工家庭的生活水平可能还是维持较高水平。还有一种情况是有一类企业属于垄断性国企，在国企改革之后仍然占据优势，这种企业职工的家庭生活水平并没有受到国企改革的太大影响，某种程度上反而有一定提高。例如受访者 HZJ 父母所在的是国有军工企业，国家一直比较重视，整体生活水平较高。

> 小时候生活我还挺好的，虽然我们在县级市嘛，但是当时的工资标准比当地的平均水平要高出一些，整体生活还是比较优渥的。小时候地方上的时候，生活区的房子就是分的嘛。山上的也是，后来就没有了。一九九几年的时候算很不错的生活条件了，并不是完全在山里面，山里面有个镇。但我没有很深的印象了，因为我就呆了 3 年就下来了。山上那个镇就原来就有一个小村落吧，单位搬迁过去，商业就慢慢发展起来了一个镇。（20220625HZJ）

比如受访者 XTSW，父母是省级电信企业员工，父母所在单位在 2000 年之后经济效益好，家庭生活水平也较高。这个案例也说明行业发展对国企职工家庭生活的影响是比较明显的。因为大多数国企职工家庭，主要收入来源就是工资，而工资水平的高低与国企所在行业发展直接相关。行业发展好的阶段，国企职工的生活水平较高，反之则影响他们的家庭生活质量。

> 我觉得应该算是小康，不是花钱大手大脚，但是也算是物质富裕吧。就是说不会说乱花钱，但是日常的生活花销也没有缺。他们电信发的福利在以前会多一点，大概一直到 2008 年之后要少一些。听我妈说过就是可能 2000 年之后有段时间是效益比较好的，但是没有以前那么好了。（20220625XTSW）

除了宏观社会形势和行业发展对国企职工家庭的影响之外，也要考虑微观层面的家庭内部因素，比如大宗支出的影响、赡养老人的负担和抚养子女数量的影响。例如受访者 LXN 提到她在五岁之前家庭生活条件较好，之后因为家庭购房的大笔开支以及赡养暂时经济困难的爷爷奶奶，导致家庭生活条件的下降比较明显。

> 我五岁以前的日子还可以，我小时候在同龄孩子里面，衣服应该是比较好的。我妈妈单位效益比较好的那些年我还没什么印象。当我有记忆可能是在七八岁的时候，我们家之前是在城郊平房住，后来买了学区房嘛，家里就比较困难，我印象里小学不太好，等我小学念到五六年级的时候，爸爸妈妈就退休了，后面也不是特别好，还有一个原因是什么呢，我爷爷奶奶是在我们这边铁矿退休，但是铁矿因为经济困难有一段时间没有开出来退休金，是我父母的收入在支撑他们，所以那段时间也不是特别的好。（20211005LXN）

四、人际关系趋于开放

很多第三代国企子弟小时候或长或短都在单位大院生活过，单位大院这个封闭的熟人社会里，人际关系相对简单。例如受访者 SQ 提到他们从小生活的家属区有学校，邻里之间会相互照顾，学龄儿童也经常在一起玩。

我父母的同事肯定在这个小区，但是不一定在一个楼，我们的邻居并不一定是我爸那个单位的或者是他部门的人，但是大家都认识。你比如说谁上班上得晚，就会让我去楼下谁谁谁家吃顿饭，或者是让他帮忙照顾我，互相照顾这种。其实我们上小学的时候，最早的时候能三点半就下课，晚点就四点左右。因为小学就在小区里，所以下了课之后所有小孩就聚在一块一直玩，玩了之后差不多能到父母下班了。（20211002SQ）

人格心理学中越来越多的证据有力地表明，人格特质具有地理聚集性，地理区域间的人格差异是稳健的[1]。我们中国也有句俗话说："一方水土养一方人"，人居环境对个体性格特征和人际交往的影响是客观存在的，国企子弟也不例外。因为他们成长经历中，第三代国企子弟自小生活的单位大院开始走向瓦解，相对封闭的熟人社会开始走向陌生人社会，从组成人员相对单一的家属区到人员复杂的商品房社区过渡。这些生活区为他们提供了社会化的场域，这种场域的转换对他们的性格、人际交往有一定的影响。例如受访者YYL说，单位大院长大的孩子在性格方面来说比较老实，因为生活环境都是熟人社会，但他们走向相对复杂的社会环境时，这种心理调适需要一定的过程。

单位大院的生活，我感觉对我来说是有影响的，就人际交往和性格，现在交往就比较谦逊，就会下意识地以别人为主，性格方面就是比较老实，这个有好有坏吧，孩子单纯大家都挺喜欢的，但是如果要是放在社会上的话还是挺危险的。因为工厂里的孩子会受到社会上的污染吧，这是双向的，社会上的东西就和我们没有关系，你出社会之后就得慢慢一步一步地去感受，还挺难的。（20220626YYL）

还有受访者YQX提到由于她从小生活在某大型铁矿的生活区，而这个生活区又远离城市中心区，相对比较封闭，他们平常很少离开生活区。她认为，在这种生活环境中生活成长的孩子"见识少、抗压能力弱"。这种说法是有一定依据的，因为个体成长的环境闭塞必然会导致见识少，相对封闭的环境成长起来的孩子，生活安稳有序，不需要承受太大的压力，也会导致他们的抗压能力偏弱。

小区是好的，相对城里来说我们这边可能比较偏远，之前我们这边的人只是可能坐公交去新街口，我们都叫去南京，但是从某种程度来说我们会比较闭塞一点。包括我周围的人到外面上大学，会发现我们这个片区的孩子会比别的

---

① Rentfrow, P. J., & Jokela, M, "Geographical variation in the Big Five personality domains", in D. Cohen & S. Kitayama, eds. *Handbook of cultural psychology*, The Guilford Press, 2019, pp. 768-792.

片区孩子要稍微封闭一点，或者说见识要少一点。因为我们从小到大（生活圈）只有这一个矿，我们也没有踏出去过，比较少出去，包括见识、对事物的新鲜度都会比外面的小朋友要差一点。我们这相对比较封闭，确实能感觉到一个别的环境成长出来的小孩心理承受能力差一点，因为在我们家族我爸爸妈妈是最小的，我是家里面最小的一个，被保护得挺好，心理承受能力会比较小，就是压力抗压能力比较弱，总会觉得想家，但是其实就到家里头又想往外的奔，所以这可能就是很矛盾的地方，但是我大学同学百分之七八十都在外面，就没有说一定要在父母身边的。（20211029YQX）

作为国企子弟来说，从小生活的环境是他们习得社会交往技能的场所。第三代国企子弟可能先经历熟人社会，再经历陌生人社会，他们在熟人社会中并不需要刻意注重人际关系的建立和维护，一旦他们进入到陌生的环境中，他们就要经历更加复杂的人际交往空间，如何构建合适的人际关系对他们来说确实属于一种挑战。

小时候生活环境多少会有点影响吧，我觉得可能不会是一个太积极的影响。因为小的时候都是熟人，就是也记不清怎么认识的，反正就是大家上来就很熟，所以距离拉得就比较近。但是你等大了之后，就是包括上了高中，步入大学，走入社会之后，你接触的都是陌生人。你得从一个由陌生到熟悉的过程，这个过程对我来讲是挑战。我得想办法去构建我的人际关系，我得去跟他从陌生到熟悉的过程，这是我以前小时候就是没有经历过。小时候大家就是成天见面，所以也就没有需要想办法去创建人际关系这么一个想法，反正是大了之后就需要去想我怎么才能构建我自己的人际关系。（20211221QT）

国企子弟生活环境急剧变化有一种比较极端的情况，就是从人际关系和谐的熟人社会，进入到比较恶劣的生活环境，两种生活环境的落差会对价值观形成过程中的国企子弟产生极大的影响。例如受访者CN最初就读的国企附属学校属于教育质量较高的学校，后来因为国企破产、父母下岗，转学到教育水平较低的学校之后，对其冲击很大，影响了他的社会信任和价值观。

那个时候比较小嘛，对我影响比较大的就是学校的环境，因为我原来学校还比较注重素质教育，师德师风也没有什么大问题。后来转学之后的那个学校氛围、风气，就比较恐怖了。因为我见过正常的是什么样的老师，我就对于这个世界产生了很多质疑的，包括对于老师的形象，在我心里头就比较崩塌了。小时候生活环境的影响，我感觉其实对于我来影响的，其实让我更不信任人了，因为我从熟人社会里走出来得比较早，出来之后处于一个非常恶劣的环境，让我反倒更敏感一点，对于别人的神态变化呀，或者是别人的欺骗、撒谎的那些东西，特别的敏锐。（20211220CN）

根据社会生态系统理论，在青少年成长过程中，社会环境、家庭环境都会影响他们的性格和价值观等方面的发展。中观的单位大院环境是影响个人性格的一方面，也不能忽视微观的家庭层面的影响，父母的行为方式也会影响子女的性格和人际交往。

要说父亲的单位带来什么影响，还是得说性格。就是说大环境的熏陶，让我更好地掌控自己的生活。有一句话你可能没听过，叫"东门土，南门洋，浦口尽是大流氓"。我十三四岁的时候，游戏厅兴起来了，过了一两年就有网吧了。那当然算一种优势了，我现在坐办公室不用说话了，也不干什么体力活。我家父亲还是很有义气的。他原来在 PC 有一大帮兄弟，我被他们叫少爷，这就是一个原因。一到他们聚会这期间，我家一直都烟雾缭绕的，天天都是。我是在香烟堆里长大的，应该说这个人际交往上，我没有这个任何问题，从小孩开始就和各种人打交道了。（20210515RH）

这几年他们会买这样的房子，可能现在人员也比较杂点，对包括公共外来务工有很多人，MG 请来的第三方用人的也住在这，很多工地里面的工人也住在咱们这里，在这住宿舍的人员也越来越复杂了，所以我们现在生活的地方安全感不是这么高，主要是人越来越复杂，特别是像我们家那边像交通很不方便，你也知道导航过来了。原来楼上下我们都认识的都是什么，比如说今天家里没人，你可以去别的家待，但是现在楼上看看都不认识。（20211029YQX）

第二节　资源不足与竞争激烈的教育经历

一、教育资源优势消失

在《国家中长期教育改革和发展规划（2010—2020 年）》中，我国政府将促进教育公平作为教育改革的基本方针[①]。我国教育资源的分布存在一定的不均衡，这种不均衡分布主要体现在师资、教学经费、教学媒体三个方面，这些不均衡状况很大程度上跟所在地区的经济发展水平、主办单位级别等密切相关。因为义务教育阶段是非盈利性质的，需要投入大量的资源，包括资金、师资、校舍、设备等等，这些投入多寡又取决于所在地区或主办单位的经济实力。以国企举办的子弟学校为例，不同层级的国企和不同经济效益的国企的子弟学校差距很大。例如受访者 SQ 在访谈中提到他父母所在的大型油田所属单位有不同的级别，能举办的学校层次也不一样，油田层面甚至能够举办自己的大学。

[①] 杨道宇，姜同河：《教育资源的城乡不均衡分布——以黑龙江省基础教育为例》，《教育与经济》2011 年第 1 期。

比如说我是 JS 公司，我们的幼儿园就叫 JS 幼儿园，他公司旁边就是家属区，走路大概一两分钟，围绕家属区在里面开始兴建幼儿园和小学。原来的话，单位也是有行政级别的嘛，就是什么处级啊、什么局级的，他会兴建附属幼儿园、附属小学、附属初中，局级会兴建高中，石油大学当时是作为油田的附属大学吧。（20211002SQ）

应该说，在上世纪 90 年代末之前，在第一代和第二代国企子弟就读的子弟学校办学水平总体上是高于地方政府举办的学校，因为在这一阶段国企经济效益总体上较好，能够为子弟学校提供更有利的资源支持。甚至有个别更为特殊的例子，华东某钢铁企业属于上海的经济飞地，这个地方的国企子弟能够在国企所属子弟学校就读，还能享受上海高考的优待，而上海的高考分数线相对低一些，这是极大的资源优势。正如受访者 YZX 提到他们依托父母所在的企业，接受了更好的教育。他直言，如果不是享受上海高考，在本地高中参加高考的话，他可能都无法考取本科。

这个优势体现第一是教育，学校其实也是有很大的优势。小时候觉得我感觉学习的话，不光是教育，包括一些春游啊、秋游啊，像我们这个春游去外地，比如说去上海四天三夜，南京市周边学校就不会有这样的福利待遇。那些教育资源、生活资源这些优势，对后来的成长发展影响特别大。如果不是企业使我们享受上海教育的话，可能我都考不上本科。我那时候高考用江苏教材，本地的孩子参加江苏高考和我们上海高考比，他们压力要大很多，竞争要比我们激烈太多，这点是毋庸置疑的。（20211029YZX）

国企办社会是特定历史时期的产物，在当时有其一定的积极意义，解决了员工的后顾之忧，有利于增强企业的凝聚力和员工的认同感。但是，当进入市场经济阶段，这种由企业来全盘承担职工福利的模式弊大于利。从本质上来看，国企办社会属于职能错位，政府没有承担其应当承担的社会保障功能，而国企投入大量资金、人力资源承担其员工的社会保障功能，推高了企业的运行成本。

国企改革经过多年的探索，从旧体制下的行政附属单位转变为市场竞争主体和经营主体。这种改革是通过企业将社会职能分离出去来实现的[①]。剥离企业的社会职能意味着个体获取资源的渠道更加多元化，而不再局限于单位制，也有利于将企业塑造成自主经营、自我负责的经营主体。在这种改革中，对国企子弟个体未必是好事，起码丧失教育资源的优势，具体体现为国企子弟学校的解散或移交地方政府，势必对他们的学习生涯带来一定的负面影响。

① 董保华：《企业社会责任与企业办社会》，《上海师范大学学报（哲学社会科学版）》2006 年第 5 期。

例如受访者 RH，他父母所在单位的附属初中、高中都是在全市较好的，但是他只享受了初中部的教育资源，后来高中部已经被取消，从而没有办法继续享受优质教育资源。

我小时候有一个 PC 小学，也有一个 PC 中学，我们都是 1990 年初出生的，那个时候也算是比较好的学校，我小时候学校在全市排到第二。PC 中学以前有一个高中部，到我上高中的时候它给取消了，高中部给的指标是精英型的。我只能上它的初中部了，高中部的最后一批就是八九十年代。(20210515RH)

再如，受访者 QT 提到他父亲所在单位原本有幼儿园到高中的附属学校，但是他只在单位幼儿园就读，而且没有完整地读完幼儿园，后来幼儿园、小学、初中都解散了。

我幼儿园是在我父亲单位幼儿园，等到上小学的时候企业办社会这个就已经停了，我幼儿园其实没有完整念完，还剩个半年左右幼儿园就解散了，然后小学也解散了，我初中、高中都是地方上的学校了。(20211221QT)

前面两位都是 90 后国企子弟，他们还或多或少享受过国企附属的学校资源。对于 00 后国企子弟而言，他们基本上没有享受过这种优质教育资源，或者因为这种教育资源在当地已经没有比较优势，很多国企子弟也不选择这种子弟学校就读。

因为我从小学开始就不在我们厂区里面住，所以教育资源这些我没有特别享受到，因为我是 2002 年生的嘛，我们那个时候我爸妈他们单位的教育资源已经一点点衰落了，所以我也没有在他们单位里面上过学，但是配备的小学、初中、高中、幼儿园这些都是很齐全的，听说以前在全市还是不错的，不过，我在的时候水平已经不是很好了，所以大家基本都不会在厂里上学。我就是完全没有享受过单位的教育资源。小学、初中都是外面的学校了，我幼儿园也不是在单位上的。(20220630JXR)

这种国企剥离教育资源的改革，对国企经营确实有必要。在实际操作过程中，这种教育资源的转移或解散，或多或少对国企子弟的学习生涯带来一定的冲击，尤其是从优质学校转学到比较差的学校，对价值观念和行为方式尚未定型的国企子弟社会化影响巨大。例如受访者 CN 谈到他们在父母下岗之后，离开原来的国企附属学校，带来辍学、不愿学习等一系列的问题，直接耽误了一批国企子弟的成长。

我幼儿园和小学前几年都是在子弟学校。子弟学校比当时社会上的学校好多了，后来转学的学校跟原来的学校差距太大了。原来的师资力量各方面什么都比较强，整个风气、师德都比较正派。对于我们一届的那些同学其实影响都蛮大的。因为我半路转学到非常差的学校，就造成了挺多不太好的影响。当时我那些同学朋友什么的，因为父母都下岗了去打工啊，对于孩子都疏于管教，大家就每天在外边瞎玩瞎混，就有好多人变成不良青年呐。好多人因为一方面是家里没有人管，一方面社会风气比较恶劣，导致很多同学就是像小混混，或者是很早就辍学了，确实影响非常的大。我们初中原来一个班可能60人，念到初三毕业可能剩下不到20人了，其他辍学了。（20211220CN）

二、教育期待普遍较高

第一代国企子弟的父母对子女的教育期待很低，大多数抱着"不念就早点上班"。相对于第一代、第二代国企职工家庭，第三代国企子弟的教育期待普遍较高。从总体上看，多数第三代国企子弟都在访谈中提到父母对自己的学习要求很高或者非常高。

FXS是一名90后的国企子弟，父母的教育期待很高，这种高期待具体体现在对学习成绩的具体要求，要求他的成绩在第一梯队。事实证明，他父母的要求是有道理的，他也考取了不错的大学。

小时候真的是要求比较高，几乎只对我要求成绩，不是要求我一定要考第一，或者说年级多少名。他们是觉得，你至少要待在第一梯队里面，就比如说你小学升初中，要能考到最好的初中，哪怕你是吊车尾①进去，初中升高中你也至少要在最好的高中，你就可以再往大学上努力，就是不希望我从小到大得都那么苦。就觉得考大学你高中得苦一点，结果高中的时候我自己就没有吃什么苦。（20211225FXS）

受访者YYL的家庭很有代表性，他是一名00后的国企子弟，当时我国高等教育已经大众化，考取大学几乎是所有家长的期待，他说父母要求高，主要体现在父母给孩子补课多，初中高中阶段一直在校外补课。

小时候父母对我的学习要求一直还挺高的，就在大学之前，小学那个时候没怎么管，小学之后开始就开始管了，管学习方面的问题，一直比较重视。我暑假一直补课，就初中一直到高考，进入大学之后才不管。小学没怎么补过课，初中高中一直补课的。（20220626YYL）

当然教育期待高低跟父母的教育理念也有很大关系，有些父母只要求孩子考取比较理想的学习成绩。例如受访者XTSW和XJH都表示从小没有上过学科类辅导班，只上过兴趣班。XTSW说，家长更加注重孩子是否学懂学通知识点，事实上她的成绩还是比较理想，最后考取了国内985高校，并保送到另外一所985高校攻读硕士研究生。

小时候其实我爸妈并没有太高的要求，但是就会觉得你如果有不会的要去

---

① 吊车尾，意思是最后一名。

搞懂，没有具体分数，在乎的是你到底有没有学会这个东西。我是一直没有上过辅导班。兴趣班上过，像绘画跳舞都上过，学科类的是没上过的。小学成绩挺差的，因为那个时候我妈妈因为她要上班，所以就我爷爷奶奶带我，那个时候需要家长批改作业嘛，爷爷奶奶不那么会，那时候玩得多一些，小学的时候成绩不好，后来转学之后压力更大一些，后面成绩才上去了。（20220625XTSW）

现有研究中，对家长教育期望的影响因素的研究，主要涉及家庭背景（父母受教育程度、职业类别）和子女个人因素（性别、年龄、是否为独生子女）这两个方面。拥有高学历的父母亲，对子女的教育期望较高。相同职业的父亲和母亲，对子女的教育期望呈现高度的一致性。在家庭背景方面，父母学历越高，职业声望越高，对子女的教育期望也会越高①。

受访者 FXS 的父母都是在国企工作的大学毕业生，他们对子女的要求比较高，具体体现在对子女教育的参与当中，比如对他的学习具体干预，逐步提出学习目标，帮助子女一步一步实现。没有上过大学的家长可能只是宽泛的要求孩子要"好好学习"或者提出较高的成绩要求，FXS 的父母更加清楚如何科学规划孩子的学业生涯，把考取理想大学的长远目标分解成小目标，推动子女逐步实现，这是拥有更多文化资本的国企子弟的优势。

我父母都是大学生，对我学习成绩要求其实还是比较高的。因为我小学的那个区资源就比较匮乏，我当时在班级里面学习成绩好，大概三四年级就转到我们市比较好的小学去学习。在那个学校我还是能够排到前 5%、前 3% 这样，然后我从那个初中也仍然还是在前面，考到了 FS 市最好的高中。其实在我自主学习之前，就是父母会管我比较多的时候，他们对学习要求还是比较高的，我自己这个人其实不是那么勤奋，就是他们一步一步提出目标，推着我达到这个目标，我可能是能达到，但是确实需要别人给我动力。我成绩确实一直在前列，我补课但是不多。（20211225FXS）

教育投入是体现教育期待的重要方面，因为第三代国企子弟的父母对孩子期望值高，他们也更加注重教育资源投入，比较有代表性的是择校。由于教育资源分布的不均衡，不同学校之间的教育质量差距比较大，重视教育的家长会为子女选择更好的学校，目的是更好地实现教育期待。例如受访者 YC 提到她家虽然是小城市，但从小接受的教育资质都是最好的。

因为我家不是省会城市的，我家是省会城市下面一个小城市，但是我的学

①　杨春华：《教育期望中的社会阶层差异：父母的社会地位和子女教育期望的关系》，《清华大学教育研究》2006 年第 4 期。

校就是我家现有城市区域内最好的，就是教育资质最好的学校了，也有择校的，也有就是根据户口分配的学校，因为我爸妈还是比较在乎这个教育上的事，所以说从小不管是择校也好，还是买房子，根据户口分也好，都是选择好的。（20220518YC）

教育投入除了择校之外，还体现在学科类辅导班、兴趣班之类的培训班投入上，这类教育被称为是"影子教育"，是属于国民教育体系之外的商业化的教育资源，需要家长通过投入较大的资金获得。2000年之后，由于教育竞争加剧和素质教育理念广泛深入人心，我国"影子教育"发展很快。受访者CJD是国内985高校毕业的博士，从小父母对他的要求很高，教育投入也很大，包括辅导作业、学科类和兴趣类辅导班都参加过。

我妈对我要求还挺严格的，她基本上每天都会坐在我后面看我写作业。然后其实他们在教育方面对我投入还挺大的。小时候辅导班之类的挺多的，学科类的、兴趣类的都上过，绘画、小提琴什么都玩儿过，反正现在也都忘了。然后基本上英语什么的也是一直没有停。（20220511CJD）

父母教育期待高，也与不同社会阶段的父母认知有关，计划经济时期国企子弟的父母大多数是一线工人，他们对于学习的认知比较浅显，认为只要能够解决工作就没有必要获得太高的学历。到了市场经济时期之后，第三代国企子弟的父母更加具备竞争意识，因为他们的子女不再有机会以继承父业的模式获取职业，必须通过达到一定的学历门槛才能获取较好的职业。例如受访者SQ的父母是某大型油田职工，他们对企业招聘的要求比较清楚，也看到了高学历人才越来越受到重视，因此也对孩子的教育期待比较高。

父母对我的学习成绩要求高。因为他们毕竟是企业员工嘛，所以见识都比较开阔，知道当领导好像是有硬性的文化条件，就必须是个大学生或者是个研究生什么的才能进领导阶层。即便是现在而言，油田还会对在校大学生进行学校招聘。就现在的要求来说，如果你是个博士，愿意回到我们这边工作的话，进站就给予你中级职称，你在我们工作站工作完后愿意回到油田，享受高级职称待遇，以及医疗和就业什么的也是按照高级职称来进行的。（20211002SQ）

国企职工对子女教育期待的普遍提高，除了与国企职工的文化水平普遍提升有关之外，还不能忽视国企职工之间互相攀比的因素。从中国文化传统来说，子女的学业成就也是父母面子的加分项，孩子学习成绩好，考取了名牌大学，父母甚至家族都引以为荣，就是我们所谓的"光宗耀祖"，我们在南方的一些家族也能看到重金奖励考取名牌大学的情形。例如受访者LXH谈到他父母的同事之间会比较自己家孩子成绩，某种程度上孩子成绩好坏也影响家长的面子。

首先父母教育水平程度不是很低嘛，所以就会攀比自己子女学业这一块儿，而且像他们同事也经常会针对自己孩子学业做一些比较，所以像我们学习这一方面，哪个孩子进了什么高中，或者学习成绩怎么样啊，父母就是很在意，相对来讲当时对我们的要求挺高的。其他的可能就是教育方面的一手信息吧，比如哪些学校教育资源比较好，还有什么师资力量，还有一些其他的福利，可能他们也是会得到一些一手情报，更便于像我们高考中考去报志愿，其实我中考、高考报志愿都是由我父亲报的。我上补习班之类的多，初中以前小学大部分都是一些兴趣类的，从初中开始就全部都是文化课。（20220513LXH）

三、教养方式趋于民主

（一）教育方式

从经验资料来看，虽然同样是国企子弟，两代国企子弟的父母教养方式有比较大的差异，90后国企子弟的父母更加严格甚至偏向于专制，而00后国企子弟的父母教养方式更加民主。

例如受访者QT认为，父母的教育是属于老一辈的打压教育，因为他是男孩比较调皮，所以母亲动不动打他，他觉得这种教育方式不好。

父母教育方式方面属于比较简单粗暴吧，就是揍就完了。小时候犯错误会挨揍。我妈打得特别狠，我爸不怎么上手，主要是我妈在打，我妈一发火的话我爸也不太敢说啥。（20211221QT）

同样是严格的教育，受访者LZ却认可父母的教育方式，他这种情况实际上是父母一方面注重他学习能力的培养，知识基础比较扎实，另一方面也注重品德教育。这种方式使得他成年之后，为人处世能够得到周边人的认可。

父母的教育方式非常严格。小时候经常会挨打，母亲管得多一点，因为父亲工作时间太长，学习还是比较严。这种教育方式我还比较认可。小时候反正就是玩的时间少一点，长大以后自己知识方面的积累，主要是为人处世的还是得到了许多认可，就是很多不经意的事，你自己觉得不怎么样，别人跟你一聊天就说你那个事干得不错，自己这么做就挺好的。我听了就觉得很惊讶的。就是这样的。那就是父母教育有方，对我现在发展是有利的。（20220108LZ）

也有少数父母的专制体现在子女的全方位的控制上，小到购买物品的选择，大到择偶的选择，都是由父母包办，使得子女没有选择权。例如，受访者LXN是一名独生女，她母亲采取比较专制的方式对她进行管教，因此她从小到大没有选择权。

我妈比较专制，我一直没有什么选择权，比如说我印象比较深刻，那小时候就是写铅笔字嘛，可能七八岁，小时候写字都比较重，用橡皮擦掉是有痕迹的，我这个字写错了，正常孩子的话可能会用橡皮擦掉重新写就好了，但我妈把我的作业本那张撕了，我辛辛苦苦写了一份，然后我当时就哭了，我一边哭一边重写。我一直比较懂事，不会做任何出格的事儿，我唯一一次挨打是大概三年级的时候，我当时暑假作业没写完，因为我写完了也不出去玩儿，所以我没有任何动力，我就比较敷衍，那年暑假作业特别多，一直写到暑假前三天也没写完，我妈就很生气，我没意义的挨打，然后我哭了，写到后半夜终于给他补完了，结果老师也没收，他也没打算收，我觉得这顿打挨得就比较冤了。还有比如说我小时候喜欢一双凉鞋，我喜欢的凉鞋它可能材质不是特别好，但比较吸引小孩子，那我妈就一定会给我买她喜欢的那种，我从小就没怎么穿过自己喜欢的，都是她喜欢的。(20211005LXN)

00后受访者大多认为自己父母的教育方式比较民主，主要体现在孩子的自主权比较大，能够自己做决定。这种情况主要是因为00后国企子弟大多数是独生子女，而且父母文化程度更高，教育理念也更加偏向于现代。当然，这种民主型的教育方式有一定的差异，主要体现在父母和子女共同做主还是子女自己做主，在子女自主权上有差别。例如受访者XJH是属于自主权比较大的，大部分事情自己做主。

他们可能会和我一起看一看选专业的书，咨询一下他们的朋友，问一下专业的意见，但是具体专业的话还是我自己选的。实际上就是父母还是比较民主的教育方式，小时候大部分基本上自己做主。我个人觉得还挺好的，因为他们让我自己做主也不是不管我，还是给我很大的自由，我是独生子女。(20220719XJH)

YYL家庭是属于父母和子女共同做主的类型，父母会在志愿报考等重大问题上尊重子女的意见，但又不是完全放任自由，而是由父母和子女共同商量，共同决定。

家庭氛围比较和谐吧，很多事情会商量着来，但是我自己会以他们为主。就有些选择，像择校会以他们为主，因为我有些东西也是想要更好的发展平台，所以以他们为主，像选文理科会以我的选择为主，我自己擅长才会去做那方面。当时高考报志愿我也是和父亲一起，翻高考择校那个册子去研读，一起报的，也没有说强制也没有说我自己选，一起商量。相对还是比较民主。这种教育方式的话其实有好处，但是又有一点限制，好像孩子也不会被父母管，父母的一个工具，但是以我成长经历来看，我以后的小孩可能会给他们更多的一个空间，在他们需要我去管教的时候会出手，但大部分情况下还是想让他们自己去经历，不要太依赖，就是我现在可能比较依赖父母，我希望我的孩子到我这

个年纪的时候可以完全的独立，就不要太依赖父母和家庭。（20220626YYL）

国企子弟的父母教养方式的变迁，影响因素很多，从宏观背景来看，随着改革开放的深入实施，国企子弟的父母的教育程度和育儿理念跟前一代人相比有较大的改变，亲子关系从传统的子女绝对服从父母趋向于尊重子女的意见。此外，还要考虑到计划生育带来的少子化成为普遍现象，独生子女的家庭地位更高，受到祖辈和父辈的疼爱，教养方式上也更加注重他们的意见。微观层面来说，父母的学历层次和社会经济地位也是重要的影响因素。例如受访者HZJ是一名00后，他父母都是大学毕业，教育理念比较民主。

父母应该是比较民主比较宽松，有什么事也会和我商量，但是发小里面有一些不是这样子的，也看父母的性格啊，受教育程度啊什么的。我父母是大学生嘛，我父亲也出国学习了一段时间，对我的教育都比较开明。他们比较看重为人处世诚信表达能力，学习上就是鼓励我去学习更多的知识，给我买了很多书，参加很多课外班什么的，就是我想参加就给我报。（20220625HZJ）

（二）教育重点

不同年代和不同家长的家庭教育理念差异很大，会导致他们对孩子的教育重点不一样，在第一代第二代国企子弟家庭，父母不是特别重视文化成绩。到了第三代国企子弟家庭，父母虽然也有"做人""人品"的要求，但是关注最多的是"学习和考试"。

以受访者YYL为例，他认为自己父母在家庭教育中还是比较重视做人，比如做人要诚信，不能撒谎。

父母比较看重做人，学习可以不是太好，但是做人一定不要有问题。他们是特别看重诚信这方面。从小到大父母教育方面印象特别深的是，撒谎的时候挨揍特别狠。小时候惰性比较强，经常不写作业，后面就父母强制我写，写到凌晨两点，因为我写得很慢，后面虽然不是太快但是也能按时完成，周六能完成的话就完成。（20220626YYL）

受访者YQX的父母虽然也注重她的学习，但是更加注重子女人品的培养，认为良好的品行是她在社会上安身立命的基本。

他们比较看重的是人品，我爸爸从小就是棍棒底下出孝子。对成绩要求说的高也高，但是顾不上那也没办法。他们不会因为我成绩骂我，反而会因为做坏事打我，比如说小时候最后应该偷过一两毛钱去买辣条，这种也打得很狠，但是成绩好坏顶多骂一顿，或者是说问一下你到底怎么样啊。父母就会觉得，你父母就是这份工作，也不可能给你弄片地来让你变成暴发户，你就只能靠你自己去奋斗，所以人品不能差。（20211029YQX）

在第三代国企子弟的家长的教育理念中，"不要让孩子输在起跑线上"的教育流行语对家长影响深远[①]，父母对孩子学业的要求不断提高，很多家庭陷入了以智育为主的家庭教育单一模式[②]。虽然国家反复强调要进行素质教育，但是由于中考分流、高考选拔机制的存在，加剧了青少年的学业竞争，体现在家庭教育上就是家长对孩子学业成绩的重视超过了对他们的人品性格等方面的培养。以 CJD 为例，他认为父母对自己的教育方面最注重的是学习，对物质生活反而比较娇惯，觉得这种做法是正确的，否则他也不可能取得博士学位。

他们比较看重学习成绩。生活上把衣服弄脏什么的，从来都没有说过，对物质生活是很娇惯的，但是她认为学习很重要，所以在学习方面就会非常严厉。小时候其实我很淘气嘛，就是经常放学就被就留在那儿，基本上三天两头就被告状，三天两头被挨揍。有一回期末考试卷子我也没写，就一直在玩儿嘛，回去之后挨揍，后来我妈念叨了好久。就是人家不好好学习，就出去玩儿去，你在考场坐着坐着一场考试，你也不写卷子，你就跟他扯前面那个人。我现在还觉得还好，如果不是他们很严厉的话，我觉得可能走不到现在。他们会有很大的助力，给了我很大的提升吧。(20220511CJD)

这一代国企子弟的家长注重孩子学习与所处的时代背景有关，他们的父母不少经历过国企改革下岗的阵痛，这种经历使他们意识到如果没有一定的学历，在市场竞争过程中很容易被淘汰，陷入社会底层。例如受访者 QT 的父母都是国企职工，他们认为在企业改革中，个体要有竞争力，还是要通过学习来掌握主动权。

日常来讲反正父母的精力都放在我身上了，就是抓我学习为主。因为他们一直给我灌输这些概念，就是你还是要好好学习、出人头地，因为你看像父母这样的，就是在企业当中一改革，你是没有还手之力的，你必须得创造属于你自己的安全感，就是你必须把这个主动权握在自己手里。父母就是一直在抓我学习，这是我家的主旋律。(20211221QT)

（三）教育效果

每一种教育理念都有利有弊，也会产生不同的后果，这些教育理念和教育方式对国企子弟成年后也会产生深远的影响。这些影响包括习惯、品格、心理健康等方面的结果。

以 QNS 为例，她认为父母对自己的影响是在人品和行为习惯方面，首先父母注重个人品质的培养，使她能够有良好的品质，这种良好品质获得了周边

---

① 谭虎：《家庭教育需要科学引领》，《上海教育科研》2012 年第 4 期。
② 关迪：《中国家庭教育的现实误区和发展策略》，《东北师大学报（哲学社会科学版）》2011 年第 6 期。

人的认可；其次，她母亲比较注重做事的方式要耐心、细心。她认为，父母的教育的人品和行为习惯都是有助于她经营的生意。

之前还觉得有怨言的，为什么不管我，现在想想还挺好的。父母就对品德看得最重，学习主要是靠自己，我觉得因为他们比较淳朴嘛，工人这种家庭的成长环境对我还是有影响的，我觉得是好的那一种。我觉得受我爸妈的影响一直到现在，包括我身边的朋友对我的评价都说我个人很真实、很诚信，包括做生意来讲，我现在经营的这个店回头客特别多，这家店经营起来还是跟我的人品有关。从我父亲身上学到了责任和担当，包括我妈教我做事儿要细心一些、耐心一些，因为本身我自己平时脾气是比较急的那种，慢慢也会受到影响。这些也就是对现在做生意有帮助。（20220728QNS）

有受访者 XMK 认为，比较民主的教育方式有一定的好处，自主意识比较强，独立性比较强。这种情况大多是独生子女，父母教育孩子时更加尊重他们的意愿。

从小到大我妈其实也没特别多的管，高考学校报志愿什么的都是我自己来的。好处挺多的吧，比如我可以决定我自己的人生，哪怕以后遇到什么不好的事情那我也可以，我也不会抱怨"要不是你给我出什么馊主意"。我自己更加有担当、责任心会更强一点。要说不利的话，个人搜集到的信息也可能不够充分，可能做出的选择考虑不够全面吧。（20220519XMK）

父母过于严格的教育有一定弊端，主要体现在子女的自主权比较少，缺乏自主意识，甚至会导致一定的心理健康问题。例如受访者 LXN 是东北某市的一位中学教师，从小母亲要求比较严格，也没有自主权，她成年之后因为择偶等事情上与她母亲发生冲突，导致她有一定的心理问题。

这种教育方式有利有弊。首先我有一些比较好的习惯确实是在我妈在这种教育方式之下养成的，比如说写字工整。但是我从来没有自主选择权，当别人在问我你喜欢什么的时候，我说不出来喜欢什么。我这几年情绪崩溃很多次，最早是 2018 年和我第一任男朋友分手的时候，主要原因是两个家离得比较远，他家是浙江，我家辽宁的，我妈不可能允许我嫁那么远，我们俩也没有抗争，但是分手的时候我非常痛苦。我第二次是去年，因为我跟他分手以后，我妈经常就跟我说，你年纪大了会不好找，我也很焦虑，中间相亲也挺多的。去年我联系上了一个在读博士的初中同学，他想带我一起去深圳，我们俩就想要修成正果的话，我要辞掉工作重新考编，考虑到家庭压力没多久也分了，情绪第二次崩溃了，去医院诊断是抑郁、焦虑。我今年又谈了一个男朋友，他学历相对来说有点差，工作也不是我妈认为那种稳定的工作，家里是农村的，我妈对我现在的男朋友不是很满意，导致我焦虑。去年我经常会和我妈爆发一些争吵，学校工作压力也比较大，我的研究生论文是去年夏天开题，我会越来越发现我

妈对我的一些无足轻重的小事儿苛责我受不了，她批评多了以后，我情绪就会崩溃。（20211005LXN）

四、教育获得大幅提升

教育获得是研究社会分层与流动的重要议题，衡量教育获得的最主要指标是子女的学业成就，在中国学业成就高低主要看子女能否考取大学，如果已经考取大学的话是否属于名牌大学。国企子弟教育获得的高低与宏观的社会背景有密切的联系。现有研究认为影响家庭背景对子女教育获得的有三种理想类型，分别是文化再生产模式、资源转化模式和政策干预模式。这一研究认为，1992 年以后教育体制受市场化的冲击，家庭阶层背景的效用显现，教育不平等的产生机制转变为资源转化与文化再生产双重模式并存[1]。

从经验资料来看，第三代国企子弟的教育获得比前两代国企子弟已经有大幅提升，至少能够考取大学的比例已经有较大提高，也有一小部分进入名牌大学。以 CJD 为例，他父母是东北某国企职工，父母从小对他教育期待比较高，他本科硕士虽然不是名牌大学，但后来在某 985 高校获得了博士学位，正在国内知名通信企业从事博士后研究。据他介绍，同样是国企子弟的考取大学的比例总体比较高，虽然其中考取名牌大学的比例并不高，但是至少在本科以上，其中也有少数考取了研究生。

我上学的话就是在地方上小学初中高中，再后来本科、硕士都是 CL 大学，博士在 HK 大学。我觉得总体来说发展都还可以。像我妈同事他们的孩子基本上都是上大学的，大学基本上很多也都是比如说哈工大什么的，比我好很多的，也有比我稍差一些的，但是没有太差的。那时候上大学的比例还挺高的吧。我感觉可能也是跟学校有关系，因为我们 SY 市高中分层比较细，像有些地方可能分层，一个高中里边有考清华的，也有考大专的。但是像我们那个高中没有考清华的，考 985 都比较少一些，但是考基本上二本也都截住了，基本上没有二本以下的。上研究生什么的还真不是特别多，除了学医的上研究生可能会多一些，如果不学医的话，就基本上不怎么上，但是像我妈单位的职工子女稍微多一点吧。比方说像我上的本科，我妈就会一直督促我要考研。（20220511CJD）

再如 XJH，父母都是西南原三线国企的职工，她本人考取了某 985 高校，本科毕业之后又被保送到北京某 985 高校攻读社会医学与卫生事业管理专业的研究生学位。据她介绍，她父母单位同事的子女，考取大学的比例高，而且考取重点大学、名牌大学的也相对较高，她解释说因为她们当地的教育水平在省

---

① 李煜：《制度变迁与教育不平等的产生机制——中国城市子女的教育获得（1966—2003）》，《中国社会科学》2006 年第 4 期。

内名列前茅。

我小时候关系好的同学基本上都读了比较好的大学。就是有川大、苏大这样。考上大学的还是比较多。我们这边感觉教育水平还行吧，上大学的还是比较多。MY 的教育水平在 SC 应该算是很好的。研究生是社会医学与卫生事业管理，本科读的医药卫生事业管理。当时选专业的时候，我高考想填的是新闻传播，然后看见 HK 大学的新闻传播还比较靠前，我就选了新闻传播和公共管理这两个志愿，我们算公共管理类的专业，因为当时新闻传播没录上才到公共管理。（20220719XJH）

第三代国企子弟的教育获得的提升，有多方面的影响因素，首先是高等教育大众化进程的影响。最大化保持理论认为，教育机会扩张会产生平等化效果，但这个效果要到达某个临界点之后才发生[1]。以 2008 年为例，高等教育毛入学率达到 23.3％[2]。1998 年以后，高等教育录取率不断提高，也就意味着所有中国学生获得高等教育的机会都在提高，国企子弟也不例外。其次，就业制度走向市场化。在市场经济背景下，国企子弟继承父母职位和内部招工制度相继取消，没有一定的学历几乎不可能获得较好的职业。在教育大众化和国企取消就业庇护的两种宏观背景下，父母思想观念已经发生较大的改变，对子女学历的要求水涨船高。例如受访者 YC 所说的，即使是成绩不是特别理想，父母也期望子女能够获得大学学历，至少是大学专科学历，除非少数成绩比较差的才去经商。

小时候在大院一起生活的那些发小，后来上大学的比较多，因为在我们 90 后基本父母都会要求他上大学，即使他的学习成绩不是特别好的话，也都会送去大专啊，或者去复读，很少的一部分才就是不上学了，去经商什么的。就我家大院里的人，至少我们这一栋楼里的全都上大学了。（20220518YC）

这种教育获得的提升，微观上源自父母对子女的教养上，父母期望高，他们对子女的学业成绩看得重，会更加关注子女的学业成绩。例如受访者 QT 认为，因为父母对他的学习抓得紧，所以他能够保持较好的成绩，考取了铁路部门对口高校，进了铁路系统工作。

大学学的是机械工程。就是 DL 交通大学，就是属于咱们铁路对口的学校，然后校招就来这上班了。那些发小上大学的还是挺多的，但是可能好一点

---

① Adrian E，Raftery and Michael Hout，1993："Maxi mally Maintained Inequality：Expansion，Reform，and Opportunity in Irish Education，1921—1975"，*Sociology of Education*. Jan.

② 教育部，2008 年全国教育事业发展统计公报，http：// www. moe. gov. cn/jyb ＿ sjzl/sjzl ＿ fztjgb/201002/t20100205 ＿ 88488. html.

学校的比较少。大部分都集中在二本或三本了。就是没有多少上好的大学，像985、211的就凤毛麟角了，我算是好的。因为我父母抓得严，看得比较紧，成绩上一直也没落下过，就还可以，我这是一批本算好的了。包括就业什么和他们相比还算不错的了。比较熟的那些发小，原来上二本三本的，干什么的都有。（20211221QT）

教育获得的提升，还与所在地方的资源有关，这种资源既包括物质资源，也包括教育资源。例如受访者 SQ 认为，他们所接受的教育总体上不错，很大程度上受到物质资源的影响，他父母所在单位属于垄断性国企，一直经济较好，也能获得更加优质的教育资源，从而有更好的学业成就。

我们当年高中一个班四十来个人，考上专科的有十来个人，其他都是本科。重点985、211大概有个十几个人，现在的同学很多都考了研究生，还有出国留学的。应该说我们接受的教育，总体上说还是不错的。因为物质基础高所带来的一系列影响都很大，总体的资源还是不错的。（20211002SQ）

第三节　主动参与市场竞争的职业选择

一、职业选择更加多元化

个体的职业选择是基于个体的职业期望和兴趣，结合自身条件选择职业的过程。第三代国企子弟的职业选择最明显的特征是选择更加多元，有少部分继承父业进入国企工作，更多的国企子弟选择不在国企工作，在机关事业单位、私营企业、国企和自由职业就业的都有。第三代国企子弟的职业选择受到社会、家庭和个体兴趣等方面的影响。

首先，第三代国企子弟职业选择受到宏观经济体制的影响。2000 年前后的大规模国企改制以后，很大一部分的国企已经不存在，国企从业人员的就业比例大幅下降，也就意味着国企子弟选择国企就业的机会也越来越少。

受访者 LZ 的父亲是东北某铁路部门正处级干部，他们所在的铁路系统对子女的工作还有一定的照顾政策，他本人是交通类大学毕业，也选择了到铁路系统工作。据他介绍，铁路系统的职工子女选择回到铁路系统的比较多，只有少数不选择铁路系统工作。从宏观背景来看，铁路系统属于垄断性国企，虽然不一定是效益最好的行业，但是这个体系的稳定性对国企子弟来说是很大的利好。

作为系统内的职工子女，就业方面有一些照顾政策之类的，但是没在我身上体现。我上的是交通类大学，相当于体系里的学校毕业，毕竟就是铁路系统出身，所以我就不用去找人。当时选择职业有父亲的影响，也有家庭因素考虑。因为我高中是学理科的，我喜欢这些理工的东西，我学的是机械工程嘛，当时大环境的影响，这些传统的重工业，包括老的大型工厂越来越不行，综合考虑还是选择了铁路。同学当中选择其他行业的应该也比较多。我爸的一个朋友的孩子是学医学出身的，那边有一个防疫站嘛，那个地方收入不低，学历和学校也要求没有那么高，但是比较靠关系（人脉）的一个地方，他放弃月薪一万块钱的工作，选择一个月薪四五千块的地方，都不选择铁路，有这种想法的主要原因就是很抗拒。小时候的小伙伴选择和自己父亲同一系统的很多。因为受到我家环境的影响，其实我的选择有更多，我现在又回到了铁路的系统。铁路不需要那么多高学历的，因为铁路需要更多的是技术工人。更多的孩子哪怕上一个铁路相关的技校，虽然说可能走什么渠道，就能顺理成章地回到铁路，做一个普通的职工，再通过家里的什么渠道，换一个安逸点的岗位，很多都是这样。（20220108LZ）

例如受访者 RH 父母所在的企业虽然没有破产，但是相对于巅峰时期已经处于比较没落的状态，在该企业职工月收入平均 4000 元，相对于私企也没有竞争力可言，所以这一批国企子弟都不愿意再继承父业。他大学毕业后进入某私营企业从事管理工作，目前月薪在 8000—10000 元。

PC 子弟都是享受这种直接进 PC 的待遇，一直都是有的，包括现在也是直接进 PC，只不过是现在人不愿意去。我们进 PC 技校是不用考试的，初中毕业就能进 PC 技校，那是属于 3＋2 中专，毕业了就能找熟人给你分配到 PC。八九十年代出生的国企子弟都没几个，都是外地人。从一开始我就没打算进 PC，从我上学进初中、填志愿都跟 PC 一点关系都没有。PC 现在很多农民工，一个月拿到三四千块钱。它的工资是跟工时有关，最高可以超过六千块钱，它有一个最低的保险，但是不交公积金这个东西，到手就是四千块钱。（20210515RH）

再如国企子弟 LXH 认为，虽然他父母所在单位还存在，但是在当前来说，回到父母所在单位工作薪资待遇并没有优势可言，只能作为一种最后的退路，通过反复权衡，他选择到某外资汽车企业从事技术开发工作，目前是项目工程师。

当时选择职业的话，受到父母的影响，主要还是在咨询专业这一方面。大学的专业是我父亲填的，但是工作确实都是自己去找的。当时父母肯定希望我到国企去工作，就是希望在 SY 本地工作，但是 SY 的工资水平确实不如外省，包括工作氛围也是，其实当时我爸爸是给我找过一份他们零件厂的工作，一个月的工资可能也就 2000 多块钱，反正需要招人嘛。我当时权衡了一下，找工作时就去外面去闯荡一下。（20220513LXH）

从 RH 和 JXR 的情况来说，虽然当下还有一些国企仍然存在，但是在多元化的就业选择中，国企并不是国企子弟就业唯一的选择，他们的选择更加多元，并不一定为了稳定的工作岗位而一定选择国企，这也是市场经济发展到一定程度的体现。

其次，家庭就业观念因素的影响。职业期望会受到个体价值观的影响，根据由施恩（Edgar H. Schein）提出的职业锚理论，职业锚指的是人们在选择并发展自己的职业时所围绕的中心，是个人在选择职业时无论如何不会放弃的那种至关重要的东西或价值观[1]。从国企子弟的角度来看，父母的价值观对他们职业选择的影响有不同的差异，90后相对来说更多的受到父母影响。

例如受访者YQX大学毕业先在重庆一家咖啡店做兼职，就一年时间然后做店长，后来就去杭州做了一年多电商，因为疫情没有办法在杭州待着，被父母接回南京，在父母所在单位附近的社区从事社工工作。她认为，她转换职业受到父母影响，从她的价值观来说，现在这份工作相对比较稳定，幸福感更高一些。

我回来工作还是受父母影响，他们觉得有机会在家附近工作会好一点，现在他们照顾我就方便一点，他们老了我照顾他们。因为之前也工作过，以前也在外面打拼过，可能自己确实从小在父母身边被照顾得挺好的，受不了太大的委屈，自己也奋斗过了，确实觉得没有智商，也没有那么大的能力去奋斗一片天地出来的，还是觉得国企的这种会相对来说稳定，你只要不犯错，你一辈子能安安心心地度过晚年挺好，就是国企、事业单位工作稳定，比如说他们的饭是保人三顿，你饭包了基本上你也没有什么要愁的了，可能生活幸福感会高一点，但是也缺乏新鲜感。我周围的朋友都可能逛街出去玩，我们社区单位工作就会单一一点。（20211029YQX）

受访者LXN是东北某城市的初中英语教师，高中毕业本来希望从事自己喜欢的工作，但是她母亲比较强势，强迫她一定要报考教育部直属师范大学，可以享受分配工作的待遇。之所以这么选择，跟她父母的下岗经历有很大的关系，她母亲希望孩子有一份更加稳定的工作，避免下岗失业带来的动荡，直接帮她做了职业选择。

我从高中毕业的时候，因为我每天看我老师都很辛苦，教我们很不容易，掏心掏肺，我不是很想当老师。本来我是报了北京的中央民族大学，非常有把握能考上，中央民族大学考不上我就去东北财经、东北大学、辽宁大学一些好的专业，我都提前了解过，学校梯度我也排好了，我也都填好了，我妈一个老同学的亲戚是在中央民族大学毕业的，说这个学校专业性不强，不好找工作，

---

[1] 王冠宇：《职业选择理论简评》，《人口与经济》2009年第1期。

让我报东北师范大学，是教育部部属的 6 所师范大学，出来有分配工作，不要学费不要住宿费，每个月发 600 块钱补助还是怎么样，我妈就觉得非常心动，能分配工作，就觉得非常稳定，当老师非常好，她就一定要逼着我改，我前后是哭了三次，但是都没改变我妈的心思，最后还是在提前批报了师范，一下就被录走了，我就没有机会去中央民族大学了，所以我是被迫选的老师这条路。我爸我妈十多年攒了 20 万块钱，如果违约的话，一下要他们拿掉八万五，我还要重新考研，我还是没有收入，还要继续交学费，所以这个事儿我没有做，我直接去工作了。说白了选择职业还是受到父母这种求稳心态的影响，他们因为是自己下岗，希望子女有一个稳定的职业。（20211005LXN）

对于第三代国企子弟来说，父母对国企子弟职业选择的影响不在于提供职业传承机会，更多的体现在职业观念上潜移默化的影响，就如受访者 FXS 所说的影响他对职业生涯的看法，他父母都是国内大学能源国企的干部，是从技术岗位成长起来的，希望他能够从事技术类工作，后来他大学毕业后进入石油类国企从事化工设计工程师工作。

父母在 ZSY 这种国企其实是有优势的，就是自己从小生活的环境都比较稳定。他俩都是大学生，对教育也比较重视，这个可能不是企业里面的，但是会一定程度上影响他们对我职业生涯的看法。他们都希望我学一个务实一点的理工科，因为他们是做这个，觉得这个行业它有很多工作机会，他能看得到，所以说我学的是电气工程。然后毕业出来也确实是做了相关的工作。（20211225FXS）

父母的影响还体现在国企子弟追求稳定职业上，例如受访者 QT 说，他们经历过父母下岗的艰难时期，对职业生涯急剧波动存在一定的畏惧情绪，倾向于选择更加稳定的职业，把职业的稳定放在第一位。

选择职业多少受到父母的影响，从我个人来讲，我在选择职业的时候我会更倾向于选择一个稳定的职业。因为我是眼看着他们经历大风浪过来的，我在选择专业、职业方向的时候我很谨慎，首先以稳定为主。因为我感觉就是一个家庭来讲，对抗这种大风浪太难了，稳定还是第一位的。（20211221QT）

最后，个体兴趣的影响。国企子弟的择业观念比前两代人有了更大的变化，比如更加注重个人兴趣，更加注重自己的兴趣与社会需求的匹配。帕森斯提出的人—职匹配理论的内涵就是在清楚认识、了解个人主观条件和社会职业岗位需求基础上，将主客观条件与社会职业岗位相对照、相匹配，最后选择一种职业需求与个人特长匹配相当的职业[1]。根据人—职匹配理论，第三代国企子弟在市场经济就业体制下有了更多的自主选择，他们会更加注重自己的兴趣

---

[1] 王冠宇：《职业选择理论简评》，《人口与经济》2009 年第 1 期。

爱好与社会需求的匹配度，而不是一味追求稳定。例如 HZJ 他父母所在单位属于军工类国企，他毕业于北京某 985 高校，学习的是飞行器动力工程专业，和他同龄的国企子弟不少选择回父母所在单位工作，但是他个人并不感兴趣，大学毕业后通过校园招聘进入某知名私企从事游戏开发工作。

我学飞行器动力工程，因为我们没有游戏专业的。我是因为个人兴趣机缘巧合后来找到了相关工作，现在就从事这个行业。当时通过校招找的工作，我比较满意，因为是根据自己兴趣选择。但是我很多发小都回所里了，我还联系的估计有 15 个发小，现在可能有 50% 吧。一般来说，父母都会帮他们找。如果我自己要去，不过要读研究生，本科去不了。我就是不太想从事这个工作，就是通过大学的学习发现自己不太适合。需要的工作体制、工作能力不太适合我个人，我个人兴趣爱好也不在那个方向，以后工作会比较无趣。现在做游戏，对编程的要求比较高的，我本身有相关的课程有一些基础，然后到了工作单位之后自行学习的。（20220625HZJ）

相比之下，00 后的父母更加尊重子女的想法，他们不会强制子女一定要选择稳定的工作。例如受访者 XTSW 是国内 985 高校的在读研究生，她的择业意向是去私企工作，主要理由是认为私企待遇可能更加丰厚，也更有挑战性。

爸爸妈妈一直挺尊重我的想法，他们可能说我会给你一些参考，但是不会帮我选择，所以专业主要是我的选择。去向的话一个是去医院做行政、科教或人事管理，第二个就是去做公务员，还有一个就是去私企做市场营销方面的。我会更想去私企一点。就是一方面感觉可能待遇会更好一些，可能我择业目前阶段会比较注重薪资方面。其次会觉得私企会更有创造力，会有挑战性的一些工作吧，国企感觉太平稳了，因为爸妈在物质方面也不缺什么，所以觉得私企还可以多尝试尝试，我看私企也没有那么看重专业对口，看重有一技之长，所以选择会更多一些。父母他们会先听我的，他们会说你要是实在不行就来我们这，就是觉得他们是一个保障吧，让你能够更有可能选择其他的。我要是真的找不到，我就去他们那也挺好的。（20220625XTSW）

再如受访者 QNS 说，她父母虽然也给她提供建议，但是她认为国企工作不适合她的性格，她坚持自己的选择，从事适合自己的工作，她在东北某市从事个体经营开零食店，年收入能达到 30 万以上。

选择职业时，他们给过我一些建议，我没听，找工作也不太受他们职业影响。我自己还比较有主见的。我就觉得，这工作适合我就干，不适合我就干别的。我不会去国企，因为我现在自己做生意好，第一时间比较自由，然后还能实现一些自己想要做的事，但国企来讲的话，我觉得工作时间比较固定，不太适合我这种性格。我现在时间比较自由，我可以随时去陪陪父母。（20220728QNS）

二、职业获得走向市场化

布劳（Blau. P. M）和邓肯（Duncan. O. D）的职业获得模式以路径分析递归模型测量先赋性因素（父亲受教育水平和职业地位）和后致性因素（个人受教育水平、初职职业地位）对个人目前职业地位的影响。发现对初职获得者而言，本人受教育水平和家庭背景都有作用，其中本人教育作用更大[①]。他们的研究还表明，越是传统的社会，职业获得更加依赖先赋因素；越是工业化社会，职业获得更加依赖后致性因素。布劳和邓肯的这一结论对我们分析国企子弟的职业获得很有借鉴意义。第三代国企子弟中，90后大多数已经进入劳动力市场，00后国企子弟也开始陆续走上工作岗位，他们这一代人所处的就业环境已经比较市场化，应该说大多数第三代国企子弟要依靠后致因素来获得初始职业。当然，即使是市场经济高度发达的社会，我们并不能排除社会资源在职业获得中隐性的作用。林南（Nan. L）等人从社会资源的角度探讨职业获得。他们认为，职业获得在一定程度上取决于他的社会网络资源，而他的社会网络资源在很大程度上又取决于他的先赋性社会资本[②]。

从完全靠自己获得初始职业的情况来看，一种是因为父母单位改制，原有的就业照顾政策已经完全不存在，这种先赋性社会资本不会发挥作用。就比如受访者QT所言，他父母所在的单位早期已经改制，父母在他就业之前已经买断工龄，父母的社会资源已经失效，并不能在他就业时提供任何帮助，完全靠自己就业。这是多数第三代国企子弟所面临的状况。

没有就业照顾，就是完全靠自己。我是比较幸运，就是去了这么一个对口的学校，然后比较顺利地通过校招，反正是工作了。如果要排除幸运的成分，可能现在工作也不太好找。父母也没有动用资源提供帮助、支持，因为他们单位改制太早了，说白了这些资源已经过时了，用的话也晚了。（20211221QT）

第二种情况是国企子弟的受教育水平在获得初职时发挥了主要作用。受访者YC父亲是国有粮库的职工，这个单位早就没有子女就业照顾政策了，她本人毕业于长春某高校，通过校园招聘进入教育培训行业，说明这一阶段的国企子弟本人受教育水平起主要作用。

这个工作我签得比较早，我们是七月份毕业，五月份我就签了三方，而且不是通过校园招聘走的，我是通过社招走的。因为我在大学期间有很多实习经

① Blau, P. M., & Duncan, O. D., *The American Occupational Structure*, John Wiley & Sons Inc., 1967, pp. 160-162.

② Lin, N., "Social Networks and Status Attainment", *Annual Review of Sociology*, Vol. 25, 1999, pp. 467-487.

验，所以就录得也比较快，待遇在当时来说还可以，我觉得挺满意的。他们其实很少干预，因为大多数的事都是我自己定。（20220518YC）

受访者 GSQ 父亲在房产开发公司工作，母亲在疾控中心工作，他自己研究生毕业后进入某三甲医院工作，目前是主治医师，他认为自己找工作完全靠自己，家庭背景并没有发挥作用。在市场化就业环境中，国企子弟要进入对职业技能要求较高的行业，必然需要拥有较高的学历和一定的职业技能，例如 GSQ 从事的医疗行业，并不是简单地通过社会网络发挥作用。

反正我是直接通过招聘进来的，2020 年的时候有社会招聘，当时也是因为疫情招聘名额也是相对多一点，那时候是直接面试。虽然我母亲在卫生系统，找工作这方面帮不上，辖区也不一样，再加上级别也都不太相同，找工作完全靠自己，学校研究所这个名头或者是师门的名头，还是多多少少能起到一些作用，导师比较厉害。（20220514GSQ）

受访者 HZJ 父母是国有军工企业的职工，他父母所在单位也可以回去工作，但是至少要研究生学历，他根据自己的兴趣选择进入私营企业从事游戏开发工作。这一事实说明，即使是父母所在的国企还存在，对国企子弟就业的优惠政策已经大不如前，有一定的学历门槛。

这份工作是我自己找的，通过校招找的。我对这个工作比较满意，是根据自己兴趣选择。没有父母资源的支持，因为对于我个人来说确实是这样子，因为我自己的一个想法。但是我知道的周围很多小伙伴什么的后面几乎很多都回所里了。（20220625HZJ）

虽然目前大多数的用人单位招聘是通过校园招聘、网络招聘等公开的方式进行，即使是市场化就业方式，社会网络资源或多或少还是能够在国企子弟就业时发挥作用，尤其是父母所在的国企仍然存在的行业，子女要进入这一行业，父母的社会网络资源就能够为子女就业提供比较大的帮助。受访者 FXS 的父母都是石油化工企业干部，他本人大学毕业之后也进入到了同一系统。他提到虽然他是通过网络招聘的方式投递简历，因为父母都是石油化工行业，能够提供就业信息，也有一些社会网络资源能够在他找工作时发挥作用。

父母当然有提供一些帮助。我现在的单位就是属于 ZSY 系统，跟我父母单位是两个平行的公司，他们是炼化板块，我这个叫设计板块，他们能够提供给了我这个信息，其实是说白了都在一个城市，大家这个人员是有往来的，包括我们的一些朋友提供的信息，因为在 FS 找工作，那总归是家里面有一些认识的人，或者说是门路，不然的话他不一定能够招你。肯定会有人通过他知道我这个人来报名，这个肯定是有一些影响。我们当时是有校园招聘，也有网络招聘。我是从网上投简历，但是存在的客观现象就是，不是 FS 本地的大部分

都没有留下，最后留下的基本都是 FS 本地人。（20211225FXS）

极少数国企还有一定的照顾政策，但是这种照顾政策并不像第一代、第二代国企子弟能够享受到的那样，就业照顾有一定的要求，也不是普惠性的照顾。比如受访者 YZX 父母所在单位是大型的钢铁企业，在他们面临就业时，对职工子女中的退役军人有就业优惠，退役后可以直接成为该公司员工。他也提到选择通过退伍再进入该公司的大多数是无法考取大学的国企子弟。

我们这一代和之前的话不太一样。我们这一代就不存在子女顶替了，他们上一代人都有自己顶替的，就是比如说你父亲在企业工作，你就可以顶替他直接成为 MG 职工，我们这种不存在。我们就是有部分进 MG 的，当时我们高中毕业的时候，你如果选择当兵，当时 MG 参军有一个政策，就是你只要从这里高中毕业去当兵，回来就可以直接成为 MG 职工。有一个就是学习不是很好的，他大学也考不上什么的，成绩很差的，但是高中毕业的时候家里面就会搞搞关系呀，当时当兵是很吃香的，就是成绩不好的，将来以后就是想进MG，他就会选择当兵这条路。（20211029YZX）

我国高等教育大众化之后，大学毕业生越来越多，国企为了提高竞争力也会更加倾向于招收大学毕业生。在这种背景下，即使是有照顾政策的企业，对国企子弟也有较高的就业门槛要求，需要一定学历和专业对口。例如受访者 SQ 是 90 后国企子弟，他提到父母所在的油田在 2013 年最后一年有内部招聘，这种内部招聘会有一些名额提供给职工子女，但是大多数的国企子弟不一定选择进入这一行业。

我们 1993 年之后可能就没有受到照顾。因为我们 SL 油田最后一次招工应该是在 2013 年，就是内部职工子弟招聘，因为他有一部分技校专门培养石油行业的相关人员，然后做内部招聘，各个单位留一部分名额给职工子弟。我有一些石油专业的同学走的是校招，但是回到 SL 油田的也不多，我们当时一个班四十来个人，大概有二十个人回到家乡工作，十个人进油田，五个人可能在 SL 油田。我们那个年代招工已经招得比较少了，他已经走了到了非常严格或者是高学历的招聘，对我们这些普通人已经没有那么宽容了，后来大学生也多，而且它的编制卡得很紧。现在它一线的工作人员平均年龄不到 40 岁。（20211002SQ）

综上所述，随着我国市场经济体制的不断完善，对人才要求也不断提升，大部分第三代国企子弟初始职业获得都是市场化的渠道，和其他人并没有太大的区别，只有早期少数国企子弟能够享受内部招聘或退伍军人直接安置的政策。这一代国企子弟基本上是靠自身的受教育水平和职业技能来获取初职，当然不能否认原生家庭所拥有的社会关系网络在他们就业时能够发挥一定的作用，这种发挥作用的方式更多是潜在的、比较隐蔽的。从大的方向来看，公开招聘、择优录取已经是用人单位招聘员工的基本要求，也是社会发展到一定阶段对公平正义的要求。

三、工作满意度更加个性化

（一）初职满意度

赫尔曼（Hellman）认为，影响就业满意度的因素主要包括工作性质、报酬状况、办公环境、融洽的同事关系以及性格与工作的匹配度[①]。与此类似，影响第三代国企子弟初职满意度的因素更加个性化，概括起来包括以下方面：就业预期、职业发展前景、工作环境、个体兴趣匹配度等方面，职业稳定性并不是他们追求的唯一维度。

有研究表明，大学生就业满意度最低的就是职业待遇因子、职业发展因子，两者低于高校毕业生整体满意度[②]。薪资待遇是影响求职者就业满意度的重要因素之一。例如受访者 YC 大学毕业后签约了一家教育培训机构，她自我评价是满意，很重要的一个因素是薪资待遇算是不错。

我找的第一份工作是这个培训机构教师，我当时挺满意的，因为这个工作我签得比较早，因为我在大学期间有很多的这个实习的经验，所以就录得也比较快，待遇在当时来说还可以，我觉得挺满意的。（20220518YC）

当然，薪资待遇只是一方面，作为初入职场的年轻人而言，他们需要考虑未来职业生涯的长期发展问题，如果一份工作不能提供较好的发展空间，即使有不错的薪资待遇，可能也会影响他们的工作满意度。例如受访者 LXH 大学毕业后进入某知名私营车企工作，他认为这个企业的工作环境不适合长期发展，因为工作氛围与国企差别不大，不利于个人成长，因此在私企工作两年后，他选择跳槽到另外一家知名的外资车企工作。

BYD 对于刚入职的大学生福利待遇还是很不错的，所以入职第一年感觉还是不错的，但是时间长了发现这个地方不适合长期的发展。三年之后想要更大发展的话，对于 BYD 工作环境不是特别满意的。工作强度的话不能说是大，但是相当于属于比较适合于养老吧，老员工比较多了，说实话其实说是民企，但是实际里面的工作氛围跟国企差别不是特别大，甚至不如国企。（20220513LXH）

---

① Hellman，C. M.，"Job Satisfaction and Intent to Leave"，*The Journal of Social Psychology*，Vol. 137，No. 6，1997，pp. 677-689.

② 王孝莹，王新月：《基于期望与感知的毕业生就业满意度分析——以山东省济南市高校为例》，《人口与经济》2016 年第 6 期。

就业预期是求职者对未来工作类型、薪资待遇等方面的期望。有研究指出，北京籍大学生存在就业预期偏高、满意度较低的现象，认为就业预期是影响就业满意度的因素之一①。如果实际工作岗位与求职者的就业预期落差较大，会影响其就业满意度。例如受访者 LZ 是铁路系统的一名员工，他毕业于某交通大学，虽然在铁路系统薪资待遇较高，他对收入也比较满意，但是他需要从事一些体力劳动或技术含量较低的工作，比如站台站岗、搬运杂物等等，产生了一定的心理落差，因此影响了他的就业满意度。

我大学毕业进了铁路之后，就是去站台站岗，或者去检票，去仓库搬东西干杂活什么的。没有 KPI 什么的，有一些别的岗位可能会有绩效要求，但是我当时没有。大学毕业就有这种收入是很满意的，当时税前能有 4700 左右。一定程度上是满意的，还是有不满意的地方，体制内有利有弊嘛。这个铁路工作的规章要求还是比较严格的，我毕业学校还算不错的，也是对口专业的，不是说想干那些体力活，肯定心理有落差的。（20220108LZ）

相对而言，第三代国企子弟也比较注重自己个人兴趣与职业的匹配度，符合自己兴趣爱好的职业，满意度相对会更高一些。例如受访者 HZJ，毕业于北京某 985 高校航天类专业，但是他个人的兴趣爱好并不愿意从事航天类的工作，而是根据自己的兴趣选择进入互联网游戏行业，他认为自己从事的工作符合兴趣，虽然收入不是特别高，但是工作满意度较高。

对工作的满意度比较高，因为是自己选择的，自己的兴趣爱好，虽然说收入各方面还有待提升，但是每天工作都算比较开心吧。对这个职业发展前景也会有一些担忧吧，因为互联网行业变化比较大，比如像裁员啊，年纪大可能就下岗。到 35 岁会有一个门槛，像这种我有考虑过吧，目前为止没有什么有效的结论，然后学习其他的能力什么的，转行或者自己创业，最重要的就是学习吧。（20220625HZJ）

受访者 SQ 是一个相反的例子，他第一份职业是在药房工作，虽然专业对口，但是他个人感觉这份工作流程机械、枯燥无趣，因此在药房工作两年之后，回到油田工作，给相关企业做资产评估。

我最初是学药的，当时在药房工作不满意，因为它比较枯燥，主要是工作流程比较机械，再加上夜班倒得挺频繁的。年轻人受不了这种枯燥无趣的工作。（20211002SQ）

（二）现职满意度

受访的九零后中，大多数有一定的工作年限，他们的现职满意度与初职满

---

① 李伟东：《北京高校北京籍大学毕业生就业调查》，《江汉论坛》2008 年第 7 期。

意度有一定的区别。影响现职满意度的因素很多，包括兴趣爱好、职业发展空间、工作强度、职业稳定性等要素。这些要素影响因人而异，每个人对这些要素的看重程度不一样。

当一份工作到一定年限，会有产生职业倦怠感，如果没有持续的兴趣，会影响个体的现职满意度。以 LXN 为例，她当初选择教师职业是因为父母下岗，希望她能够有一份稳定工作，让她考取免费师范生，但是从教几年来，她认为这份工作不是自己选择的，不符合自己的兴趣爱好，一直不是很满意，但是更换职业的代价比较大。

对这份工作我不是很满意，因为我自己的理想从来都不是当老师，因为完全不是我自己想选，我会把它做好，做得还挺好的，但是我真的并不喜欢，我挺痛苦的，如果自己做的选择，也可以咬牙挺着，但这个东西不是自己选的，我之前怨气可能比现在更重一点，现在可能已经轻很多了。我觉得完全就是由于我妈决策失误，导致我现在不得不做我很不喜欢的工作，可能还要做一辈子，这个专业是分得很细的，不是轻易就能换的。我现在在学校也是一个骨干教师、学科带头人之类的，你再去换工作从头开始更难，理智告诉我不可能去换，我每次想起来都很难受，因为真的不喜欢，而且我的英文水平非常一般，我也没有学英语的天赋，这个也不是兴趣爱好所在。（20211005LXN）

现职满意度还和行业发展、岗位变动有一定的关联，因为行业发展是否有前景会影响个人职业生涯发展。受访者 CN 是东北某民营企业弱电工程师，他对自己的工作很不满意，主要是因为发展空间非常有限，他认为自己所在行业裙带关系严重，行业发展受到很大的限制，因此他在谋划职业转型，准备考取公职。

现在工作基本上就不满意，我就是谋划转型了。现在工作没什么发展了，它已经是个日渐下坡的行业了，这个行业上游完全被政府官员控制的，我们打工没什么钱，工资也上不去。一来他的这个产业规模一年不如一年了，二来随着技术迭代对于人数量的要求也越来越少了。我们家这边裙带关系也越来越固化了，基本上企业之间竞争变成了关系之间竞争。我们上面反正就是主要依靠关系来维系，所以人家对于我们也不怎么待见，二代也不是很在乎，说白了关系在这项目就是我的，至于你干得好不好，谁来干他们不是很关心。对于我们下边的施工单位来说，他们公司领导又是有关系的，导致他们也说白了给你面子呢，这不想听你话，你拿他也没什么办法。我们这种无依无靠的普通打工人夹缝中难受，所以我现在对于工作也不是很上心。（20211220CN）

在同一个行业，不同的岗位重要程度有所区别，尤其是经历一定的机构调整、体制改革之后，使得个人所属的岗位重要性发生变化。例如受访者 QT 大学毕业后在铁路的机关部门工作，随着铁路系统的改革，他所在的技术支持机构因为不能创造效益，逐步走向边缘化，因此他的现职满意度是有所下降的。

这个工作怎么说呢，它赚不了什么大钱，但是也饿不着，实际的话说起来这个工作还算是比较体面，是比较稳定的一份工作。工作的满意度这个问题咋说呢，早先还挺好的，因为我毕业直接在机关工作，开始的时候收入、位置啥的都还是挺好的。但是铁路现在不是也在进行改革嘛，我们是在 2018 年的时候从机关划出来了，属于一般单位了。铁路的一线部门是指一些行车单位，比方说开火车的、修火车的、车站的这些，我们属于运营辅助单位，主要是负责设备的检验。因为现在铁路要效益、要收入，我们这种技术支持机构，它本身不创造收益，所以就逐渐边缘化了，这几年的收入基本上就是没有怎么样，几乎没有增长。我们这块一年比一年收缩，国家对我们的要求也是一年比一年严，所以我们现在的日子也不是太好过。（20211221QT）

受访者 YC 是东北某教育培训机构的工作人员，常驻大学校园，她对自己的工作满意度比较高，主要原因有几个：一是工作强度不大，每年都有寒暑假，不需要额外加班，与当地企业相比算是比较轻松。二是工作内容来说，能够对自己有一定的提升，了解到前沿资讯。三是从发展空间来看，有机会向管理岗转型。

我对自己现在的工作挺满意的，虽然我没有正常大学老师放假的时间长，但是每年也有寒暑假，我们可能就放二十天或者半个月左右，也不需要额外的996 去加班。在 CC 这样的地方，双休的企业都不是特别多，完成工作需要特别多的加班，这个也属于让人家羡慕的工作。再加上我们这个工作学习的内容也比较多，就是了解到的资讯比较国际化一点，或者是比较前沿。我现在已经是工作第三年了，如果再晋升的话，可能就从基础岗位往管理岗位去转型了，但是往管理岗走，就没有办法在学校了，可能就需要回总部或者其他的这个位置。（20220518YC）

受访者 WWF 是东部某市的民政局下属救助站的工作人员，他大学毕业后曾经在某课外培训机构就业，后来通过考试进入事业单位。他对自己的工作比较满意，一方面是认为事业单位的工作比较稳定，另一方面是认为这个工作岗位还有一定的发展空间。

我对现在的工作比较满意，自己感觉还行吧。一方面这个工作的话毕竟是有个编制，是相对稳定的，然后就是因为我这个单位救助站在 DB 街道，离GC 城区 20 km，就是逛逛商场不太方便，但是那边环境也蛮好的。我发展空间还是有的，因为我们现在经济情况确实也不太好，流浪乞讨人员也确实肉眼可见地增多了很多，像我们昨天值班就处理了两名流浪乞讨人员，我们以后工作可能也会越来越忙，也会越来越专业化吧，这个救助团队空间还是有的，但是可能要说官场上升迁的话应该是没什么空间。(20211002WWF)

四、职业流动更频繁主动

职业流动是社会流动研究领域的重要议题，受到许多社会学家的关注。一般来说，市场化较早的国家和地区，劳动者拥有更高的职业自主性和职业权利，职业流动更加频繁。就我国而言，在从计划经济向市场经济急剧转型的过程中，不同世代的群体职业稳定性受到的主要影响因素有比较大的区别。赵晔琴、古莛欢的研究分析了改革开放前后的群体职业流动状况。他们指出，相比个体因素，一些结构性因素如单位属性、职位来源等，对改革开放前出生群体的职业稳定性有更显著的影响；而改革开放后群体的职业稳定性更易受到个体或家庭因素的影响①。

在计划经济时代，第一代国企子弟的职业流动比较少，他们大多能够享受到父母所在国企提供的就业庇护，通过顶职、接班等方式进入国企工作，其中很大一部分人可能一辈子在一个单位工作到退休。第二代国企子弟也可能有较大的职业流动，他们当中可能不少人也享受了就业庇护，但是后期因为国企改革导致下岗失业，他们被动地选择向下职业流动，往往是从事一些技术含量、社会声望和经济收入都较低的职业。第三代国企子弟基本上没有享受过就业庇护，他们的职业流动更加频繁，也更加主动地根据市场规律选择职业流动。随着市场经济体制的不断完善，国企子弟所能选择的工作更加多元化，也意味着他们不一定会再像第一代国企子弟一样在一个单位工作到退休，他们会根据自己的个人兴趣、发展空间、家庭状况等因素主动选择职业流动，追求经济利益、职业发展空间的最大化。他们的职业流动既有可能是不同行业之间的流动，也有同一行业不同工作单位的流动。

相比之下，如果从事的第一份工作是属于机关事业单位的，流动的频率会更低，或者没有发生职业流动。受访者 LXN 毕业于东北某师范类高校，作为公费师范生分配到家乡所在的某初中担任英语教师，她 2018 年毕业后进入学校工作，没有发生职业变动。一方面是因为这份工作相对比较稳定，在当地来说也算比较体面的工作；另一方面她签订了合同，如果合同期内违约需要支付较高的赔偿。例如受访者 GSQ 是医学类研究生毕业，2020 年参加工作以后，在东北某医院担任主治医师，由于医学类职业专业门槛较高，而且前期学习投入的成本很高，一般较少发生职业流动。

① 赵晔琴，古莛欢：《职业稳定性与代际差异：基于上海居民职业经历的追溯调查》，《人口与发展》2023 年第 6 期。

如果第一份工作是体制外的工作，发生职业变动的可能性较大，因为从父母的角度来看，他们更加希望子女有比较稳定的工作，会想办法为子女职业转换提供帮助。受访者 YQX 的工作变动比较大，先后在重庆、杭州、南京工作，她先是在咖啡店工作，又从事过电商工作。她是独生女，从小被保护得比较好，父母希望她在身边有一份稳定的工作，后来又回到父母身边，进入社区从事社工的工作。

我大学是重庆读的，我在重庆待了半年之后，然后回了南京，待了半年之后我又去杭州，在杭州待了将近半年回了南京。我大学毕业是在一家咖啡店做兼职，就一年时间做店长，然后就去杭州做电商了，电商做了一年多，因为疫情没有办法在杭州待着，然后被父母逮回来了。（20211029YQX）

受访者 SQ 是药学专业的大学毕业生，先后在山东两个城市的医院从事医药相关的工作，他后来选择回到父母所在的油田系统，转成资产评估工作，他认为自己的职业转换受到父母影响较大，父母能够提供更多的帮助，因为不是石油专业只能更换职业。

我大学学的专业是药学，大学毕业之后先在我们这边一个三甲医院叫做SLYT 中心医院，在它的中草药房作为临时编制，一共是工作了两年左右。到2018 年我去了青岛，青岛在那边一个药集团旗下的养老院附属医院，在它的药房部门工作了两年，最近刚回来，换到了资产评估。现在选择回到油田的话还是受到父母的影响，这个影响分两方面，一个是职业方面的影响，一个是生活方面的影响。你像生活方面影响，基本上回到油田的，父母给你准备一百平起步的房子是没有问题的，也是可以给你提供一辆车，结婚的彩礼也好，还有给你提供的小孩的照顾。职业方面的影响是因为油田不招工了，它现在招收的校招人员很少，今年我看他们刚刚提供了一批招聘，校招是只有六百人，六百人是仅限石油专业以及大学生起步。（20211002SQ）

除了不同行业之间的流动之外，国企子弟也可能因为家庭、发展空间等因素选择在同一行业的流动。例如受访者 YC 大学毕业后一直在东北从事教育培训行业的工作，先是在针对小学生的培训机构工作，由于工作单位离家较远，结婚后选择进入另外一家负责大学生英语培训的机构，属于同一行业内的流动。

我本科毕业之后去了跟 XDF 类似的这个教育机构，是 CC 本地最有名的机构，当时负责的是给小学升初中的学生提供择校考试和择校机会，就是相当于小升初的这样一个机构，在这个机构工作了三年以后，因为我们家里离那个工作单位的位置比较远，然后也结婚了，就换了新的工作单位。现在在这个单位也工作了三年多，主要是负责大学生四六级课程、出国手续办理，还包括学

生访谈，了解他们的规划等等，教师和教务我都得做。（20220518YC）

再如受访者 LXH，大学毕业后一直在汽车行业工作，他先是在一家民营的汽车公司工作，后来感觉这家汽车公司的管理机制比较僵化，个人发展空间受到限制，于是两年后选择跳槽到一家外资汽车企业从事类似的工作。

我的工作经历是这样的，2016 年大学毕业，然后在 BYD 待了两年，然后那个从 2018 年开始来了 FT 待到现在，大概是四年时间。大学毕业三年之后，想要发展更多的话，对于 BYD 这个工作环境不是特别满意的。（20220513LXH）

从第三代国企子弟与第一代、第二代国企子弟的职业流动比较来看，也反映了我国就业制度的变迁。在市场经济体制从建立到完善的过程中，就业制度逐步"去国家化"（de-nationalization）使得国家对职业的控制逐渐减弱，就业关系中的"去国家化"使得个人与国家关系经历了从吸纳型向平等型的结构性转型①，国家逐步将就业权归还个人，个体的就业选择权得到了充分的体现。国企子弟进入职场的年代差异，导致他们就业所处的社会背景有明显的不同。因此，要研究个体的职业流动必须与当时的社会历史背景及劳动力市场情况等具体的体制和制度环境相结合②。总体而言，第三代国企子弟的职业稳定性远远不如前两代人，从另外一个角度来看，也说明他们比前两代国企子弟有了更多的职业选择权，社会结构性的因素对个体职业流动限制更少，能够更多地根据自己的个体和家庭状况作出职业流动的选择。

第三代国企子弟职业流动得更加频繁，今后将会成为一种常态。一方面说明随着市场经济体制的不断完善，国企子弟过去所能享受的职业稳定性的庇护成为历史，职业流动成为人们习以为常的认知，"一个单位干到老"的现象将会非常少见，因为市场经济注重的是资源市场化配置，在优化市场经济要素过程中，人力资源也在不断优化，那就意味着今后工作稳定是相对的，流动是绝对的，个体的职业流动主要受到市场变化的影响。从宏观方面来说，随着技术进步和社会变迁，不断会有传统行业走向衰落，新兴行业不断产生，这就意味着作为个体而言，职业不稳定性是大趋势；从微观层面来说，市场经济体制下的双向选择职业，给了个体更多的选择机会，跳槽、转换行业将成为常态。出于经济理性，个体总是会综合发展空间、薪酬待遇、兴趣爱好、家庭状况等各方面的要素进行考量，选择更加适合自己发展、待遇更加优厚的职业或岗位。国企子弟也不例外，他们需要树立居安思危的思想，摆脱过去就业庇护体制下

① 赵晔琴：《从毕业分配到自主择业：就业关系中的个人与国家——以 1951—1999 年〈人民日报〉对高校毕业分配的报道为例》，《社会科学》2016 年第 4 期。

② 赵晔琴，古茳欢：《职业稳定性与代际差异：基于上海居民职业经历的追溯调查》，《人口与发展》2023 年第 6 期。

追求稳定的就业思维惯性，主动适应市场经济条件下人力资源流动的趋势，保持终身学习的习惯，才能有更好的职业发展。

第四节　主观社会地位体验日益多元化

一、个体体验影响生活满意度

社会学家坎贝尔（Campbell）最早提出了生活满意度的概念，这一概念指的是人们根据自己的价值标准和主观偏好对自身生活状况的满意程度方面的评价，具有明显的认知属性[①]。生活满意度是主观幸福感研究的重要组成部分，受到多方面因素的影响，一方面有经济收入获得的客观因素，也有社会公平感、相对剥夺感等主观体验因素。

对第三代国企子弟而言，90后和00后有较大的区别，90后大多数已经走上工作岗位，他们更多的是面临工作、生活的压力，需要处理的人际关系更加复杂，影响他们生活满意度的要素有经济收入、家庭条件、工作性质等方面；00后受访者大多还在求学的阶段，他们更多的是面临学业压力和求职压力，但是总体生活满意度会比90后更高，因为他们的生活还比较单纯，人际关系也比较单一，尚未涉及婚姻家庭、工作压力等方面。

受访者LXN是东北某城市的初中教师，她的生活满意度较高，主要理由有几个：一是工作比较稳定，没有失去工作的焦虑；二是收入在当地算比较高，自己还有积蓄，没有经济压力；三是当时尚未结婚，也没有结婚、生育等压力。

我对自己现在生活比较满意，因为我现在工作也很稳定，虽然说我自己不喜欢吧，但是确实收入比较体面，比绝大多数女孩子的工作都体面，再一个收入方面，虽然基本工资不多，也可以做一些兼职，哪怕没有兼职，就基本工资一年10万左右，这个生活水平也还可以，因为SY基本工资不高，我没有房贷，我自己花销也确实也不大，所以我的生活压力也不大，想买的东西就是也都能买得起，买不起的东西我不会去想它，吃穿的话都可以cover住。我现在手里还有一些积蓄，我买一个十万左右代步车也不需要贷款，但是我自己不喜欢开车，加上我家离工作单位比较近。和男朋友相处也没有多长时间，什么结婚或者再买房、生孩子这些压力都没有，就是现在工作还是比较轻松，因为没有经济压力，也不会存在失去工作的焦虑。（20211005LXN）

---

① Campbell，A.，"Subjective Measures of Well-Being"，*American Psychologist*，Vol. 31，No. 2，1976，pp. 117-124.

受访者 LXH 是南方某外资汽车企业的项目经理，年收入约 20 万—25 万元，他的生活满意度也较高，主要是从经济方面衡量，因为他的收入在同龄人中算比较高的，自己拥有住房和私家车，父母有经济来源，经济压力比较小。

感觉自己对现在的生活状况满意，我现在这个年龄，首先我不需要给父母经济上的支持，他们有自己的经济来源的。其次，我自己的收入在同年龄段还是比较可观的，因为房、车现在也都是也都有的，所以属于生活还是比较和谐的状态吧，该有的都有。（20220513LXH）

对于 90 后国企子弟来说，他们正处在职业生涯起步或上升时期，还面临结婚、育儿等多方面的压力，经济收入参差不齐，如果是经济收入较低的地区或行业，这些压力将会影响他们的生活满意度。例如，受访者 FXS 是东北某市国企石油化工设计工程师，年收入约 6 万—7 万元，虽然夫妻俩都在石化行业，但是由于结婚、育儿等方面带来的经济压力比较大，收入仅能维持生活，甚至入不敷出。他提到身边的一些国企子弟只能通过啃老解决生活问题，甚至带着孩子啃老。他本人也在努力通过业余担任脱口秀演员来获得另外一份收入。

现在这个收入苟活可以，你一旦有了家庭，尤其是有孩子之后就很难。我夫人也是石化的，我俩可能加起来一个月不到 1 万块钱收入，要还房贷、养活孩子、吃饭，还要交停车费、养车、物业啊，基本上就月光了，有时候还会入不敷出，比如我想换一个冰箱是有困难的，要想换房、买车就更困难。我们这边结婚的时候，男方就要至少提供一个房子的首付，然后两口子一起还，这个钱也得几十万、十几二十万，我们工作五年是几乎没有人能够拿得出来的，这个就是要靠啃老。这些啃完之后，后面可能收入提高了，就能够摆脱这个环境，有的人不行，会一直啃，甚至带着孩子一直啃，绝大多数是要靠父母，因为本本分分地做设计真的养活不了自己。我其实是不满意这种生活状况的，希望在另一份职业道路上取得比较大的发展。现在业余收入肯定稳定超过本职收入，我的月收入总共是 5000，我这个爱好的收入目前肯定是稳定超过 5000，如果发展得好的话，有可能会达到四五倍。我业余工作是一个脱口秀演员。（20211225FXS）

受访者 CN 对自己的工作性质和收入都不满意，他是东北民营企业弱电工程师，年收入约 5 万—6 万元，他认为以当地收入水平而言，年收入至少要十万以上才算得上比较体面，但是他的收入还相对较低。此外，他所在民营企业经常加班，工作体验感也较差。

我挺不满意，非常落魄的呀，工作性质和收入都很不满意啊。我觉得要这就是过得去，一年怎么也得体体面面站着挣十来万吧。像我这种之前天天加

班，跪着挣十多万的就算了，对吧？（20211220CN）

受访者当中，00后国企子弟大多处于求学阶段，他们面临的压力较小，总体生活满意度会高于90后。例如受访者CJD是一名985高校毕业的博士生，首先他没有面临经济压力、婚姻家庭压力和工作压力，对自己的未来有较好的预期。

现在的这个生活状况我挺满意的。我导师也挺好，每天生活很快乐。只要不去北上广深那些特别难搞的城市，生存上也不存在什么问题。所以就感觉还好。毕竟是HK的博士嘛，也算一个知识精英了，还是出去可以吹一吹的。（20220511CJD）

再如受访者XJH，毕业于中部某985高校，即将到北京某985高校攻读硕士研究生，她主要从学业的角度评价，她认为自己的成长经历比较顺利，对未来的求学生涯也充满期待，所以满意度较高。

目前自己的生活状况还比较满意。因为现在本科毕业，对以前的求学经验来说对自己所处成长环境，感觉自己的成长经历没有出什么特别大的问题，比较顺利走完了这个阶段，后面读研的话会去换一个城市生活，比较期待，但是虽然没有特别明确的规划，整个成长过程来说还是比较满意的。（20220719XJH）

当然，也有00后受访者对自己的生活不满意，主要是对未来有一定的担忧，主要是担心毕业后就业会面临较大的困难。例如受访者YYL是就读于东北某高校物理专业的本科生，他父母在西南某军工类的国企工作，他一方面希望家庭能够富裕一点，另外一方面认为自己所学的物理专业不一定好找工作。

现在生活状况也不是特别满意，还是希望自己家庭能够富裕一点。父母他们生活也不要太拘谨，生活得好一点。以后子承父业挺难的，因为现在轻工行业的国企招生的标准挺苛刻。我这种专业很可能不招，他们可以选择直接专业就是研究动力的或者是研究机械的，像物理这种边缘专业要看之后的详细情况再做打算，北航、南航、哈工大那边的都比较对口。现在他们招那些技术岗对学历要求还挺高，大家其实都挺喜欢往这方面来的，因为现在找工作的形势真的很严峻，大家去国企都挺开心的，至少可能要研究生学历。（20220626YYL）

再如受访者JXR是东部某双一流高校的本科生，学习的是社会工作专业，她自己的主要担忧是求职方面，因为近几年经济形势下滑，总体就业环境较差，她所学专业的就业压力也比较大。她所学的专业也不是父母所在的电力国企所需要的专业，不一定有机会进入父母所在的单位。

我对自己未来找工作有所担忧，我感觉现在应该大家普遍都会对自己未来找工作这一块比较担忧吧，但是像我的话可能也不算说是很坚实的后盾吧，可能确实会有一些保障，主要是专业不对口。（20220630JXR）

生活满意度会受到各种复杂因素的影响，尽管社会不断发展进步，人们的物质生活水平不断提高，但生活满意度和幸福感却往往并没有得到有效提升，甚至有时还会出现下降的现象[1]。这种状况要联系到我国社会结构转型的总体状况来理解。改革开放以来，我国社会结构从过去的相对单一、稳定的社会结构走向更加复杂多元、稳定性降低的结构，社会群体利益趋于分化，不同群体之间的利益诉求差距很大，由此产生的张力对个体获得感会有较大的冲击，即使是总体物质生活水平在不断提升，但是就个体而言，他们的客观收入获得和主观获得感并不一定一致，可能会因为横向比较产生相对剥夺感，影响对自己生活满意度的评价。

二、主观社会地位有升有降

主观社会地位（Subjective social status）显示了人们在社会等级中的自我定位。成年后的主观社会地位是获得社会经济自我认知的复杂发展过程的结果，这是主观社会地位的内在因素，包括当前和过去个人和家庭住户的经历[2]。主观社会地位是衡量个人对其社会经济地位相对于他人的看法，通常以收入、教育和职业等客观指标为基础[3]。影响第三代国企子弟主观阶层地位的因素有经济条件、职业、教育等各方面。

（一）主观社会地位不如父辈

很大一部分国企子弟认为自己的社会地位不如父辈，可能从参照群体、职业性质、收入等方面进行比较。

参照群体会影响国企子弟的主观社会地位认知，以 FXS 为例，他父母都是石油企业干部，本人是国企石油化工设计工程师，他认为自己的社会地位远远低于父母，小时候父母作为国企职工社会地位属于中上水平，主要是因为收入较高、比较稳定。改革开放之后，私营经济和外资经济有了较大发展，国企职工的收入很可能低于其他群体，所以他认为自己作为国企职工的社会地位很低。

① 谭旭运，董洪杰，张跃等：《获得感的概念内涵、结构及其对生活满意度的影响》，《社会学研究》2020 年第 5 期。
② Ferreira, W. A., Camelo, L., et al., "Is Subjective Social Status a Summary of Life-Course Socioeconomic Position?", *Cadernos de Saude Publica*, Vol. 34, No. 5, 2018.
③ Adler, N. E., et al., "Relationship of Subjective and Objective Social Status with Psychological and Physiological Functioning: Preliminary Data in Healthy White Women", *Heal. Psychol.*, Vol. 19, No. 6, 2000, pp. 586-592.

我小时候父母社会地位应该是 7 或者 8 分，我现在是 3 分呀。父母作为在国企的员工，以前大家会羡慕，我小时候大家挣的钱都差不多，国企可能稍微能高点儿，但是你又不会丢工作，甚至你的工作都传给你儿子。过年发东西你不花钱，五险一金，老了国家还能给你养老的钱，他们的社会地位是很高的。然后逐渐民企发展起来了，大家很多挣的钱明显超过国企职工，那国企的地位就下降了。现在可能小商小贩地位很高，很多大老板更高。我就感觉我单位的人都是没有能耐，有能耐的人都走了呀，互相也看不起，我其实是很看不起我单位的那些同事，尤其是啃老这部分人。我其实是有一些业余收入，能够平衡自己生活的，我才会呆在这里。我现在的社会地位比要饭强，就是我看谁不如我呢，第一他是没有工作，然后残疾人，他没有上过学从事体力劳动这些。再有就是没上过学然后去从事没有技术含量的工作，就这两拨人不如我。我觉得任何一个在努力拼搏的人都比我这个工作要强。（20211225FXS）

再如受访者 CN 是民营企业的弱电工程师，他认为自己的社会地位远远不如父辈，主要是工作性质不理想，他所在的单位一方面需要承接政府部门相关的业务，还需要讨好供应商和哄着民工，属于两头受气的工作性质，为了谋生而勉强度日，因此主观社会地位很低。

以前父母还在国企的时候，当时 7 分儿还是没有问题啊。现在也就是个普通人水平吧，可能也就 5—6 分了。我觉得比我爸还低，我也就得了 3 分儿了。也不光是收入问题，就是因为我这个行当它是走下坡路，一天不如一天，然后比较内卷嘛，大家抢着加班儿才可能才能可以一点儿。这个工作性质就是每天必须要伺候甲方，又需要哄着乙方，就是每天都是点头哈腰的。我感觉没什么社会地位，每天往上要伺候政府的公务员，又要伺候各种供应商啊，然后哄着民工干活。现在民工确实斗争精神比较强，你只要对我态度不好，或者是钱发得少一点儿，要让我多干了一点儿我马上就翻脸，我们属于一个夹缝中间的人，属于既没有反抗精神又没有什么人家公司的权利啊。（20211220CN）

再如受访者 YYL 的父母是西南某军工企业的技术工人，他自己是东北某高校的本科生。他认为父母的社会地位有所上升，而他的主观社会地位评价较低，主要是因为自己作为一个学生，没有收入，也不拥有权力，因此影响当下的社会地位评分。

父母在我小时候大概能打 4 分。因为我父母一直和我说我们是中下级阶级的。但是不管是收入还是职位声望什么的都是偏低的，那个年代工人或是底层阶级的基本上都觉得不太行。他们是属于技术工人，研究人员的待遇确实挺高的，和工人的待遇还是差距真的很大。现在他们临近退休了，大概能打个 6 分吧，就是稍微中等偏上一点。因为现在他们的职业声望也有所提高，大概都觉得国企，又是保密单位。收入水平的话也不是特别低，就是中等偏上一点点，过得稍微好一点生活。我自己作为一个大学生的话，我觉得3分吧，因为我根据社会阶层的话，看收入和权力问题，因为我现在本科生，知识也是有限的，我不能把知识去变现，对我现在来说用处不是特别大。（20220626YYL）

（二）主观社会地位与父辈持平

受访者YQX是东部某省的社区社工，她认为自己的社会地位与小时候父母的社会地位持平，但是不如父母现在的社会地位。因为她小时候父母都是工人，收入低，因此社会地位评分较低；父母退休之后经济收入等方面都属于较好的状况，她对自己的工作性质很不满意，认为社工的本身工资收入偏低，而且在工作中被服务对象轻视甚至辱骂。

小时候父母的社会阶层打4分，因为我小时候父母都是工人，也没有什么额外的钱，中等偏下一点，一个月好像200块钱左右。现在他们能拿到多少钱像退休了四五千块钱。妈妈原来退休之前一个月就3000块钱，她工作了30多年了。像现在他们社会地位能打7分，因为现在家庭环境生活好了，爸爸现在不是工人了，妈妈也退休了，自己吃喝不愁了。我自己的社会阶层只能打4分，可能国外的社工很好，确实是可能别的社工会好一点，但是这个地方，因为这个环境比较闭塞，所以人的素质真的是中等偏下，在这个地方的工作我会觉得工作就是最底层的。我这份工作，谁都可以来骂你，你也不能去反抗，你看清了这个世界上所有的一些人情味，你也不能做什么，你也不能为他们做什么，你自己也就是这份温饱，所以我觉得我们的社会地位会比较低。（20211029YQX）

受访者GSQ认为自己的主观社会地位和小时候父母的主观社会地位持平，因为父母作为国企职工处于中间阶层，比上不足比下有余，而自己作为一名年轻的医生，处于职业生涯起步阶段，并没有比其他职业有更大的优势。

小时候父母的社会地位我认为就5分吧，就没有比别人多什么，也没有比别人少什么。像现在的话呢，他们的社会地位是比原来更高了，大概能打6分。随着年龄的增长，年薪也在不断的提高，相应的社会地位、职业技术水平也都在不断的提高。作为一个外科医生，我自己的社会地位能打5分。我们非常封闭，与外界的接触非常少，所以说我的圈层里边，我并没有比别人多什么，很一般吧。（20220514GSQ）

受访者XJH的父母都是国企职工，她认为自己父母的社会地位属于中上水平，而自己作为一名在读研究生，没有独立生活能力，因此社会阶层评分和父母相同。

小时候感觉父母的社会阶层能打7分左右吧，因为在我们生活的城市里面也就差不多，没有感觉谁是特别高的社会阶层，谁是特别低，因为体现出来的生活水平都差不多，所以就中上的感觉。现在我和以前的感觉差不多。自己作为国企子女来讲，给自己的社会阶层打分，也会打 7 分吧。因为我现在还没有独立生活的能力，所以我和我的家庭还在处在同一个阶层。（20220719XJH）

（三）主观社会地位高于父辈

有一些第三代国企子弟对自己的主观社会地位比父母更高的评价，主要从受教育程度、经济收入和职业发展空间来评价。

比如受访者 CJD 是中部某 985 高校的在读博士，他认为父母是国企电厂职工，虽然收入不算低，但毕竟是一个企业。他的主观社会地位是比父母有所提升的，因为作为 985 高校的博士，也属于知识精英，有一定的自豪感。

可能你只会对他们直接有感觉，小时候是住在家属区里边嘛，大家都是一个电厂的有什么社会地位啊。小时候他们社会地位得个 6 分吧，说高也算不上高。他们现在社会地位 7 分，因为职级高了一点嘛。原来是工人，现在算干部。我本人现在身份来讲，那就 7 分吧，毕竟是 HK 的博士嘛，也算一个知识精英了。（20220511CJD）

受访者 QNS 父母是国有农垦企业工人，她认为父母当时来说属于中间偏上的水平，因为当时的农垦企业工人收入处于中间水平，但是比较稳定。她自己从事个体经营，年收入 30 万以上，在东北来说属于较高的收入，因此她的主观社会地位评分主要侧重于从经济收入方面评价。

小时候在国企的时候，他们肯定谈不上最高级，也不是最低的，我感觉是中间，因为他们是付出自己的努力得到的一些东西，大概 6 分。就是他们可能收入方面也差不多是在中等偏上，他们周围人都一样都是国企的，都是感觉都是中等偏高一点，觉得他们现在我感觉应该降低一点，退休了之后，肯定对于我们来讲，她就是一个普通的老头老太太，就 5 分，但肯定没有工作的时候有价值，我的社会阶层是 7 分，也是出于经济各方面的考量，收入是算是中等偏上的那种，我自己赚的钱够养活我自己，但比我好的又挺多，但是我比普通的上班族可能会好一些。（20220728QNS）

受访者 LZ 是铁路系统职工，他父亲也是在铁路部门工作，他认为小时候父母的社会地位大概是 6 分，而自己现在能达到 7 分，主要是从职业发展空间来评价，他认为自己职业还有一定的发展空间，不管是从技术型的发展，还是管理型的发展，都是有一定的优势。

小时候父母的社会地位能打 6 分，现在 9 分，不管是我父亲还是我母亲也好，虽然没有特别高的职务，但还是那句话，比上不足比下有余。这是我给自己的标准。现在来说，我母亲那个私企不大，但她也是高管，我父亲这边铁路的职务也是基本到头了，再进一步提升就不是我们能说的，所以说能打到 9 分。我个人的社会地位能打 7 分，我认为是还有空间的。我感觉还算乐观，主要是这个体系内的升迁还算严格，气氛也没有那么开放，包括那些铁路制度还是比较老套，还是有发展空间的，毕竟年轻机会还多。可以做工程师，往干部发展都有，可以同时发展。（20220108LZ）

三、群体身份认同复杂多元

第三代国企子弟的身份认同有一定的分化，其中，既有身份认同感很低的，也有身份认同仍然较高的，也有比较矛盾的看法。这一特征与第二代国企子弟有所区别。

按照之前的设想，第三代国企子弟可能对国企子弟的身份完全没有概念，但是从经验材料来看，有些第三代国企子弟的群体身份认同却高于第二代国企子弟，这种情况可能是从他们的经历来说，国企改革时他们年龄尚小甚至没有出生，他们对于国企的印象可能更多的来自父辈的描述，对国企改革带来的阵痛缺少比较深刻的印象。

受访者 QT 认为，作为国企子弟并没有太好的体验，更多的是失落感、冲击感，因为他小时候父母因为国企改革下岗，家庭经济收入和社会地位骤然降低，影响了他们对于国企子弟这一群体的认同感。

作为国企子女我的体会都不是太好，就是因为他们赶上的这波改革比较早，也恰好是在我最需要经济支撑的时候，他们下岗了。所以我觉得那个时候对我们国企子女来说，大家对家庭经济收入来讲多半都不会有太高的希望，都会觉得挺一般吧，现在来讲的话我觉得能好不少。作为国企子女这个身份，我们这代人可能还是经历的波动比较大，就是一个失落感吧，原来还是社会地位、待遇什么的都还不错，然后一下子就下来了，这种失落感、冲击感还是比较大的。我现在自食其力了也就不会太想这些事情了。（20211221QT）

还有少数国企子弟，也是继承父业在国企工作，但是他们的认同感未必会更高。例如受访者 LZ 认为，他们这代人与过去的国企子弟不一样，只是一份工作而已，作为一种谋生的手段，并不会给自己带来更多的东西，所以没有所谓的自豪感和认同感。再如受访者 GSQ 认为，国企子弟算不上特别的身份，父母的职业跟其他职业没有太多的区别。

我不会有特别的感受，我认为铁路相对来说是比较稳定的，但这个东西并不会有太多自豪感，这只是一份工作而已。一份工作不能给你提供多少东西，毕竟工作不是我的一切，我和其他人不太一样，可能我身边的人尤其是对铁路的子女来说，就是铁路人，我就在这干一辈子吧。我也是抱着这个想法才做的

选择，但我只把它当作一份工作。（20220108LZ）

国企子女的身份，要说特别也没有什么多特别的。就是父母有一份很普通很正常的工作，就没有比别人多，也没有比别人少。（20220514GSQ）

受访者 SQ 是北方某油田的国企子弟，他认为，他们油田子弟一方面对这种身份是高度认同，因为他所在的油田和地方不仅城市建设上是割裂的，身份认同上也是隔离的，甚至会体现在油田和地方的青年互不通婚。另一方面，这种身份又和油田的兴衰密切相关，当油田经济效益好时，这种身份认同感很强；当他们所在油田走向衰落后，这种国企子弟的身份就演变成一种心理包袱。

我们是没有故乡或者区域这种划分的，油田是我们的故乡，我们对于油田的认同感可能比对爷爷奶奶老家的认同感高，我们没有地理上的故乡，我们心理上的故乡都是我们所在的企业。当年油田兴盛的时候我们也不认同自己是DY 人，现在油田衰落了之后，DY 人觉得你们不一定算是 DY 人，这就是你讲的割裂吧。油田的人结婚或者是找对象就只找油田的，油田的父母对于自己的子女结婚找对象也只希望去找油田的人。我觉得怎么看待国企子女身份的问题，这个东西属于一个历史的进程吧，一开始我确实很自豪我是国企子女，因为我们是有物质基础的自豪，但是现在衰落了之后，我对这块就没有看重甚至说是变成了一种自嘲。因为我们失去了作为我们依仗的那些东西，大家现在甚至反而不如地方上的一些人发展得好，也就是说现在变成了一种包袱。对于我们来说就是一种怀念的记忆，但是又是一个现实的负担，总体而言是比较痛苦的。（20211002SQ）

受访者 CN 的陈述也有些类似，他认为自己作为国企子弟的认同感是与国企子弟的获得感有密切关联的。他父母所在的国企在他小时候就走向衰落，他并没有从父母的国企得到太多的庇护。相比之下，还有少数国企尚能安排子女就业的，这少部分人仍然对国企子弟的身份引以为荣。

不同年代的这个国企可能差别非常大，而且国企在与不在，包括它的效益可能对身份的影响还是很大的。沈阳还有好多国企现在还维持得很好的，他们那些国企子弟其实很滋润，他们也是非常以这个为荣，包括我当年高中很多同学是 SF 子弟，他们大学毕业之后家里就会安排到 SF，他们就会有一个很稳定的人生，他们心气态度什么还是比较高的。对于我来说，国企子弟没有什么可光荣的，就是几乎就相当于一个不存在了，什么也不是，因为我很小的时候父母的国企就已经不行了。对于我这种揭不开锅的国企，一个月给你开个两三千块钱，反正也不用你干什么活儿，我也没有什么可光荣的。人家还有产业、位置给人家自己，我这没有了，或者只有个烂摊子给我自己，那会有什么可牛

的。（20211220CN）

受访者FXS和父母一样，也是在石油企业工作，他对国企子弟的身份是矛盾的，一方面他认为国企子弟这个身份给他带来很多好处，尤其是幼年时期享受到的照顾，使他有了更好的教育。另一方面，他在国企工作之后，随着国企效益和相对社会地位的下滑，国企子弟的身份有点"鸡肋"，既舍不得放弃现有的工作，又觉得在这里继续工作束缚了个人发展。

我觉得国企子弟这个身份吧，在我小的时候给我颇多帮助，因为那时候国企确实是能够照顾一个人和家庭的生活，所以我父母在国企的工作，照顾了我年幼时候的生活条件，给了我受教育的资格，以及补课的资本，能够把我推向更好的这个发展上去。但是随着国企不断改革，它这个集体性质不断下降，社会地位的降低。现在来看，它其实不好说是一个优势工作还是劣势工作。就像以前还能够让我有一个稳定的生活，但是也限制了我得到更多的机会。你像我小时候我爸他们的选择是出去了有20%或者15%的机会能够挣到比现在多一点点的钱，而我呆在这里就是80%的机会能够活得比别人好，这样差距也没那么大，这是一个很优势的选择。我现在来讲的话呢，只要出去我有50%的几率活得比这好，而且就会比这好得多呀，就这个风险就会让人觉得很痛苦，还没有达到我呆在国企失业被动选择的地步，但这个风险级别让人很痛苦、犹豫。（20211225FXS）

相比之下，00后的国企子弟的身份认同高于90后。一种情况是因为00后对自己祖辈、父辈为国家建设作出的贡献有更高的认同感和自豪感。例如下面这位受访者，祖辈和父辈都是西南某军工企业的职工，他们自我身份认同比较强，主要是来自祖辈和父辈从事工作的意义方面，认为他们从事的工作很有意义。

我可能认同感比较高吧，因为我们这个厂是三线建设时期建立的，我爷爷奶奶外公外婆都不算是四川本地人，都是其他省份过来支援的，就感觉他们在国家建设中也是投入了自己的力量，所以作为他们的后代我有一种认同感吧，就是来自父辈、爷爷奶奶这辈为国家做的贡献。（20220719XJH）

谈到自我身份认同时，安东尼·吉登斯认为，"个体根据对未来预期而对过往历史进行筛选，并经由此种筛选过程对过往历史的再利用。"[1] 正如上述受访者的个人体验中，他们虽然没有享受到国企给他们带来的就业庇护等福利，但是由于他们的祖辈、父辈为国家三线建设作出了贡献，他们从祖辈、父辈所做的贡献中感受到了意义感，从过往历史的再利用，也增强了他们对国企

---

[1] ［英］安东尼·吉登斯：《现代性与自我认同：晚期现代中的自我与社会》，北京：中国人民大学出版社2016年，第1版，第71页。

子弟身份的意义感。

社会比较是集体身份形成过程中一个重要的心理机制，通过特定的社会比较，有些群体得到正面评价，有些则得到消极评价①。积极的社会评价有利于增强国企子弟的身份认同，受访者 QNS 对国企子弟的身份有较强的认同感和自豪感，她认为这种认同感和自豪感来自对父母工作的认可，从职业性质来看，在国企工作能够受到社会的尊重，而且从她自身在国企经历来看，她认为国企工作对个体也是很好的锻炼。这种观点可以从身份认同形成的社会比较机制来解释，她所说的父母职业得到社会尊重属于积极评价，这种积极评价有利于强化积极的情感体验，如自豪、忠诚和热爱等，从而提高她对国企子弟身份的认同感。

认同感那肯定是有，然后也比较自豪，对于我觉得如果是跟外人去谈论父母工作，比如说我姐目前也在国企上班，说出去我也觉得很骄傲。我觉得正常人来讲肯定是，得在国企工作应该是一个非常高大上的职业，或者说在他们看来国企是铁饭碗，包括我们父母那边来讲，因为从上班开始一直到退休。我觉得是一份很稳定的工作，但是也很有挑战，包括我自己也在国企工作过，我觉得那个氛围确实是挺锻炼人的，不会让你有一刻的休息，让你不断的上进，不然你可能就会跟不上一些节奏。我小的时候，我父母也是不断地工作，不断地忙。（20220728QNS）

四、代际身份传承较为少见

职业地位的代际传承是社会分层领域的经典命题，社会学家对此进行了丰富的研究。新中国成立后，中国人的职业地位传承发生了巨大变化。有研究认为，在改革初期，受益于前三十年的大规模社会改造，中国社会的阶层同质性和流动性很强，个体的职业地位与父代的职业地位关联性很弱②。然而，随着利益和社会结构的不断分化，社会地位的再生产逻辑逐步恢复，个体职业地位的获得受先赋性因素的影响越来越大③。

从我们调查的经验资料来看，第三代国企子弟身份传承的特征跟这些研究结论有一定的一致性，也有差异性。一方面，第三代国企子弟直接继承父业很少，也就是说父母的国企职工身份很少能直接传承给子代，这与前两代国企子

① 聂文娟：《群体情感与集体身份认同的建构》，《外交评论（外交学院学报）》2011 年第 4 期。

② Parish William, "Destratification in China", in James Watson (eds.), Class and Social Stratification in Post-Revolution China, New York: Cambridge University Press, 1984, pp. 84-120.

③ 李培林：《当代中国阶级阶层变动》，北京：社会科学文献出版社 2018 年版，第 1—24 页；David Goodman, Class in Contemporary China, Cambridge: Polity Press, 2014, pp. 34-63.

弟是有所区别的，第三代国企子弟的职业身份更加复杂多元，涵盖了所有的体制内和体制外的工作性质，包括机关事业单位、国有企业、外资企业和私营企业。另一方面，他们的职业身份获得并不是靠直接的顶替、接班、内部招工，但是并不意味着先赋因素没有发挥作用，主要是通过高等教育学历证书的获得，间接地影响他们的身份。总体而言，国企子弟的职业身份流动更加多元化，可能存在以下几种路径：

第一种路径是从国企职工到机关、事业单位人员，例如受访者 GSQ 是一名 90 后主治医师，研究生毕业后进入东北某医院任职。他们家的三代人当中，只有父亲进入到国企工作，他自己从临床医学专业研究生毕业后成了一名医生。除了从事医疗卫生行业的专业技术人员之外，还有受访者父母在国企工作，自己大学毕业后成为中学教师，这也是属于专业技术人员的类型。

爷爷和奶奶都是教师，父亲在国企，母亲在疾控中心，自己是医生，我姥姥是医院的，我姥爷应该算是食品公司或者说供销社，就有点像现在的烟草。按我爷的话来说，从清朝起家的时候，我们就是医生了。（20220514GSQ）

第二种类型是从国企职工到外企、私企职工。这种类型的国企子弟占比相对较高，因为国企改革之后，国企能够容纳的劳动者非常有限，外资企业和私营企业解决了大多数劳动者的就业问题。例如受访者 LXH 的家族来看，从祖辈到父辈两代人在东北的国企工作，但是他本人大学毕业后，自主择业进入私营车企工作，目前是在某外资车企从事研发工作。

我爷爷也是研究所的，奶奶当时是电缆厂的，也是国企。我姥姥以前是在国企的，我姥爷以前是监狱狱警。父亲是国企工程师，母亲也是邻厂的技术员。我的姨也都是在国企，我表姐是在 SF，也是国企。（20220513LXH）

受访者 HZJ 父亲是某国企研究院的工程师，他本人虽然在大学期间学习的飞行器动力工程专业与父亲的工作有一定的关联性，通过大学的学习发现自己不太适合从事父亲这种职业，他根据自己的个人兴趣爱好选择了游戏开发职业，大学毕业后进入到某私营企业工作。

我爷爷是农民，奶奶在我出生之前就已经去世了，我外公最开始是老师，后来也是国企工人，后来那个化肥厂因为经营不善已经垮了。我外婆也是农民，后面做了个体商户，改革开放之后开了一家小餐馆。父亲是研究院工程师，母亲是教师。因为那个时候国企都流行接班，舅舅和三姨都是接外公的班，也进厂工作了，那个厂已经转为私有制了，就是已经卖给老板了，现在好像已经没了。（20220625HZJ）

第三种路径是从父辈的国企职工到自主创业。随着市场经济体制的不断完善，除了就业之外，创业也成为部分国企子弟的选择。例如受访者 QNS，父母原来都是东北某农垦类国企的职工。她本人是自己做生意，在东北某市开了一家零食店，年收入约 30 万。

爷爷奶奶他们原来都是农民，我姥爷应该算是国企干部。父母国有农垦企业工人，我父亲的兄弟姐妹，就一个姑姑在国企，也跟农业方面相关的，我母亲这一方没有兄弟姐妹在国企里面。（20220728QNS）

第四种路径是从国企职工到国企职工的传承。这种情况相对比较少，一般在大型的中央企业，比如能源、电力、铁路等行业还会存在，这种代际身份传承也不像过去能够直接地通过接班、顶职来实现，对国企子弟获得职业身份还是有一定的学历和专业要求。受访者 LZ 的祖辈开始就在国企工作，他的家族实际上三代人都是跟国企密切相关，他本人大学毕业之后也进入到铁路工作。

我爷爷算是技术工吧，中华人民共和国成立初期在国企做机床技术，90 年代已经消失了，奶奶是农民。父亲是铁路部门正处级干部，母亲街道办工厂工人。外祖父算是基层干部，现在看来是一定级别的公务员。外祖母也是国企的，岳父岳母这边可能之前也有，但是我不太了解。我岳父是属于一个事业单位的，算是一个公务员吧，岳母那边可能有一些国企经历。（20220108LZ）

除了上面四种职业身份的代际流动与传承之外，00 后国企子弟还存在不确定性，因为他们当中大部分还在接受教育阶段，尚未进入劳动力市场，但是大概率来说基本上不会有继承父业的身份传承，主要受到几个方面因素的影响：一是人力资本的因素，因为这批国企子弟受教育程度普遍较高，接受大学及以上教育的比重较大，他们父母因为受教育水平偏低，在国企从事的工种大多是劳动密集型的，对他们来说不太可能继承父辈的这种劳动密集型职业身份；二是国企改革的影响，他们父母所在的国企很大一部分已经破产倒闭，只有为数不多的国企还存在，即使他们想继承父业也极少有这种机会；三是就业观念的影响，在市场经济相对比较发达的当下，他们可以选择的职业比父辈多得多，除了国企之外还可以选择体制内的机关事业单位，也可以选择私企、外企，还可以选择自主创业，所以他们不一定会选择国企；另外，他们的就业观念中，追求稳定并不一定是首位的，他们并不排斥体制外的工作。

例如受访者 XJH 祖辈和父辈都是西南某大型国企的职工，整个家族两代人都和这家国企有密切的联系，但是从她个人来说，研究生毕业之后的就业去向尚未决定，她并不排斥去企业，也可能去事业单位。她的想法在 00 后国企子弟中有一定的典型性，择业时比较注重个人兴趣爱好、特长与职业的匹配性，不一定会为了稳定而选择国企。

我爷爷奶奶外公外婆都是特钢厂的。父母这一代的话，父亲是销售，母亲是附属子弟学校的老师。爷爷奶奶这边，叔叔也是这个厂的销售，妈妈兄弟姐妹没有和这个厂有关的。这个职业传承还是比较明显的，至少从爷爷奶奶这一辈算起的到爸妈这代人。我自己找工作呢，因为我的毕业实习是在卫健委，就是对事业单位有一定了解吧，后面打算再去企业实习一下，看自己更喜欢哪个工作环境，再决定后面具体的职业。（20220719XJH）

　　代际流动体现着一个社会的开放性与公平程度；特别是对处在现代化与体制转型双重社会变迁的中国而言，具有更加重要的现实意义[1]。从第三代国企子弟家庭的职业身份代际流动来看，也充分体现了我国从计划经济向市场经济转型过程中的社会流动特征。第三代国企子弟的职业身份与前两代国企子弟有显著的差异性：一是追求稳定不是首要的选择，他们更加注重个人的兴趣、特长；二是职业身份代际流动方向的多元性，涵盖了机关事业单位、国企、外企、私企、创业所有的类型；三是学历和职业技能对职业流动有了更大的影响，父辈所在国企的职业庇护基本上不起作用。这种趋势的存在，有多个方面的原因：第一，市场经济体制下就业体制的完善，在市场经济体制下，就业更加强调双向选择、优胜劣汰，父辈的先赋性因素明显淡化，代际职业身份传承不再是惯例；第二，高等教育的大众化，随着高考录取率的大幅提升，第三代国企子弟接受高等教育的机会也普遍增加，也就意味着他们的人力资本比前两代国企子弟有了显著提升，在就业时有更强的竞争力；第三，就业心态的改变，第三代国企子弟成长在市场竞争常态化的社会环境下，社会流动速度的加快，职业代际流动和代内流动都成为常态化，他们更加注重人—职匹配度和个体能力的发挥，不会过多关注职业的稳定性。

---

　　[1] 李路路，朱斌：《当代中国的代际流动模式及其变迁》，《中国社会科学》2015年第5期。

第六章　结论与讨论

第一节　三代国企子弟命运与抉择的代际比较

本书从市场转型理论、生命历程理论、社会流动理论的视角，对国企子弟的群体样貌进行了勾勒和总结，分析了国企子弟的成长历程和生存状态以及影响因素，在此基础上剖析他们的社会流动状况和身份认同状况。本书总结三代国企子弟的特征如下：

一、儿时生活：生活质量相对下滑

从住房状况来看，三代国企子弟的住房朝着不断改善的方向发展，这种情况与中国房地产发展的进程是有密切关系的。第一代国企子弟虽然享受了福利分房制度，但是总体住房条件仍然比较差，主要体现在住房面积小、住房设施简陋。有些厂矿企业由于条件限制，还存在大量的自建房，这些自建房大多由企业提供建筑用地，国企职工自行出资建设。

从生活质量来看，国企子弟的生活水平是相对下降的，这种相对下降是和社会上的其他群体相比。第一代国企子弟虽然生活水平不高，但是与社会上其他非国企家庭相比，他们的生活水平是有一定优势的。相比于社会上的非国企职工家庭，第二、第三代国企子弟的相对生活水平在下降。之所以有这种情况，是因为国企改革后，大量的国企在改制中破产、消失，国企职工经历了下岗失业，对其家庭经济收入的影响很大，因此他们的生活质量经历了下滑的过程。与此同时，非国企家庭享受到改革开放后我国经济发展的红利，多种不同职业蓬勃发展，有了更多获得收入的机会，这种收入可能远高于国企职工家庭。

从社会福利来看，第一代国企子弟享受了丰富的社会福利，从福利分房、附属医院、子弟学校、浴室、电影院等设施，到发放的食品、生活用品，还有疗养机会等等，在当时生活水平下，这些免费或廉价的福利使得第一代国企子弟的儿时幸福感很高。第二代国企子弟儿时所处的阶段，国企开始推行改革，有些国企经济效益已经开始下滑，无力承担全面的职工福利，社会福利开始削减。第三代国企子弟的父母经历下岗失业的比例较高，他们多数没有享受到国企提供的社会福利，因为到他们出生成长的时期，国企改革已经轰轰烈烈地推进，大多数国企都走向转制破产，连职工的基本工资都难以保障，更不可能承担全面的社会福利，这一阶段的国企社会福利功能全面萎缩。

从人际关系来看，第一代国企子弟居住体验都是从大家庭式的家属大院，这种家属院的人际关系是安全、亲密、和谐的，主要是因为国企职工所生活的环境是"职住一体"的类型，职工上班是同事，下班是邻居，类似于"准乡土社会"。一方面，领导对员工关心到位，另一方面彼此之间来往非常密切。到第二代国企子弟，这种大院生活仍然存在，但是已经开始从熟人社会向陌生人社会转型，有些国企家庭利用积蓄购买商品房，开始脱离单位大院生活。第三代国企子弟大部分都居住在商品房小区。相比之下，商品房小区的人际关系趋于陌生化。

二、教育经历：父母期待不断提高

从教育期待来看，三代国企子弟的父母对他们的教育期待越来越高。第一代国企子弟的父母对孩子学业成绩几乎没有要求，甚至要求孩子放弃升入高中的机会，选择考取国企所属的技校，以便能够更早地通过继承父业的方式进入工厂工作。第一代国企子弟的学业发展处于自生自灭状态，绝大多数父母对孩子的教育缺乏参与，因为第一代国企子弟的父母自身文化程度比较低，无力对孩子的学业进行规划或辅导。第二代国企子弟父母的教育期待开始提高，从七零后到八零后有明显的转折，七零后国企子弟的父母对他们的教育期待不算高，父母参与也比较欠缺，很大程度上也是因为这代人还有选择进厂继承父辈工作的可能。而八零后国企子弟的父母教育期待开始变高，对子女教育的参与也比七零后更高，这种转变一方面是因为八零后国企子弟多数是独生子女，父母教育投入的重心集中，也有更多的时间精力关注孩子学习；另一方面，八零后国企子弟已经没有机会通过顶职、接班等方式继承父母职业，只能通过教育获得的方式自谋职业。

从教养方式来看，第一代国企子弟到第三代国企子弟家庭的教养方式发生了根本性的变化：一是教养方式从粗放到精细，第一代国企子弟父母对子女管教很粗放，"顺其自然""几乎不管"是很多受访者提到的关键词。但是粗放并不意味着完全不管，打骂多于讲道理，主要是因为国企职工工作繁忙，子女众多，"棍棒底下出孝子"是老一辈国企工人信奉的育儿理念，他们没有耐心和时间给孩子讲道理。二是教养方式从专制到民主。第二代国企子弟的教养方式开始转变，第三代国企子弟的父母开始使用更加民主的方式教育孩子，第三代国企子弟有了更多的自主选择权，子女自己做主或者父母和子女共同做主的情况更为普遍。三是教育内容从注重品德转向注重学业。第一代国企子弟的父母基本上不太关注孩子的学业，唯一关注的是品德，比如要求子女老实做人、不要说谎、为人务实、要勤快，不得有违法乱纪的行为。第二代国企子弟的父母普遍还是比较注重品德培养，对孩子有诚实、正直等传统的品德要求，要求子女遵纪守法。第三代国企子弟父母虽然也有"做人""人品"的要求，但是关注最多的还是"学习"，对孩子的教育投入节节攀升，在育儿过程中的父母参与也更为常见。

从教育获得来看，从第一代国企子弟到第三代国企子弟的教育获得在不断提高。从第一代国企子弟来看，五零后的国企子弟大多在小学、初中阶段就经历了"文化大革命"，很多人没有接受到完整的义务教育，就被下放到农村劳动。虽然改革开放后恢复高考，为第一代国企子弟提供了通过知识改变命运的机会。但是能考取大学的毕竟是凤毛麟角，六零后国企子弟的教育获得在不断提高，有更多机会升入大学。第二代国企子弟的学业成就开始攀升，很大程度上是因为市场经济转型带来的变化，此外还跟父母的积极投入也有很大关系。第三代国企子弟的教育获得比前两代人都高很多，从宏观背景来说，1998 年后大学招生规模在不断扩大，这一代人需要通过市场化的竞争方式来获取职业，这代人的学历水平比前两代人明显提高，考取大学的比例较高，还有一些国企子弟获得硕士学位，乃至博士学位。

三、职业发展：从继承父业到多元选择

从择业观念来看，经历了从继承父业到多元选择的转变。第一代国企子弟大多数都有机会继承父母的工作岗位，他们通过顶替、接班、内部招工等方式获取了职业身份，后来也有可能在国企改革中下岗失业。第二代国企子弟参加工作时，国企的就业庇护开始瓦解，其中的小部分七零后可能还有机会继承父业，到了八零后基本上不可能有这种方式。到了第三代国企子弟，他们当中只有少数进入到父母所在的单位或行业工作。绝大多数需要通过市场化的方式解决工作问题，他们从事的工作也五花八门，既有少数的体制内工作，还有很多是体制外的私营企业或外资企业，社会、家庭和个体兴趣等多方面的因素影响了他们对职业的选择。这种择业观念的变化也与市场经济从建立到发展的过程密切相关。由于市场经济体制的不断完善，家庭背景在择业影响中的比例趋于下降，个体的受教育程度等后致因素对国企子弟的就业选择有了更大的影响。此外，国企改制后破产乃至消失，使得国企子弟越来越不可能再从事父母的职业。国企就业庇护的消亡，客观上使得国企子弟择业选择更加宽广。

职业满意度因人而异。第一代国企子弟的职业满意度要区分首份工作满意

度和现职满意度，他们对自己的第一份工作满意度相对比较高，因为当时能够选择的职业有限，他们大多数能够通过对父母职业身份的继承，获得一份相对稳定、收入待遇较高的工作，在当时具有一定的优势，所以总体满意度较高。第一代国企子弟中，五零后基本上都已经退休，还有六零后尚未退出劳动力市场，其中很大一部分在职的国企子弟经历过下岗。由于文化程度低、缺乏专业技能、年龄偏大，他们下岗之后只能从事一些临时性的体力劳动，对现有职业的总体满意度较低。第二代国企子弟工作满意度比较多元化，既受到经济回报的影响，也受到心理回报的影响。如果经济收入符合预期、同事关系和谐、专业匹配度高，他们的职业满意度会更高。此外，职业发展空间也会影响国企子弟的工作满意度，处在朝阳行业的国企子弟职业满意度会更高。第三代国企子弟中，九零后大多数已经走上了工作岗位，零零后只有少数人走上工作岗位。影响第三代国企子弟初职满意度的因素有很多，包括就业预期、职业发展前景、工作环境、个体兴趣匹配度等方面，职业稳定性并不是他们追求的唯一维度。但是，他们的现职满意度影响因素和初职满意度有所区别，影响现职满意度的因素很多，包括兴趣爱好、职业发展空间、工作强度、职业稳定性等要素。两者的相同点就是兴趣爱好、职业发展空间都是他们比较关注的因素。在职业生涯的不同阶段，对于职业稳定性的需求是有一定差异的。体现在第一份工作的满意度方面，九零后并不太注重职业稳定性，而有了一定的职业经历后，职业稳定性成了他们评价职业满意度的指标之一。

从职业流动来看，从稳定走向流动。第一代国企子弟的职业生涯早期大多是通过继承的方式进入父母所在的厂矿企业，有一份非常稳定的工作。但是在他们职业生涯中期，有很大一部分人经历了下岗失业的过程，由于人力资本缺乏，迫于生存压力，他们只能选择从事门卫、保洁等职业，或者选择从事个体经营，职业地位严重下滑，向下流动的轨迹非常明显。第二代国企子弟有所分化，一部分七零后也是继承父辈的职业，进入厂矿企业工作，后期也遭遇下岗，经历了剧烈的职业身份流动。大多数的第二代国企子弟是通过市场化的方式就业，他们的职业稳定性普遍较低，他们的职业流动更加频繁，跨度也更大，终身在一个单位就业的情况比较少，跨单位流动和跨地区流动开始变得比较频繁。第三代国企子弟基本上没有享受过就业庇护，他们的职业流动更加频繁，他们应该很少人会在一个单位工作到退休。而且，他们会选择主动的流动，这种流动会考虑自己的个人兴趣、发展空间、家庭状况等因素主动选择职业流动，属于市场经济条件下的经济理性，会考虑自身人力资本，追求经济利益、职业发展空间的最大化。

四、身份认同：从以厂为荣到认同消解

第一代国企子弟受到体制庇护的恩惠是最为明显的，他们职业生涯后期的波动也更为明显。他们的主观社会地位评价严重下滑，这与他们的职业地位变动有直接的关联。他们在年轻时期拥有一份收入稳定、受人尊重、福利优渥的工作，主观社会地位总体较高。但是到了职业生涯中期，由于国企改制破产、职工下岗失业，他们的主观职业地位直线下滑。第二代国企子弟的主观社会地位评分呈现出多元化的特征，有少数第二代国企子弟高达9分，多数在中间水平，也有少数低至2分。这种主观社会地位的评分主要影响因素有经济收入、职业群体和社会声望。由于第二代国企子弟大多数是通过市场化方式就业，他们就业状况复杂多样，他们的经济收入水平和社会声望有明显的多元化差异。同时，这种主观社会地位还受到受访者的参照群体影响，如果他们依据的参照群体社会地位较高，他们的主观社会地位会趋于偏低的状况。第三代国企子弟的主观社会地位评价有升有降，也有认为自己的主观社会地位与父母持平。影响第三代国企子弟主观阶层地位的因素有经济条件、职业、教育等各方面，难以比较精确地进行评价。此外，还需要考虑到第三代国企子弟中，大部分零零后尚未进入劳动力市场的个体，他们对自身的主观社会地位评价可能并不是那么客观，主要还是依据自身的受教育水平和原生家庭的社会经济地位。

第一代国企子弟的身份认同经历了明显的从强烈到淡化的过程。他们作为庇护体制的受益者，在职业生涯早期对国企的认同感相对较高。随着所在国企走向瓦解破产，个体成为失业人员，他们对原有单位的印象开始变得更加淡漠，集体意识也明显淡化。单位及单位成员的利益、资源和地位的获得已经不仅仅是国家和政府分配的结果，它同时也可以表现为是市场交易的结果，是能力和需求相互在市场上交换的结果。在改革以后的单位中，单位成员不再把单位看作为一种朝夕相处的"生活共同体"，而更多地把自己的那份工作看作是职位和工作场所[1]。与第一代国企子弟相比，第二代国企子弟的身份认同已经在明显淡化。只有小部分国企子弟有"认同感""自豪感"，不少国企子弟在访谈中都提到"没有感觉""没有特别的感觉"等等类似的感受。多数第二代国企子弟并不是国企庇护体制的受益者，他们对于父母所在国企的认同感明显不如父辈。国企为他们提供了庇护资源，但是由于这一代人经历了从辉煌走向衰落的过程，他们对于走向衰落的国企普遍缺乏认同感。第三代国企子弟的认同感又发生了分化，有一部分国企子弟对父辈所在企业是高度认可的，也有一部

---

[1] 李汉林：《变迁中的中国单位制度——回顾中的思考》，《社会》2008年第3期。

分国企子弟的认同感来自父辈对企业所做出贡献的认同。自己作为国企子弟的认同感是与国企子弟的获得感有密切关联的，受益较多的国企子弟认同感和自豪感也相对较高一些。

第二节　庇护体制变迁：理解国企子弟命运的钥匙

一、庇护体制变迁对国企子弟的影响

20世纪90年代以后我国国企普遍面临经营困境，客观上来说，国企办社会的福利模式已经难以为继，到了非改不可的阶段。国企改革的过程，也是传统的庇护体制开始从弱化到瓦解的过程。1995年至2002年，我国国企改革进入攻坚阶段，大批国企在改革中改制破产，导致了大量职工下岗。在这一阶段国企的庇护体制开始弱化，并且逐步走向瓦解。这种庇护体制的瓦解，意味着国企与职工的关系发生了根本性的变化，体现在国企对职工提供的庇护是从无限责任到有限责任。在"父爱主义"的庇护体制下，国企体制能够像父亲照顾孩子一样，为其职工乃至家属提供"从摇篮到坟墓"的全方位庇护。这种庇护体制下，职工及其子女也形成了对国企大家庭的高度认同，也有很强的自豪感。随着国企效益下滑，庇护体制也逐步弱化乃至瓦解，国企子弟对国企的认同感和自豪感也在下滑。

庇护体制的瓦解，很大程度上影响了国企子弟的命运和选择，这种影响在不同世代的国企子弟身上有不同的反映。

在20世纪50—70年代出生的国企子弟身上。这一批国企子弟儿时享受了国企体制庇护带来的恩惠，一是体现在他们的父母有一份稳定收入的工作，能够保障他们家庭的基本生活没有后顾之忧，这比大多数体制外的子弟占有明显的优势。二是国企为他们提供了全面的社会福利，包括福利分房、教育资源、医疗卫生资源、文化娱乐资源，这些全方位的社会福利使得他们的生活质量高于体制外的子弟。三是国企为他们提供了就业庇护，解决了工作问题，初始职业获取具有继承父业的明显特征。但是，随着国企改革的推进，大批国企改制破产，导致一批国企子弟中年失业。这种就业庇护优势，某种程度上也是劣势，因为他们在求学阶段为了更早继承父辈职业，没有选择进一步升学，导致他们的学历水平偏低，也缺乏专业技能，人到中年又遭遇企业破产，没有更多的就业选择，为了生存只能选择收入低的劳动密集型职业。

庇护体制的瓦解对新生代国企子弟来说有利有弊。一方面，这种庇护体制的变迁给新生代的国企子弟儿时生活带来一定的困境，尤其是20世纪80—90

年代出生的国企子弟，他们的父母很多都经历过下岗失业，这种下岗失业对处于幼年乃至少年时期的新生代国企子弟来说，父母下岗导致缺乏稳定的生活来源，直接影响了他们儿时的生活质量，导致家庭消费降级。此外，由于庇护体制的瓦解，原来国企能够提供给职工的生活福利也逐步取消，比如教育资源、医疗资源、生活服务资源和娱乐资源等等，这些资源过去是免费或成本价供给，改革之后转变为市场化供给方式，客观上增加了国企家庭的经济负担，也会导致他们无力承担，从而影响生活质量。此外，他们这代人也基本上没有机会能够享受到父母所在国企的就业庇护，要依靠自身能力解决就业问题。另一方面，庇护体制的瓦解也意味着国企子弟开始走向市场化。与老一辈国企子弟相比，新生代国企子弟虽然没有机会享受顶替、接班等就业福利政策，但是，他们适逢我国高等教育快速发展的时期，受教育程度总体上比上一代高不少，增强了就业竞争力；此外，他们成长的时代背景，正是我国市场经济建立与发展的阶段，市场竞争的理念已经深入人心，从这个角度来看，他们并没有体制依赖的包袱，反而有利于他们的发展；另外，市场竞争的环境中，能力导向的资源分配逻辑对他们来说意味着更多的社会流动机会。

二、结构—能动性：国企子弟流动的动力机制

结构—能动性作为人类学的理论研究主题，受到诸多学者的关注，结构—能动性研究经过了三个发展阶段：结构功能主义的结构优先；互动交易理论的能动性优先；"反思社会学"试图在这两种对立观点之间寻找到一个平衡点，即试图构建结构与能动性之间的桥梁。结构—功能主义学派结构优先的理论以涂尔干等为代表，强调社会事实的存在先于任何个人并制约、支配着个人行为，而不能促进创造力和能动性[①]。拉德克利夫—布朗主张根据生成社会秩序的机制、根据社会制度的功能来解释社会制度和各种现象的存在缘由[②]。交易互动主义者反驳结构—功能学派的结构优先说，他们认为：人是有理性的、懂策略的人，人们时刻在盘算和优化自己经济的、道德的利益，并就自己的行动做出种种选择[③]。帕森斯提出"唯意志论行动理论"，该理论认为行动单元是由行动者、目标、规范和情境条件所组成[④]。因此帕森斯的行动单元理论可以

---

① 涂尔干著，林宗锦译：《宗教生活的初级形式》，北京：中央民族大学出版社2002年版，第5—11页。

② 拉德克利夫—布朗著，蟠蛟等译：《原始社会的结构和功能》，北京：中央民族大学出版社1999年版，第1—15页。

③ 阿兰·巴纳德著，王建民等译：《人类学的历史和理论》，华夏出版社2005年版，第86-93页。

④ ［美］乔纳森·H.特纳著，邱泽奇，张茂元，等译：《社会学理论的结构》（第7版），北京：华夏出版社2006年版，第431页。

看作其从微观角度综合社会和文化"结构"与个体"能动性"的尝试的结果[①]。布迪厄认为，惯习与社会中由权力与阶级所形塑的系统性、结构性的不平等有关。它产生于这些不平等并造就具有结构能力的结构的实际行动[②]。

本文借用"结构—能动性"这一理论框架解释社会转型时期影响国企子弟社会流动的动力机制。我们所说的命运更多是特定时代的社会结构性因素，市场体制转型、行业发展都是宏观和中观的结构性因素，对国企子弟个体行动产生巨大约束；面对这种结构性因素，国企子弟家庭及其个体抉择体现的是主观能动性。下文将以"结构—能动性"为理论框架展开分析。

（一）市场体制转型的影响机制

从宏观上来看，庇护体制的瓦解意味着社会流动逻辑的转型。在传统的庇护体制下，老一代国企子弟的社会流动轨迹分为两个阶段，第一个阶段是继承父业的代际流动阶段，这一阶段国企子弟大多数通过接班、顶职、内部招工等方式继承了父母的职业或岗位，代际流动的幅度很小，基本上都是从父辈工人到子代工人的流动轨迹，社会地位没有根本性的流动，某种程度上带来了阶层固化的问题。尽管国企工人并不算特权阶层，在社会经济地位序列中最多只能算中上水平。但是，国企内部顶职、接班、内部招工等职业更替的方式，对于社会公平而言弊大于利，因为国企职业庇护就意味着有更多的非国企子弟丧失了进入国企工作的机会，对于社会中下层民众的子女来说是不够公平的。尤其是农民的子女，在当时情况下如果有机会跳出"农门"，成为国企的一名普通工人，也是巨大的阶层跨越。这一点与现有的研究有相同之处，现有研究表明，中国体制内单位就业存在明显的代际传递。不管从不同年份还是不同部门来看，体制内单位的就业都存在严重的代际传递。虽然近年来代际传递的程度有所降低，但依然在高位徘徊。特别是国有企业内一直存在较高的代际传递[③]。

市场化改革打破了传统计划经济背景下继承父业的社会继承模式，意味着国企子弟失去了单位制的父爱主义庇护，基于绩效的市场原则在国企子弟的社会流动中占据主要地位，后致因素取代了先赋因素成为社会流动的主导规则，

① 陈学金：《"结构"与"能动性"：人类学与社会学中的百年争论》，《贵州社会科学》2013 年第 11 期。

② Bourdieu P. , *Outline of a Theory of Practice*，Cambridge：Cambridge University Press. 1977，p. 72.

③ 韩雷，陈华帅，刘长庚：《"铁饭碗"可以代代相传吗？——中国体制内单位就业代际传递的实证研究》，《经济学动态》2016 年第 8 期。

意味着"出身论"逐步失去市场，从"看他是谁到看他能干什么"[①]。市场经济情况下，国企子弟的社会流动也受到宏观的市场经济体制约束和影响。市场体制就意味着公平竞争、优胜劣汰，不管国企子弟还是其他人，在选择职业或职业流动过程中都需要依靠自身的后致因素来实现，这些后致因素包括受教育程度、职业技能等等。就如当下的机关事业单位"逢进必考"，市场经济条件下的国企招聘也趋于公开化，这有利于扩大职工来源渠道，从更广阔的范围选择职工，吸纳更多的优秀人才进入国企，有利于优化国企员工队伍结构。

第二个阶段是代内职业流动阶段。代内职业流动有主动流动和被动流动两种。劳动者在职业生涯中，为了更好地实现自我价值，或者根据自身的兴趣爱好，选择从原有职业转换到新的职业，属于主动流动。劳动者在职业发展过程中，由于外在因素被动地选择转换职业，属于被动流动。劳动者的职业流动不仅受劳动者个人主观因素的影响，更受到社会结构和制度等多方面因素的综合影响。对于改革开放前出生的群体，结构性因素的作用力更大一些，间接反映出国家对于个体职业的控制仍占主导；对于改革开放后出生的群体，个体和家庭因素对于他们离开初职的决策有更重要的作用[②]。这种职业流动的代际差异也明显体现在不同世代的国企子弟身上。20世纪50—60年代出生的国企子弟，包括少数七零后国企子弟，在获得初职时大多数享受到了国企提供的职业庇护，主要是以身份传承的方式，以较低的成本获得与父辈相同的国企工人身份，对于其本人的人力资本并没有太高的要求，多数国企子弟在获得这一身份时只需要初中毕业、中专或技校学历。正是因为这种就业庇护体制下，国企子弟进入国企的门槛较低，也为他们后续的个人命运埋下一定的伏笔。因为他们职业生涯中后期，我国开始建立社会主义市场经济体制，优胜劣汰、自由竞争、双向选择的市场化就业机制逐步建立起来，很大一部分国企在市场竞争中效益下滑，面临大批裁员的困境。正是这两种背景导致了第一代国企子弟被动的职业流动，也导致他们的社会经济地位急剧下滑。因为他们长期处于竞争相对温和的国企中，对于职业技能、学历提升等要求很低，所以他们失去了继续深造、学习的动力，一旦这种理想城堡被打破，他们面临激烈的市场竞争，在被动的职业流动中就明显处于劣势。大多数下岗的国企子弟只能被动选择技术含量、社会声望、经济收入都比较低的行业。在市场经济体制下，并非所有的国企子弟都能在市场化的劳动力市场竞争中胜出，因为在这种社会流动逻辑转

① Erikson, R. C., & Goldthorpe, J. H., *The Constant Flux: A Study of Class Mobility in Industrial Societies*, London: Oxford University Press, 1992, p. 24.

② 赵晔琴，古荭欢：《职业稳定性与代际差异：基于上海居民职业经历的追溯调查》，《人口与发展》2023年第6期。

型过程中，有些国企子弟由于个人文化水平、职业技能等方面的缺失，无法适应完全市场化的流动机制，社会地位显著下滑，甚至跌落到社会底层。此外，还有少数的国企子弟因为先天性的因素（比如先天性残疾），或者遭遇重大疾病，导致有些国企子弟反而成为弱势群体，成为社会底层群体。

第二代、第三代国企子弟大多数没有享受到国企的职业庇护，某种程度上也是一件好事，因为他们初职或职业流动时面临的是越来越成熟的市场化劳动力市场。所以，对于这批国企子弟来说，他们从一开始就没有职业庇护的可能，他们父母能够更加注重子女的学业成就，希望子女通过取得较高的学业成就来获得一份较好的初职。在受访者中，八零后到零零后的国企子弟中，很大一部分都拥有大学学历，甚至不乏研究生学历，这对于他们获得理想职业有很大的助益。从代内职业流动来看，他们的职业流动更加频繁而主动，呈现出以下特征：第一，从职业流动频率来说，他们整个职业生涯可能会经历多份不同的工作，从事不同的行业，在不同地区之间流动，尤其是体制外的职业群体表现更为明显，"一个单位干到老"的可能性极小。第二，从职业流动的类型来说，更多的是主动选择职业流动，他们会根据自身的发展空间、薪酬待遇、兴趣爱好、家庭状况等多个方面的因素，更加主动选择职业流动，实现经济收益和职业发展的利益最大化。第三，体制内外就业身份流动有差异。相对而言，体制外的企业就业的国企子弟职业流动的频率又远高于体制内就业身份的国企子弟。虽然我国体制内的就业也有流动，但是总体上职业稳定性明显要高于体制外就业。

（二）行业发展的影响

同样是国企子弟，不同行业的国企子弟能够享受到社会福利和就业庇护有比较明显的差别。即使是同一行业，在国企发展的不同历史阶段也是有显著差异性。

由于我国在不同的经济发展阶段，国企所属行业发展的侧重点有较大差异。例如，我国工业化发展初期，国有企业涵盖了大部分行业，这些行业中制造业占很大比例。在计划经济时代，这些制造业为经济社会发展和人民生活水平提高做出了巨大贡献。但是，随着市场经济的转型，制造业中的大量小型国有企业并没有特别的优势，因此成为国企改革的重点。《中共中央关于国有企业改革和发展若干重大问题的决定》明确指出，国有企业改革要从战略上调整国有经济布局的任务，即国有经济需要控制关系到国民经济命脉和重要行业和关键领域，主要包括：涉及国家安全的行业、自然垄断的行业、提供重要公共产品和服务的行业，以及支柱产业和高新技术产业中的重要骨干企业，对国有企业进行战略性重组，强调"抓大型企业，放开搞活中小企业"①。在这种背景下，大量中小企业走向改制重组乃至破产之路，尤其是一些重点监测行业，比如纺织、有色、建材、煤炭等。相比之下，经历国企改革之后保留下来的企业，在规模、效益方面实现了快速发展，尤其是关系到国计民生的重点行业，比如铁路、电力、通信、军工等行业。

国企改革背景下，对国企子弟的影响也有比较明显的差异。对于第一代国企子弟而言，他们当中大多数处在传统行业，这些行业在国企改革中大多数走向破产重组。在这个过程中，他们就经历了社会经济地位急剧下滑，被动的职业流动，大多数流向稳定性差、收入待遇低的职业。也有少数国企子弟是在关乎国计民生的重点行业，他们的职业生涯并没有受到明显的影响，甚至某种程度上来看，有了更好的职业发展空间。例如受访者中，有在铁路、油田、电力等行业工作的国企子弟，他们所在的行业仍然在发展，因此他们的职业流动并不是那么频繁。

对于第二代、第三代国企子弟而言，他们的职业流动受行业发展影响也很大。这种影响首先体现在体制内就业和体制外就业的差异，体制内就业的国企子弟职业流动性相对较少，尤其是机关事业单位的职业稳定性更高，而体制外就业的国企子弟职业流动就比较频繁，同行业内不同企业跳槽、同行业不同地区流动、不同行业的职业流动都是比较普遍的。因为市场经济条件下，行业发展更新速度较快，过去经济效益好的行业可能会走向衰落，导致特定职业的衰落甚至消亡，也有大量的经济形态兴起而产生新岗位。尤其是当数字技术驱动背景下的平台经济兴起之后，创造了更多新的就业岗位，产生了大量平台经济模式下的灵活就业人员，例如快递员、网约车司机等等，有些国企子弟也可能会从传统行业流向这些新兴职业或选择自由职业。

（三）家庭文化资本的影响

文化资本概念最早由布迪厄提出，分为狭义文化资本和广义文化资本。狭义文化资本强调文化资本为中、上层专属，是实现本阶层优势传递的合法工具②。狭义文化资本一般操作化为高雅文化物品拥有量、高雅活动参与程度或者对高雅文化的知识、兴趣等变量③。广义的文化资本不仅包括布迪厄的文化资本，还包括家庭读书氛围，以及一般性技能、习惯及风格，如仪态、装扮、

---

① 邵丁，董大海：《中国国有企业简史》，人民出版社 2020 年版。

② Lamont，M.，& Lareau，A.，"Cultural Capital：Allusions，Gaps，and Glissandos in Recent Theoretical Developments"，*Sociological Theory*，Vol. 6，1988，p. 153.

③ 仇立平，肖日葵：《文化资本与社会地位获得——基于上海市的实证研究》，《中国社会科学》2011 年第 6 期。

旷课习惯等[①]。从广义文化资本变量操作化来看，不再被简化为对高雅文化活动的知识和参与，父母为子女提供良好的教育氛围，如参加补习班，加强家庭和学校之间的关系，重视学习价值等也被视为是一种文化资本[②]。

文化资本会影响个体教育获得和社会地位获得。本研究的结论部分与这一结论相似，但也有些差异。相似之处体现在国企职工家庭的文化资本确实会影响国企子弟的教育获得。从第一代国企子弟的教育获得和第二、第三代国企子弟的教育获得比较来看，三代国企子弟的教育获得在显著的提高。从出生世代来看，20 世纪 50—70 年代出生的国企子弟，接受大学教育的比例相对较小；而 20 世纪 80 年代到 2000 年以后出生的国企子弟接受大学教育的比例大幅上升，90 后、00 后国企子弟接受研究生教育的比例也不在少数。这种教育获得的提高，固然与宏观的教育发展背景有关，以 1998 年为分界点，1998 年高考扩招之后，我国进入高等教育大众化时期，全民接受大学教育的比例在不断上升。1965 年，我国高等教育毛入学率为 1.95％，1998 年高等教育毛入学率为 9.8％，2020 年高等教育毛入学率达 54.4％[③][④]。这组数据说明，从 1965 年以来我国高等教育招生规模发生了巨大变化。

除了宏观的教育发展对国企子弟的影响之外，我们也不能否认家庭文化资本的作用。家庭文化资本在国企子弟的教育中，体现为对学习价值的重视、父母教育期待的提高，以及由此带来的教育投入增加和父母参与的增加。第一代国企职工对子女的教育期待很低甚至没有教育期待，大多采取"顺其自然"的态度，到了第二代和第三代国企职工对子女的教育期待在不断提高。从教育投入的角度来看，第二代、第三代国企子弟参加补习班，父母为他们购买学区房或择校的比例在持续上升，这就意味着父母对他们的教育投入在不断提高，这种投入与父母教育期待是密不可分的。除此之外，国企职工对子女的教育参与也在不断增加，父母辅导作业和与教师的联系更加频繁。这些理念和做法也有利于国企子弟学业成绩的提高。

国企职工家庭的文化资本从无到有、从低到高的变化，主要有两方面的原

---

① Farkas, G. , et al. , "Cultural Resources and School Success: Gender, Ethnicity, and Poverty Groups within an Urban School District", American Sociological Review, Vol. 55, No. 1, 1990, pp. 127 - 142; Dirk De Graaf, et al. , "Parental Cultural Capital and Educational Attainment in the Netherland: A Refinement of the Cultural Capital Perspective", Sociology of Education, 2000, pp. , 92-111.

② 仇立平，肖日葵：《文化资本与社会地位获得——基于上海市的实证研究》，《中国社会科学》2011 年第 6 期。

③ 中国教育在线：《数看百年：教育大国是怎样炼成的》https://www. eol. cn/shuju/uni/202107/t20210707 _ 2133311. shtml，2021 年 7 月 7 日。

④ 中国教育和科研计算机网网络中心：《各级教育毛入学率（1990—2007）》，https://www. edu. cn/edu/tjsj/zhsj/gai _ kuang/201001/t20100121 _ 442081. shtml。

因。第一，就业庇护的瓦解。第一代国企子弟和部分第二代国企子弟学业成就低，很大程度上是因为当时的国企子弟能够享受到就业庇护，初中毕业或者技校毕业就能获得一份国企的稳定工作，很多这批国企子弟的父母甚至不希望孩子多上学，而是希望他们尽快参加工作，某种程度上也是"读书无用论"的体现。这种观念限制了五零到七零后的国企子弟学习积极性，威利斯笔下的"学做工"逻辑在这批国企子弟的身上有所体现[1]，尽管大多数五零到七零后的国企子弟并不一定会排斥学校教育，但是国企提供的就业庇护使得他们不需要通过较高的教育成就来获得更高的社会地位，只需要达到国企需要的最低文凭，就能够继承父业。这种状况客观上带来了他们对父母社会地位再生产，短期内对他们来说是非常有利的，但也是后期职业发展空间受限制的主要原因之一，为他们后期下岗失业也埋下了伏笔。多数第二代国企子弟和第三代国企子弟没有享受到国企的就业庇护，对他们来说未必是坏事。第二，就业市场发生了剧变。这两代人所面临的就业体制和就业环境发生了巨大变化。市场转型带来的市场化就业体制，国企子弟就业时父辈身份的影响力已经明显降低，尤其是选择体制外就业，先赋地位已经不太重要。从就业环境来看，他们就业面临的是多元化就业选择，除了机关事业单位、国企之外，私营企业、外资企业遍地开花，提供了大量就业机会，他们能够有更多的就业选择。在越来越剧烈的就业竞争中，伴随着高等教育大众化，国企职工也意识到子女教育的重要性，他们对子女有更高的教育期待、更多的教育投入和教育参与，这些都有利于他们子女获得更高的教育成就，而这些教育成就很大程度上增加了子女在就业竞争中的人力资本。

（四）个体选择因素的影响

前面论述的市场体制转型和行业发展是宏观层面的结构性因素，我们强调结构性因素的重要性，并不意味着个体没有主观能动性。个体的主观能动性主要表现为教育选择、职业选择、职业流动方面。

新人力资本内容包括能力（认知和非认知技能）、技能（教育或在职培训）以及健康（身体健康和心理健康）等要素[2]。教育水平差异是中国城乡收入差距扩大最重要的影响因素。教育回报更高的城镇居民将进行更多人力资本投资，使得城镇居民人力资本水平高于农村居民[3]。

---

① ［英］保罗·威利斯：《学做工：工人阶级为何继承父业》，译林出版社 2013 年版。

② 李晓曼，曾湘泉：《新人力资本理论——基于能力的人力资本理论研究动态》，《经济学动态》2012 年第 11 期。

③ 陈斌开，张鹏飞，杨汝岱：《政府教育投入、人力资本投资与中国城乡收入差距》，《管理世界》2010 年第 1 期。

从不同世代的国企子弟状况来看，他们的人力资本有比较显著的差异性，最直接的体现在教育成就的差异。大多数第一代国企子弟最高学历是初中或高中（中专/技校），能够获得大专以上学历的寥寥无几。第二代国企子弟中，超过一半是大专及以上学历，其中还有一小部分研究生学历。第三代国企子弟中，本科及以上学历已经比较普遍，研究生学历（包括在读）也占比较大的比例。从这些国企子弟的受教育程度来看，第一代国企子弟在考大学与参加工作两者之间，大多数是选择直接参加工作，放弃先考取高中再考大学的路径。第二代、第三代国企子弟普遍选择先接受高等教育再参加工作。这两者差别的原因：一方面是就业庇护逐步瓦解。第一代国企子弟不需要大学学历就能直接进入父辈的国企工作，可以节省更多时间。由于大多数第二代国企子弟和第三代国企子弟已经没有享受到就业庇护，需要直接通过市场化方式就业，而市场化就业对学历的要求越来越高，第二代国企子弟可能只需要本科学历就能谋取一份不错的工作，而到了第三代国企子弟，尤其是零零后国企子弟就业时，他们可能需要研究生学历才能有机会谋取更加理想的职业。另一方面，高等教育的入学率在不断增长，正如前文提到我国高等教育毛入学率从 1965 年的 1.95％增长到 2020 年的 54.4％，这个数据说明，对于第一代国企子弟来说，即使考取高中，接受高等教育的概率也很低，每一百个当中只有不到两人能考上大学；而 2002 年出生的第三代国企子弟，接受高等教育的概率已经达到一半以上。大多数第二代、第三代国企子弟会首选接受高等教育。

从初职选择来看，第一代国企子弟和第二代、第三代国企子弟也有较大的区别。第一代国企子弟初职的选择基本上是进入父母所在的国企，继承父业是主流。因为在当时的情况下，继承父业是最理想的选择。首先，在 20 世纪 90 年代以前，大多数国企都有不错的经济效益，国企子弟选择成为国企职工意味着有稳定的收入、较高的社会声望，而且能够享受到国企提供的多元化的社会福利。其次，在第一代国企子弟走上工作岗位时，我国还没有实行改革开放，还没有私营企业和外资企业，也不允许从事个体经营，除了国有企业就是集体企业，几乎没有其他选择。一部分第二代国企子弟还享受到了国企的就业庇护，但是大部分第二代国企子弟已经开始面临市场化的就业方式，他们的选择开始趋于多元化。有些国企子弟获得了本科及以上学历，能够凭借人力资本优势，有了更多更好的职业选择，他们的就业去向开始多元化，涵盖了机关事业单位、国企、外资企业和私营企业、个体经营等各种职业。第三代国企子弟的就业选择完全是多元化，进入国企的已经是极少数，他们的职业选择覆盖了所有类型，可以预见的是，他们当中可能还有人选择电商、直播、快递员等各种新兴职业。

从职业流动的选择来看，第一代国企子弟职业生涯流动是被动选择，而第二代、第三代国企子弟的职业流动更加主动。第一代国企子弟到了职业生涯中后期遭遇了国企改革，他们当中很多人面临下岗失业问题。多数下岗失业的国企子弟为了生存被迫选择保安、保洁、保姆等职业稳定性差、社会声望低的职业，少数接班的第二代国企子弟也是这种状况。第二代国企子弟职业流动开始趋于主动，第三代国企子弟主动选择职业流动，他们会根据自己的人力资本、薪酬待遇、兴趣爱好、职业发展空间等因素，综合评估后理性选择。这种职业流动选择的被动到主动，说明我国的市场化就业方式越来越完善，更加有利于人力资本的优化配置，也有利于个人的职业发展。这种差异背后的原因还说明第二代、第三代国企子弟的人力资本比第一代国企子弟更强，作为个体有更多的筹码自由选择职业流动，而不是被动的选择职业流动。

综上所述，通过运用"结构—能动性"的理论框架可以说明：一方面，社会转型的时代背景下，社会结构经历了从封闭到开放的发展过程。庇护体制经历了从兴盛到式微的转型，三代国企子弟享受庇护体制的福利截然不同，总体上是在不断削弱乃至消失。除了少数垄断国企，大多数国企所属行业经历了从兴到衰的发展过程，使得原本国企子弟能享受的就业庇护走向消亡；市场经济的建立和完善，也在创造新的就业体制，涌现出更多新的职业。另一方面，国企子弟的家庭和个体选择从被动向主动转变，从单一向多元转变。从文化资本的角度来看，国企子弟家庭从随大流忽视子女的教育、粗放式的教育，转向越来越注重子女教育，加大教育投入。从就业选择而言，第一代国企子弟基本上是选择子承父业，第二代国企子弟开始有了市场化就业，第三代国企子弟基本上是选择市场化就业。总之，在市场转型宏观背景和行业发展的中观背景下，国企职工家庭及国企子弟一方面受到"结构"因素的巨大约束，这种结构形塑了国企子弟的惯习；我们也不能忽视国企子弟的主观能动性，他们在选择接受教育和职业时，有自身的主观能动性。"结构—能动性"的张力形塑了国企子弟的生命历程。

第三节　对国企子弟群体的相关讨论

一、对国企子弟群体身份再认识

（一）国企子弟是一个准身份群体

正如前文所述，国企子弟并不是有组织的身份群体，虽然提到国企子弟身份时，不少受访者会有自豪感、认同感，会有共同的话语。不可否认，他们的身份标签不是非常显著，甚至有些受访者也说，如果不是我们的研究，他们对国企子弟这个身份都没有特别的感受。他们不像老三届、知青这些特定的群体一样有比较明显的身份认同。

国企子弟作为个体，"依据对未来的预测对过往历史进行筛选，并经由此种筛选对过往的历史进行再利用。"[1] 他们生命周期中的共同记忆构建了这种自我形塑。当然，即使都是国企子弟，他们虽然有共同的身份，但是他们的差异性也很大。特大型、大型国企的厂矿子弟，对这一身份的认同感明显更高，尤其是曾经生活在一个国企家属院的国企子弟，他们有共同的生活经历、学习经历，也有一些共同的工作经历，他们对国企子弟的身份认同更为明显。相比之下，父母在中小型企业尤其是经济效益明显较差的国企工作，也没有家属区生活经历的国企子弟，对于国企子弟的身份认同感相对较弱。

总之，国企子弟是一个准身份群体，这一术语既不是政治身份，也不是社会身份，涵盖的只是父辈曾经在国有企业工作过的这一特定群体，他们的生活经历、生存状态有一定差异性。本研究试图寻求这一群体的"最大公约数"，寻找他们生命历程中最为明显的特征。

（二）国企子弟与其他"二代"的区别

在较长一段时间，社会分层与流动研究中，"二代"研究曾经是理论热点，这里的"二代"更多的是指社会优势群体的后代，比如"官二代""富二代"。后来也衍生到社会弱势群体的后代，比如"农二代""贫二代"等等。但是，很少研究关注曾经的社会中间群体——国企职工的后代，即国企子弟。这一群体也有其自身的特殊性，他们的生命历程和社会流动有特殊的轨迹。

有研究认为，"二代们"的社会流动呈现新的趋势：代际流动的继承性越来越强化，而代内流动的流变性越来越弱化，青年群体的社会流动出现了阶层固化现象[2]。从现有的社会事实来看，阶层固化有所减弱，尤其是脱贫攻坚、低保救助等社会政策，为社会底层提供了社会上升的空间与可能；公务员考试制度的完善、高考制度的改革，为打破阶层固化提供了政策支撑。但是，也不排除阶层固化的隐形化。总体上来看，国企子弟作为"二代"群体，他们算不上特权群体，因为大多数国企子弟都是普通工人的子女，虽然或多或少地享受过国企提供的体制庇护，在就业、社会福利等方面有一定的优势，但是随着庇护体制的瓦解，这种优势已经不复存在。国企子弟也从自豪的一代演变成普通

---

① ［英］安东尼·吉登斯：《现代性与自我认同：晚期现代中的自我与社会》，中国人民大学出版社2016年版，第71页。

② 邓志强：《青年的阶层固化："二代"们的社会流动》，《中国青年研究》2013年第6期。

的一代，跟大多数普通人没有明显的鸿沟。跟"农二代""贫二代"相比，国企子弟确实是曾经有一定的地位优势，出生在国企职工家庭，起码能够为他们提供生活稳定的成长环境，在生命历程早期并没有经历过太多的苦难，而且在教育获得方面有较为明显的先天优势，国企附属学校等教育资源能够为他们提供一定的支持，尤其是第一代国企子弟教育获得肯定会比弱势群体的子女有更明显的优势；此外，50—60年代出生的国企子弟在获得初职时大多能得到父母所在单位的就业庇护，能够比"农二代""贫二代"有明显的就业优势。

对于国企子弟要理性看待，虽然也有极少数国企子弟在行为作风方面引发社会争议，比如中部某省某国企干部子女炫富的事件，但是这只能说是个案。这一群体大多数都是普通职工的子女。对他们的生命历程分析可见，他们的社会流动受到社会结构性因素的约束，计划经济时代的体制庇护是特定历史时期的产物，已经成为一段历史。正如顾辉认为，需要正确认识当前社会结构特征，要正视现实，科学理性看到阶层流动存在的问题，既不要漠视存在的问题，也不要情绪化夸大问题[①]。这 群体在计划经济时期确实是既得利益获得者，从国企的庇护体制中获得了一份工作，享受了全方位的社会福利，这种利益也随着市场化转型逐步削弱甚至瓦解。尤其是在市场化转轨过程中，第一代国企子弟中很大一部分人成为利益受损群体，他们在国企改制破产中下岗失业，陷入艰难的生活困境，陷入从社会中间阶层坠入社会底层群体，导致一些国企子弟家庭破裂，这也是客观存在的事实。第二代乃至第三代国企子弟也因为他们的父母下岗失业，生活、学习方面受到一定影响。

二、庇护体制变迁的长期影响

魏德昂认为，从"新传统主义"看到了被集权主义忽视了的一个意外后果——共产党非人格化的意识形态导致了领导与积极分子之间形成了一种上下级互惠的庇护主义关系，这是一套独特的政治忠诚与个人关系[②]。本文所讨论的庇护体制更多的是体现单位制背景下国企对其职工及家属提供的全方位庇护关系，这种庇护关系是体制性质的，在庇护体制下单位给职工及家属提供资源大多是普惠性质的，与领导和积极分子之间的庇护关系有所区别。在领导与积极分子的庇护关系中，积极分子是有限的，社会福利的平均主义分配逻辑使得职工对领导的依赖性也是比较少的，对于多数职工而言，他们所享受到普惠性福利并不需要通过向掌握资源的领导示好。

---

① 顾辉：《社会流动视角下的"Ⅹ二代"研究》，合肥工业大学出版社2016年版。
② 李路路，王修晓，苗大雷：《"新传统主义"及其后》，载田毅鹏等著《重回单位研究——中外单位研究回视与展望》，社会科学文献出版社2015年版。

现有研究对国企庇护体制变迁相关的成果也有不少，主要是将其作为单位制的一个组成部分来分析。例如：探讨"父爱主义"产生、发展以及走向制度化的具体过程[1]；认为单位关系主义在某些领域有所淡化，但仍然存在制度惰性[2]；社会资源的单位垄断制以及浓郁的单位氛围和国营惯习，制约东北老工业基地的社区建设[3]。此外，还有研究关注庇护体制瓦解对国企工人本身的影响，如国企改革中工人的无集体行动[4]、群体认同与阶级意识[5]，认为下岗失业的国企工人被甩到社会结构之外[6]。鲜有研究关注国企庇护体制对国企子弟的长期影响，本研究借助生命历程和市场转型体制的理论视角，以"结构—能动性"的分析框架，分析国企庇护体制变迁对国企子弟的生命历程的影响，拓宽了市场转型研究和单位制研究的范畴，具有一定的学术创新价值。

计划经济时代，单位作为一种特殊组织和社会分层机制，个人所在单位的性质、级别、地位就基本上决定了个人的社会地位[7]。随着市场化转型的不断深入，这种庇护体制走向瓦解。对于庇护体制变迁的影响，应该一分为二地讨论。一方面，国企庇护体制瓦解是不可避免的趋势。从 20 世纪 90 年代开始，我国开始探索建立和完善社会主义市场经济体制，国企所面临效益低下、人浮于事的弊病，市场竞争力低下，无法适应社会主义市场经济体制。国企要生存发展必然要推进减负增效的改革，这项改革的重点之一就是剥离国企的社会功能，将国企的功能回归经营本位，国企庇护体制下的住房分配制度、就业庇护制度、社会福利制度等逐步走向瓦解。这种庇护体制的瓦解也是适应社会主义市场经济的必然要求。对于大多数社会成员而言，市场化逻辑给普通人带来更多的发展空间，这种发展空间是建立在机会公平的基础上，机会公平是成熟的市场经济社会的基础，也是社会文明进步的象征。从这个意义上来说，这种转型是势在必行的，也是社会的大势所趋。

另一方面，国企庇护体制变迁对国企子弟生命历程具有深刻影响。三代国企子弟的命运迥异，意味着国企庇护体制下社会流动逻辑的转型。第一代国企

① 田毅鹏，李珮瑶：《计划时期国企"父爱主义"的再认识——以单位子女就业政策为中心》，《江海学刊》2014 年第 3 期。

② 田毅鹏，金蓝青：《国企"单位关系主义"的生成、演变及改革》，《社会科学研究》2022 年第 4 期。

③ 田毅鹏：《"典型单位制"对东北老工业基地社区发展的制约》，《吉林大学社会科学学报》2004 年第 4 期。

④ 刘爱玉：《国有企业制度变革过程中工人的行动选择——一项关于无集体行动的经验研究》，《社会学研究》2003 年第 6 期。

⑤ 吴清军：《市场转型时期国企工人的群体认同与阶级意识》，《社会学研究》2008 年第 6 期。

⑥ 孙立平：《我们在开始面对一个断裂的社会？》，《战略与管理》2002 年第 2 期。

⑦ 李路路，苗大雷，王修晓：《市场转型与"单位"变迁 再论"单位"研究》，《社会》2009 年第 4 期。

子弟的社会流动从庇护中获得初职，再到滑入社会底层。第二代国企子弟经历了先赋地位到后致地位的转型过程。第三代国企子弟已经基本上是依靠后致地位。国企子弟的命运变迁，并不是因为庇护关系的彻底消失，而主要是因为人们对环境的依赖由一元变成了多元，即资源、利益和社会地位获得的多元化。正是在这种多元依赖的过程中，人们才获得了自身行为的自主权和较大的自由度①。客观来说，随着国企庇护体制的变迁，社会流动逻辑转型是计划经济向市场经济转轨的必然路径，也是建立现代化社会流动机制的必然要求，这种转型给部分国企子弟带来了种种阵痛甚至是个人生命轨迹的转向，这种改革的代价是个体难以承受的，需要通过制度化的安排加以妥善解决。此外，当年部分国企改革中存在操之过急的问题，对于大批的下岗工人缺乏比较稳妥有序的制度安排，导致了国企职工家庭在一定时期内生活困难，同时也存在国企改制中国有资产流失的问题。这些问题的存在也提醒我们，在今后的改革中要坚持"以人民为中心"的导向，正确处理改革力度和利益相关者承受能力之间的关系，不能以牺牲一部分人的根本利益来成就另外一部分人的根本利益。此外，我们在回顾历史时，不能否认国企职工长期以来为我国经济发展、社会主义现代化建设做出的巨大贡献，这一点国家领导人的相关论述中已有定论。国企改革破产的原因很多，简单地将国企破产归因于国企工人，也是不符合历史事实的。

三、从"学做工"到"不做工"

威利斯在《学做工》中研究了工人阶级子弟如何反抗学校文化，反而客观上造成了阶层再生产。威利斯在研究中发现，工人阶级的"家伙们"以逃课、反文化和抵抗学校课程的再生产，带来反讽意味的结果：这些"家伙们"使自己丧失了从事中产阶级工作的资格，唯一出路是从事没有技术含量的体力劳动②。

与威利斯笔下的"家伙们"类似的是，第一代国企子弟也是选择继承父业，选择成为一名厂矿工人，从事和父辈一样的工作，但是两种有些本质上的区别。"家伙们"对脑力劳动是有意识地集体排斥，他们认为，所谓脑力劳动只是"动动笔杆子"，是"女人的差事"，根本不是男人的工作，认为脑力劳动缺乏强悍的男性气概，他们赋予体力劳动男性气概③。这种对学校文化的反

① 李汉林：《变迁中的中国单位制度——回顾中的思考》，《社会》2008年第3期。
② ［英］保罗·威利斯：《学做工：工人阶级为何继承父业》，南京：译林出版社2013年版，第15—16页。
③ ［英］保罗·威利斯：《学做工：工人阶级为何继承父业》，南京：译林出版社2013年版，第192页。

叛，使得他们这批工人阶级子弟失去了通过教育成就向上流动的机会，从而像父辈一样成为一名工人，迈向了从事体力劳动的未来，无意中实现了阶层再生产，并没有跳出父辈的阶层。相比之下，第一代国企子弟与"家伙们"相似之处是都继承父业，成为工人阶级的一员。不同之处是，第一代国企子弟和少数的第二代国企子弟是基于经济理性的主动选择，为了更早地锁定父母所在单位提供的就业庇护机会，初中、高中毕业主动选择了进入厂矿企业，或者初中毕业后进入企业所属技校，技校毕业后也成为一名工人。这一点与现有研究类似，由于父母认同自己的职业，因此也会引导他们的孩子关注并对这个职业进行投资，职业也因此成了社会再生产的重要渠道①。

程猛将一群改革开放之后的、在教育阶梯上逐级攀爬、穿梭在"子不承父业"旅程中的农家子弟称作"读书的料"，这些"读书的料"是可教的、聪慧的，是可能出人头地、前途无量的。② 事实上，国企子弟中也会有一定比例的人本来也是"读书的料"，这部分具备天赋的国企子弟原本能够考取大学，取得更大的成就，从而实现阶层跨越。在当时就业选择非常有限的情况下，进入国企"端铁饭碗"似乎是天经地义。事实上，这种基于父辈职业的复制并非对所有人都有利。当时情况下，第一代国企子弟对父辈职业再生产，埋没了其中一部分"读书的料"，但是他们当中只有少数人选择考取大学。在调查中，也有受访者提到小时候本来学习成绩很好，但是父母要求她上技校早点进入工厂接班，错失了继续考高中上大学的机会，言语之间带着遗憾。这种情况的存在，很大程度上与国企家庭的文化资本有关。根据布迪厄的文化再生产理论（cultural reproduction），学校文化本质上是为了"保证文化资本的效益"，"淘汰距学校文化最远的那些阶级"③，也就是缺乏中上阶层文化资本的底层子弟，中产阶级的孩子更容易适应学校文化而取得学业成功。第一代国企子弟家庭有着不同的特征，从经济资本来看属于中间阶层，国企还提供了子弟学校这种优质教育资源，但是从文化资本来看又与底层的劳工阶级并无本质上的区别，表现为父母认知层次偏低、对子女教育忽视、缺乏教育参与，缺乏文化资本使得第一代国企子弟中"读书的料"原本有机会通过接受高等教育实现阶层跨越，事实上却寥寥无几，这也是一种遗憾。当然，这种情况到了第二代、第三代国企子弟发生了改变，因为 20 世纪 80 年代中期以后，顶职、接班、内部招工等

---

① Jonsson, J. O., Di Carlo, M., et al., "Microclass Mobility: Social Reproduction in Four Countries", *American Journal of Sociology*, Vol. 114, No. 4, 2009, pp. 977-1036.

② 程猛：《"读书的料"及其文化生产：当代农家子弟成长叙事研究》，北京：中国社会科学出版社 2018 年版，第 23 页。

③ ［法］P. 布迪厄，［法］J. - C. 帕斯隆：《再生产：一种教育系统理论的要点》，邢克超译，商务印书馆 2002 年版，第 224 页。

就业庇护已经逐步取消，出生在 20 世纪 70 年代以后的国企子弟，大多数已经没有机会继承父业成为工人，只能通过其他市场化的渠道解决就业问题。与此同时，我国改革开放深入推进提供了更多的就业机会，市场经济体制逐步完善使市场化就业体制更加完善，高等教育大众化使国民教育水平大幅度提升，此外，他们父辈所在的传统制造业国企效益下滑，多个方面的因素使得他们不会选择继续成为一名工人，即使想成为父母单位的工人大概率也没有机会。所以，第二代、第三代国企子弟选择市场化就业方式是大势所趋，也是基于经济理性的明智选择。他们必须跟其他人一样通过获得较高的学历，才能在就业市场竞争中取得一份比较理想的工作。尤其是我国从工业社会快速迈进到信息社会，从事体力劳动的工人社会声望、经济收入也在相对下降，更多的国企子弟希望从事脑力劳动。

四、研究不足与展望

（一）研究不足

虽然在研究中我们尽最大努力做充分的调研，进行深入的资料分析，但是受到各方面因素的影响，还存在一些研究的不足：

一是研究方法的不足。本研究采用定性研究的方法，具体方法包括深度访谈、参与观察。定性研究方法有其优势，能够比较深入地探讨国企子弟的生命历程所经历的重大事件，能够深入挖掘他们生活阅历中个性化的体验，能够避免碎片化的数据对个体丰富阅历的割裂。但是，由于缺乏定量数据，没有办法更加全面地描绘国企子弟整体状况，其中某些研究结论缺乏数据支持，也无法去验证不同变量之间的相关关系和因果关系。

二是历史资料的不足。关于国企单位体制的研究虽然也有不少成果，但是对于国企庇护体制的形成、演变、瓦解的历史缺乏比较可靠完整的历史资料，我们在研究中只能依靠现有文献资料和访谈资料所获得的碎片化信息，对其进行拼接，试图还原国企庇护体制演变的过程。由于资料的不完善，本研究构建的国企庇护体制的演变及其瓦解过程还有一定的缺陷。

三是访谈对象的不全面。国企庇护体制发展过程中，主要是访谈国企子弟本身，对国企干部的深度访谈数量偏少。而这批国企干部最有可能掌握了关于国企庇护体制发展、演变、瓦解过程的历史信息，如果能够对他们进行访谈，或许能更加全面地了解国企庇护体制的发展，也能掌握他们对国企子弟这一群体的看法，有助于我们更加深入地分析国企子弟这一群体的完整形象。

（二）研究展望

在未来的研究中，对国企子弟的研究还可以更进一步的拓展：一是优化研究方法，除了定性研究方法，还可以尝试采取定量研究方法，收集丰富的整体性数据，再加上对国企干部的访谈，采用定量和定性混合的方法，可以更进一步剖析国企子弟的样貌。二是采用追踪研究的方法。继续跟进国企子弟的发展状况研究，尤其是对九零后、零零后的新生代国企子弟进行追踪研究，把国企子弟研究放在一个更长的时间维度，有助于拓展对于这一群体的研究范围。

参考文献

英文参考文献

Adermon A., Lindahl M., Waldenstrom D., "Intergenerational Wealth Mobility and the Role of Inheritance: Evidence from Multiple Generations", *Economic Journal*, Vol. 128, No. 612, 2018.

Adler, N. E., et al., "Relationship of Subjective and Objective Social Status with Psychological and Physiological Functioning: Preliminary Data in Healthy White Women", *Heal. Psychol.*, Vol. 19, No. 6, 2000.

Aiyar S., Ebeke C., "Inequality of Opportunity, Inequality of Income and Economic Growth", *World Development*, Vol. 19, 2019.

Alesina A., Stantcheva S., Teso E., "Intergenerational Mobility and Preferences for Redistribution", *American Economic Review*, Vol. 108, No. 2, 2018.

Alesina, A., Hohmann, S., et al., "Intergenerational Mobility in Africa", *Political Economy-Development: Comparative Regional Economies Journal*, 2019.

Baumrind D., "Current Patterns of Parental Authority", Developmental psychology, N0. 4, 1971.

Becker, G., Kominers, S. D., et al., "A Theory of Intergenerational Mobility", *Journal of Political Economy*, Vol. 126, 2018.

Beller E., "Bringing Intergenerational Social Mobility Research into the Twenty-first Century: Why Mothers Matter", *American Sociological Review*, Vol. 79, 2009.

Beller, E., & Hout, M., "Intergenerational Social Mobility: The United States in Comparative Perspective", *Future of Children*, Vol. 16, No. 2, 2006.

Bian, Y., Huang, X., & Zhang, L., "Information and Favoritism: The Network Effect on Wage Income in China", *Social Networks*, Vol. 40, 2015.

Biblarz, T. J., & Raftery, A. E., "The Effects of Family Disruption on Social Mobility", *American Sociological Review*, Vol. 58, No. 1, 1993.

Blau, P. M., & Duncan, O. D., *The American Occupational Structure*, John Wiley & Sons Inc., 1967.

Boneva T., Rauh C., "Parental Beliefs about Returns to Educational Investments—the Later the Better?", *Journal of the European Economic Association*, Vol. 16, No. 6, 2018

Bottero, W., "Class Identities and the Identity of Class", *Sociology*, Vol. 38, No. 5, 2004.

Bourdieu, Pierre & Jean-Claude Passeron, *Reproduction in Education, Society and Culture*（*2nd edition*）, Trans by Richard Nice, Calif: Sage Publications, 1990.

Bourdieu P., *Outline of a Theory of Practice*, Cambridge: Cambridge University Press, 1977.

Braun, S. T., & Stuhler, J., "The Transmission of Inequality Across Multiple Generations: Testing Recent Theories with Evidence from Germany", *Economic Journal*, Vol. 128, No. 609, 2018.

Brown P., "Education, Opportunity and the Prospects for Social Mobility", *British Journal of Sociology of Education*, Vol. 34, No. 5-6, 2013.

Brown, R., "Social Identity Theory: Past Achievements, Current Problems and Future Challenges", *European Journal of Social Psychology*, Vol. 30, 2000.

Bukenya, J. O., "An Analysis of Quality of Life, Income Distribution and Rural Development in West Virginia", Doctoral dissertation, West Virginia University, 2001.

Bukodi E., Goldthorpe J. H., Waller L., et al., "The Mobility Problem in Britain: New Findings from the Analysis of Birth Cohort Data", *British Journal of Sociology*, Vol. 66, No. 1, 2015.

Bukodi, E., Paskov, M., Nolan, B. et al., "Intergenerational Class Mobility in Europe: A New Account", *Social Forces*, Vol. 98, 2019.

Campbell, A., "Subjective Measures of Well-Being", *American Psychologist*, Vol. 31, No. 2, 1976.

Chetty R., Hendren N., "The Impacts of Neighbourhoods on Intergenerational Mobility I: Childhood Exposure Effects", *Quarterly Journal of Economics*，Vol. 133，2018.

Coleman，James S. Equality of Educational Opportunity （COLEMAN） Study （EEOS），1966. Inter-university Consortium for Political and Social Research [distributor]，2007-04-27.

Deaux，K.，"Reconstructing Social Identity"，*Personality and Social Psychology Bulletin*，Vol. 19，No. 1，1993.

Easterlin，R. A.，"Does Economic Growth Improve the Human Lot? Some Empirical Evidence"，*Nations and Households in Economic Growth*，1974.

Erikson，R.，& Goldthorpe，J. H.，"Has Social Mobility in Britain Decreased? Reconciling Divergent Findings on Income and Class Mobility"，*British Journal of Sociology*，Vol. 61，No. 2，2010.

Erikson，R. C.，& Goldthorpe，J. H.，*The Constant Flux：A Study of Class Mobility in Industrial Societies*，London：Oxford University Press，1992.

Erola，J.，Jalonen，S.，& Lehti，H.，"Parental Education, Class and Income over Early Life Course and Children's Achievement"，*Research in Social Stratification and Mobility*，Vol. 44，2016.

Evans，M. D.，Kelley，J.，Sikora，J.，& Treiman，D. J.，"Family Scholarly Culture and Educational Success：Books and Schooling in 27 Nations"，*Research in Social Stratification and Mobility*，Vol. 28，2010.

Farkas，G.，et al.，"Cultural Resources and School Success：Gender, Ethnicity, and Poverty Groups within an Urban School District"，*American Sociological Review*，*Vol.* 55，No. 1，1990.

Ferreira，W. A.，Camelo，L.，et al.，"Is Subjective Social Status a Summary of Life-Course Socioeconomic Position?"，*Cadernos de Saude Publica*，Vol. 34，No. 5，2018.

Fox，Liana，Florencia Torche，& Jane Waldfogel，"Intergenerational Mobility" in *The Oxford Handbook of the Social Science of Poverty*，Oxford Academic，5 Apr. 2017.

Friedman S.，O'Brien D.，McDonald I.，"Deflecting Privilege：Class Identity and the Intergenerational Self"，*Sociology*，Vol. 55，2021.

Gofen A., "Family Capital: How First-Generation Higher Education Students Break the Intergenerational Cycle", *Family Relations*, Vol. 58, 2008.

Goldthorpe J. H., "Understanding and Misunderstanding-Social Mobility in Britain: The Entry of the Economists, the Confusion of Politicians and the Limits of Educational Policy", *Journal of Social Policy*, Vol. 42, No. 3, 2013.

Güell, M., Pellizzari, M., Pica, G., et al., "Correlating Social Mobility and Economic Outcomes", The *Economic Journal*, Vol. 128, 2018.

Hellman, C. M., "Job Satisfaction and Intent to Leave", *The Journal of Social Psychology*, Vol. 137, No. 6, 1997.

Jerrim, J., & Macmillan, L., "Income Inequality, Intergenerational Mobility, and the Great Gatsby Curve: Is Education the Key?", *Social Forces*, Vol. 94, No. 2, 2015.

Jonsson, J. O., Di Carlo, M., et al., "Microclass Mobility: Social Reproduction in Four Countries", *American Journal of Sociology*, Vol. 114, No. 4, 2009.

Kalmijn M., "Mother's Occupational Status and Children's Schooling", *American Sociological Review*, Vol. 59, 1994.

L. R. James & A. P. Jones, "Perceived Job Characteristics and Job Satisfaction: An Examination of Reciprocal Causation", *Personnel Psychology*, Vol. 33, 2006.

Lamont, M., & Lareau, A., "Cultural Capital: Allusions, Gaps, and Glissandos in Recent Theoretical Developments", *Sociological Theory*, Vol. 6, 1988.

Lee, P. C. B., "Going Beyond Career Plateau: Using Professional Plateau to Account for Work Outcomes", *Journal of Management Development*, Vol. 22, No. 6, 2003, pp. 538-551.

Lin, N., "Local Market Socialism: Local Corporation in Action in Rural China", *Theory and Society*, Vol 24, 1995.

Lin, N., "Social Networks and Status Attainment", *Annual Review of Sociology*, *Vol.* 25, 1999.

Lindemann, K., & Gangl, M., "The Intergenerational Effects of

Unemployment: How Parental Unemployment Affects Educational Transitions in Germany", *Research in Social Stratification and Mobility*, Vol. 62, 2019.

Lindemann, K.; Saar, E., "Contextual Effects on Subjective Social Position: Evidence from European Countries", *International Journal of Comparative Sociology*, Vol. 55, 2014.

Maccoby, E. E., & Martin, J. A., "Socialization in the Context of the Family: Parental-Child Interaction", in E. M. Hetherington, eds. *Handbook of Child Psychology*, John Wiley and Sons, 1983.

Mazumder, B., *Intergenerational Mobility: A Cross-National Comparison*, Wiley Online Library, May 2015.

Nee, V., & Cao, Y., "Postsocialist Inequalities: The Causes of Continuity and Discontinuity", *Research in Social Stratification and Mobility*, Vol. 19, 2002.

Nee, V., & Matthews, R., "Market Transition and Societal Transformation in Reforming State Socialism", *Review of Sociology*, Vol. 22, 1996.

Nee, V., "A Theory of Market Transition: From Redistribution to Markets in State Socialism", *American Sociological Review*, Vol. 54, 1989.

Nee, V., "Social Inequalities in Reforming State Socialism: Between Redistribution and Markets in China", *American Sociological Review*, Vol. 56, 1991.

Nee, V., "The Emergence of a Market Society: Changing Mechanisms of Stratification in China", *American Journal of Sociology*, Vol. 101, 1996.

Parish William, *"Destratification in China", in James Watson (eds.), Class and Social Stratification in Post-Revolution China*, New York: Cambridge University Press, 1984.

Pfeffer F. T., "Persistent Inequality in Educational Attainment and its Institutional Context", European Sociological Review, Vol. 24, No. 5, 2000.

Pfeffer, F. T., & Killewald, A., "Generations of Advantage: Multigenerational Correlations in Family Wealth", *Social Forces*, Vol. 96, 2018.

Roksa J., Potter D., "Parenting and Academic Achievement: Intergenerational Transmission of Educational Advantage", *Sociology of Education*, Vol. 84, 2011.

Schneider, D. , Hastings, O. P. , & LaBriola, J. , "Income Inequality and Class Divides in Parental Investments", *American Sociological Review*, Vol. 83, 2018.

Sharkey P. , Faber J. W. , "Where, When, Why, and For Whom Do Residential Contexts Matter? Moving Away from the Dichotomous Understanding of Neighborhood Effects", *Annual Review of Sociology*, Vol. 40, 2014.

Sharkey, P. , "The Intergenerational Transmission of Context", *American Journal of Sociology*, Vol. 113, 2008.

Sharp, E. H. , Seaman, J. , Tucker, C. J. , VanGundy, K. T. , & Rebellon, C. J. , "Adolescents ´Future Aspirations and Expectations in the Context of a Shifting Rural Economy", *Journal of youth and adolescence*, Vol. 49, No. 2, 2020.

Sheppard, P. , & Monden, C. , "The Additive Advantage of Having Educated Grandfathers for Children' s Education: Evidence from a Cross-National Sample in Europe", *European Sociological Review*, 2018.

Singh-Manoux, A. , Adler, N. E. , & Marmot, M. G. , "Subjective Social Status: Its Determinants and Its Association with Measures of Ill-Health in the Whitehall II Study", *Social Science & Medicine*, Vol. 56, No. 6, 2003.

Steve N. Durlauf & Irina Shaorshadze, Intergenerational Mobility: *Emerging Trends in the Social and Behavioral Sciences*, Wiley Online Library, 2015.

Sullivan, A. , Parsons, S. , Green, F. , et al. , "The Path from Social Origins to Top Jobs: Social Reproduction via Education", *British Journal of Sociology*, Vol. 69, No. 3, 2018.

Titma, M. K. , Tuma, N. B. , & Roosma, K. , "Education as a Factor in Intergenerational Mobility in Soviet Society", *European Sociological Review*, Vol. 19, 2003.

Torche, F. , "Analyses of Intergenerational Mobility: An Interdisciplinary Review", *The Annals of the American Academy of Political and Social Science*, Vol 657, 2015.

Torche, F. , "Intergenerational Mobility at the Top of the Educational

Distribution", *Sociology of Education*, Vol. 91, 2018.

Wilder, S., "Effects of Parental Involvement on Academic Achievement: Ameta-Synthesis", *Educational Review*. Vol. 66, 2014.

Willis P., *Learning to Labour: How Working Class Kids Get Working Class Jobs*, London: Routledge, 2000.

Zhou M., Lee J., Vallejo J. A., et al., "Success Attained, Deterred, and Denied: Divergent Pathways to Social Mobility in Los Angeles's New Second Generation", *Annals of the American Academy of Political And Social Science*, Vol. 620, 2008.

中文参考文献

〔德〕韦伯·马克斯：《经济与社会》，阎克文译，上海人民出版社 2010 年版。

〔美〕华尔德：《共产党社会的新传统主义》，龚小夏译，牛津大学出版社 1996 年版。

〔美〕拉鲁·安妮特：《不平等的童年》，张旭译，北京大学出版社 2018 年版。

〔匈牙利〕雅诺什·科尔奈：《社会主义体制：共产主义政治经济学》，张安译，中央编译出版社 2008 年版。

〔匈牙利〕雅诺什·科尔奈：《制度范式》，载吴敬琏《比较》，中信出版社 2002 年版。

〔英〕保罗·威利斯：《学做工：工人阶级子弟为何继承父业》，译林出版社 2013 年版。

〔英〕汤普森：《英国工人阶级的形成》，钱乘旦等译，译林出版社 2001 年版。

〔英〕安东尼·吉登斯：《现代性与自我认同：晚期现代中的自我与社会》，中国人民大学出版社 2016 年版。

〔英〕彼得·布劳、奥蒂斯·杜德里·邓肯：《美国的职业结构》，商务印书馆 2021 年版。

包蕾萍：《生命历程理论的时间观探析》，《社会学研究》2005 年第 4 期。

边燕杰、雷鸣：《国有企业管理者的双重角色》，《浙江学刊》2015 年第 4 期。

边燕杰、李路路、李煜、郝大海：《结构壁垒、体制转型与地位资源含量》，《中国社会科学》2006 年第 5 期。

边燕杰、芦强：《阶层再生产与代际资源传递》，《人民论坛》2014 年第 2 期。

边燕杰、张文宏：《经济体制、社会网络与职业流动》，《中国社会科学》2001 年第 2 期。

边燕杰、张展新：《市场化与收入分配——对 1988 年和 1995 年城市住户收入调查的分析》，《中国社会科学》2002 年第 5 期。

边燕杰、约翰·罗根、卢汉龙等：《"单位制"与住房商品化》，《社会学研究》1996 年第 1 期。

蔡伏虹：《身份继替与劳工再造：子女接班制度演变过程研究》，博士学位论文，上海大学，2015 年。

曹锦清、陈中亚：《走出"理想"城堡——中国"单位"现象研究》，海天出版社 1997 年版。

陈斌开、张鹏飞、杨汝岱：《政府教育投入、人力资本投资与中国城乡收入差距》，《管理世界》2010 年第 1 期。

陈家建：《中国农村治理研究的理论变迁》，《江汉论坛》2015 年第 1 期。

陈家喜、黄文龙：《分化、断裂与整合：我国"二代"现象的生成与解构》，《中国青年研究》2012 年第 3 期。

陈尚营、李劲峰、李斌、王研：《一些国有企事业单位"近亲繁殖"现象调查》https：//中国法院网 www. chinacourt. org/article/detail/2016/05/id/1850807. shtml，2016 年。

陈祥蕉：《"穷二代"不愿生"穷三代"引发争议》，《南方日报》2010 年 9 月 10 日第 20 版。

陈云松、贺光烨、句国栋：《无关的流动感知：中国社会"阶层固化"了吗?》，《社会学评论》2019 年第 6 期。

仇立平、肖日葵：《文化资本与社会地位获得——基于上海市的实证研究》，《中国社会科学》2011 年第 6 期。

仇立平：《职业地位：社会分层的指示器——上海社会结构与社会分层研究》，《社会学研究》2001 年第 3 期。

邓宏乾、王贤磊、陈峰：《我国保障住房供给体系并轨问题研究》，《华中师范大学学报（人文社会科学版）》2012 年第 3 期。

邓志强：《青年的阶层固化："二代"们的社会流动》，《中国青年研究》

2013 年第 6 期。

董保华：《企业社会责任与企业办社会》，《上海师范大学学报（哲学社会科学版）》2006 年第 5 期。

董云芳、范明林：《女性农民工的生命轨迹与职业流动：生命历程视角的分析》，《华东理工大学学报（社会科学版）》2020 年第 4 期。

高渊：《中国寻路者访谈录》，上海人民出版社 2019 年版。

顾辉：《从社会流动率看当前"X二代"的代际继承》，《安徽师范大学学报（人文社会科学版）》2016 年第 2 期。

顾辉：《近十年来中国社会流动研究的新进展——社会流动视野下的"X二代现象"研究综述》，《学术论坛》2014 年第 4 期。

顾辉：《社会流动视角下的"X二代"研究》，合肥工业大学出版社 2016 年版。

关迪：《中国家庭教育的现实误区和发展策略》，《东北师大学报（哲学社会科学版）》2011 年第 6 期。

郭东杰：《制度变迁视阈下中国社会流动机制演进分析》，《浙江社会科学》2020 年第 11 期。

郭伟和：《身份政治：回归社区后的北京市下岗失业职工的生计策略》，《开放时代》2008 年第 5 期。

国家机关事务管理局：《关于进一步深化国有企业住房制度改革加快解决职工住房问题的通知》，2000 年 5 月 8 日。

韩雷、陈华帅、刘长庚：《"铁饭碗"可以代代相传吗？——中国体制内单位就业代际传递的实证研究》，《经济学动态》2016 年第 8 期。

何海兵：《我国城市基层社会管理体制的变迁：从单位制、街居制到社区制》，《管理世界》2003 年第 6 期。

何海清、张广利：《青年考编现象中的职业想象与内卷实践研究》，《中国青年研究》2022 年第 12 期。

何雪松、袁园：《国企改制、员工流动与权力延续——以长江中下游某金属冶炼企业为例》，《华东理工大学学报（社会科学版）》2014 年第 6 期。

胡建国、李伟、蒋丽平：《中国社会阶层结构变化及趋势研究——基于中国社会流动变化的考察》，《行政管理改革》2019 年第 8 期。

胡水：《单位福利的变迁与转型——以东北老工业基地 H 厂为例》，《政治人类学评论》2023 年第 1 期。

胡秀荣：《国企改革的历史演进及问题争议》，《中国党政干部论坛》2012

年第 5 期。

黄庆丰、宋健、宋娜：《新媒体时代下的阶层固化与阶层流动——基于社会分层与社会流动的视角》，《改革与开放》2017 年第 14 期。

济南市总工会宣教部：《关于部分国企职工对"下岗"、"进中心"心态的调查与思考》，《中国工运》1999 年第 7 期。

江立华、袁校卫：《生命历程理论的知识传统与话语体系》，《科学社会主义》2014 年第 3 期。

教育部：《2008 年全国教育事业发展统计公报》，http：// www. moe. gov. cn/jyb _ sjzl/sjzl _ fztjgb/201002/t20100205 _ 88488. html。

李斌、毛东宝：《企业下岗职工社会心理问题现状及理论分析》，《湖南大学学报（社会科学版）》2001 年第 1 期。

李斌：《社会排斥理论与中国城市住房改革制度》，《社会科学研究》2002 年第 3 期。

李斌：《中国住房改革制度的分割性》，《社会学研究》2002 年第 2 期。

李春玲：《社会阶层的身份认同》，《江苏社会科学》2004 年第 6 期。

李汉林、李路路：《资源与交换——中国单位组织中的依赖性结构》，《社会学研究》1999 年第 4 期。

李汉林、渠敬东：《中国单位组织变迁过程中的失范效应》，上海：上海人民出版社 2005 年版。

李汉林：《变迁中的中国单位制度——回顾中的思考》，《社会》2008 年第 3 期。

李娟伟、任保平：《新中国成立以来国有企业改革的历史阶段、理论逻辑及政策启示——基于马克思主义政治经济学视角》，《当代经济研究》2022 年第 4 期。

李路路、苗大雷、王修晓：《市场转型与"单位"变迁 再论"单位"研究》，《社会》2009 年第 4 期。

李路路、朱斌：《当代中国的代际流动模式及其变迁》，《中国社会科学》2015 年第 5 期。

李路路、王修晓、苗大雷：《"新传统主义"及其后》，载田毅鹏等著《重回单位研究——中外单位研究回视与展望》，社会科学文献出版社 2015 年版。

李路路：《再生产与统治——社会流动机制的再思考》，《社会学研究》2006 年第 2 期。

李路路：《制度转型与分层结构的变迁——阶层相对关系模式的"双重再

生产"》,《中国社会科学》2002 年第 6 期。

李路路:《制度转型与阶层化机制的变迁——从"间接再生产"到"间接与直接再生产"并存》,《社会学研究》2003 年第 5 期。

李培林、张翼:《走出生活逆境的阴影——失业下岗职工再就业中的"人力资本失灵"研究》,《中国社会科学》2003 年第 5 期。

李培林、张翼:《中国中产阶级的规模、认同和社会态度》,《社会》2008 年第 2 期。

李培林:《当代中国阶级阶层变动》,社会科学文献出版社 2018 年版。

李培林:《改革开放近 40 年来我国阶级阶层结构的变动、问题和对策》,《中共中央党校学报》2017 年第 6 期。

李强、邓建伟、晓筝:《社会变迁与个人发展:生命历程研究的范式与方法》,《社会学研究》1999 年第 6 期。

李强:《21 世纪以来中国社会分层结构变迁的特征与趋势》,《河北学刊》2021 年第 5 期。

李强:《影响中国城乡流动人口的推力与拉力因素分析》,《中国社会科学》2003 年第 1 期。

李强:《中国中产社会形成的三条重要渠道》,《学习与探索》2015 年第 2 期。

李强:《转型时期城市"住房地位群体"》,《江苏社会科学》2009 年第 4 期。

李伟东:《北京高校北京籍大学毕业生就业调查》,《江汉论坛》2008 年第 7 期。

李晓曼、曾湘泉:《新人力资本理论——基于能力的人力资本理论研究动态》,《经济学动态》2012 年第 11 期。

李煜:《代际流动的模式:理论理想型与中国现实》,《社会》2009 年第 6 期。

李煜:《代际社会流动:分析框架与现实》,《浙江学刊》2019 年第 1 期。

李煜:《制度变迁与教育不平等的产生机制——中国城市子女的教育获得(1966—2003)》,《中国社会科学》2006 年第 4 期。

李政:《改革开放 40 年国企改革的基本逻辑与宝贵经验》,《光明日报》2018 年 12 月 04 日,www. sasac. gov. cn/n2588025/n2588134/c9912733/content. html,2023 年 3 月 26 日。

梁文艳、叶晓梅、李涛:《父母参与如何影响流动儿童认知能力——基于

CEPS 基线数据的实证研究》,《教育学报》2018 年第 1 期。

梁玉成:《渐进转型与激进转型在初职进入和代内流动上的不同模式——市场转型分析模型应用于中国转型研究的修订》,《社会学研究》2006 年第 4 期。

林南、卢汉龙:《社会指标与生活质量的结构模型探讨——关于上海城市居民生活的一项研究》,《中国社会科学》1989 年第 4 期。

林宗弘、吴晓刚:《中国的制度变迁、阶级结构转型和收入不平等:1978—2005》,《社会》2010 年第 6 期。

刘保中、张月云、李建新:《家庭社会经济地位与青少年教育期望:父母参与的中介作用》,《北京大学教育评论》2015 年第 3 期。

刘凤瑜、张金成:《员工工作满意度调查问卷的有效性及民营企业员工工作满意度影响因素研究》,《南开管理评论》2004 年第 3 期。

刘建军:《中国单位体制的构建与"革命后社会"的整合》,《云南行政学院学报》2000 年第 5 期。

刘平、王汉生、张笑会:《变动的单位制与体制内的分化——以限制介入性大型国有企业为例》,《社会学研究》2008 年第 3 期。

刘平:《"人力资本失灵"现象与东北老工业基地社会——从李培林、张翼在东北的发现谈起》,《中国社会科学》2004 年第 3 期。

刘平:《从新二元社会分析到社会政策选择——老工业基地下岗失业治理问题研究》,《社会科学辑刊》2005 年第 1 期。

刘群、张文宏:《改革开放以后中国人的代内职业流动》,《国家行政学院学报》2015 年第 1 期。

刘诗谣:《资源枯竭型城市矿二代代际流动研究》,《青年研究》2020 年第 3 期。

卢淑华、韦鲁英:《生活质量主客观指标作用机制研究》,《中国社会科学》1992 年第 1 期。

陆学艺:《当代中国社会阶层的分化与流动》,《江苏社会科学》2003 年第 4 期。

陆学艺:《当代中国社会流动》,社会科学文献出版社 2004 年版。

陆益龙:《户口还起作用吗——户籍制度与社会分层和流动》,《中国社会科学》2008 年第 1 期。

路风:《单位:一种特殊的社会组织形式》,《中国社会科学》1989 年第 1 期。

路风：《中国单位体制的起源和形成》，《中国社会科学季刊（香港）》1993年第 5 期。

马传松、朱挢：《阶层固化、社会流动与社会稳定》，《重庆社会科学》2012 年第 1 期。

马庆钰：《公共服务的几个基本理论问题》，《中共中央党校学报》2005 年第 1 期。

倪志伟、康郑汉、索尼娅·奥珀等：《创新理论：中国的市场转型、财产权与创新活动》，《国外理论动态》2013 年第 8 期。

聂文娟：《群体情感与集体身份认同的建构》，《外交评论（外交学院学报）》2011 年第 4 期。

浦仕勋：《刍议"二代"现象》，《人民论坛》2013 年第 8 期。

邱霞：《国有企业 70 年》，北京人民出版社 2019 年版。

任新民、王彦斌：《体制转型对中国企业员工组织认同的影响》，《社会主义研究》2009 年第 3 期。

邵丁、董大海：《中国国有企业简史（1949—2018）》，人民出版社 2020 年版。

邵宁：《国有企业改革思路（1998—2008）》，经济科学出版社 2014 年版。

盛智明：《社会流动与政治信任 基于 CGSS2006 数据的实证研究》，《社会》2013 年第 4 期。

石磊：《社会阶层、代际流动与婚姻匹配》，《中央民族大学学报（哲学社会科学版）》2020 年第 6 期。

石智雷、杨云彦：《家庭禀赋、家庭决策与农村迁移劳动力回流》，《社会学研究》2012 年第 3 期。

孙立平：《我们在开始面对一个断裂的社会?》，《战略与管理》2002 年第 2 期。

孙立平：《中国社会结构的变迁及其分析模式的转换》，《南京社会科学》2009 年第 5 期。

索德钢：《单位福利的延续、断裂与对策》，《东岳论丛》2006 年第 6 期。

谭虎：《家庭教育需要科学引领》，《上海教育科研》2012 年第 4 期。

谭旭运、董洪杰、张跃等：《获得感的概念内涵、结构及其对生活满意度的影响》，《社会学研究》2020 年第 5 期。

唐斌斌、刘林平：《市场转型理论哪一些研究结论是可信的? ——对市场转型实证研究结果的 Meta 分析》，《社会学评论》2021 年第 5 期。

田毅鹏、金蓝青：《国企"单位关系主义"的生成、演变及改革》，《社会科学研究》2022 年第 4 期。

田毅鹏、李佩瑶：《国企家族化与单位组织的二元化变迁》，《社会科学》2016 年第 8 期。

田毅鹏、李珮瑶：《计划时期国企"父爱主义"的再认识——以单位子女就业政策为中心》，《江海学刊》2014 年第 3 期。

田毅鹏：《"典型单位制"对东北老工业基地社区发展的制约》，《吉林大学社会科学学报》2004 年第 4 期。

田毅鹏：《中国国企"单位依赖"结构的生成演变及其改革调适》，《武汉大学学报（哲学社会科学版）》2022 年第 5 期。

王爱云：《试析中华人民共和国历史上的子女顶替就业制度》，《中共党史研究》2009 年第 6 期。

王殿玺、赵玉峰：《理论融合与方法竞合：生命历程研究新趋势》，《中国社会科学评价》2022 年第 4 期。

王冠宇：《职业选择理论简评》，《人口与经济》2009 年第 1 期。

王丽、傅金芝：《国内父母教养方式与儿童发展研究》，《心理科学进展》2005 年第 3 期。

王小章、巫微涟：《认知与认同之间——单位制解体背景下杭州市国企工人的自我身份意识》，《浙江学刊》2009 年第 1 期。

王晓东：《贫富差距的代际传承——对"穷二代"现象的透视与反思》，《甘肃社会科学》2011 年第 3 期。

王孝莹、王新月：《基于期望与感知的毕业生就业满意度分析——以山东省济南市高校为例》，《人口与经济》2016 年第 6 期。

魏钧、张勉、杨百寅：《组织认同受传统文化影响吗——中国员工认同感知途径分析》，《中国工业经济》2008 年第 6 期。

吴帆、尹新瑞：《中国三代家庭代际关系的新动态：兼论人口动力学因素的影响》，《人口学刊》2020 年第 4 期。

吴清军：《国企改制与传统产业工人的转型》，博士学位论文，清华大学，2007 年。

吴清军：《国企改制中工人的内部分化及其行动策略》，《社会》2010 年第 6 期。

吴琼：《主观社会地位评价标准的群体差异》，《人口与发展》2014 年第 6 期。

吴晓刚：《中国的户籍制度与代际职业流动》，《社会学研究》2007 年第 6 期。

吴愈晓：《社会关系、初职获得方式与职业流动》，《社会学研究》2011 年第 5 期。

习近平：《坚持党对国有企业的领导不动摇 开创国有企业党的建设新局面》，《人民日报》2016 年 10 月 12 日第 1 版。

习近平：《在会见第一届全国文明家庭代表时的讲话》，《人民网》，http：//cpc. people. com. cn/n1/2016/1216/c64094—28953602. html，2016 年 12 月 12 日。

谢宝国、龙立荣：《职业生涯高原对员工工作满意度、组织承诺、离职意愿的影响》，《心理学报》2008 年第 8 期。

辛小柏：《解决"企业办社会"的难点和对策》，《市场经济导报》1997 年第 1 期。

邢占军、王从：《生活质量视角下的文化养老研究与政策思考》，《理论学刊》2021 年第 6 期。

徐慧、肖水源、陈继萍：《下岗工人自杀意念及其危险因素研究》，《中国心理卫生杂志》2002 年第 2 期。

徐慧、张建新、张梅玲：《家庭教养方式对儿童社会化发展影响的研究综述》，《心理科学》2008 年第 4 期。

徐明：《国有企业知识型员工流动问题研究》，《中国人力资源开发》2007 年第 1 期。

阳义南、连玉君：《中国社会代际流动性的动态解析——CGSS 与 CLDS 混合横截面数据的经验证据》，《管理世界》2015 年第 4 期。

杨春华：《教育期望中的社会阶层差异：父母的社会地位和子女教育期望的关系》，《清华大学教育研究》2006 年第 4 期。

杨道宇、姜同河：《教育资源的城乡不均衡分布——以黑龙江省基础教育为例》，《教育与经济》2011 年第 1 期。

杨汇泉、朱启臻：《农村留守儿童家庭抚育策略的社会学思考——一项生命历程理论视角的个案考察》，《人口与发展》2011 年第 2 期。

叶春辉、卞伟、卓妮、张林秀：《中国农村居民代际社会流动研究——基于全国 5 省 101 村大样本问卷调查》，《浙江农业学报》2017 年第 10 期。

余少祥：《我国城镇"房改房"的遗留问题、成因及治理建议》，《华南师范大学学报（社会科学版）》2023 年第 4 期。

余秀兰：《教育还能促进底层的升迁性社会流动吗》，《高等教育研究》2014年第7期。

原璐璐、Nicola Spakowski、周晓虹：《20世纪50年代工业化与社会主义改造时期的性别平等、技术革新与"翻身"叙事——以郝建秀的工作法及其生命历程为例》，《妇女研究论丛》2023年第6期。

岳兴平、胡松：《国企下岗职工心态趋向》，《中国经贸导刊》1998年第15期。

张庆武、卢晖临、李雪红：《流动人口二代社会融入状况的实证研究——基于北京市的问卷调查分析》，《中国青年研究》2015年第7期。

张淑华、李海莹、刘芳：《身份认同研究综述》，《心理研究》2012年第1期。

张顺、祝毅：《代际流动轨迹与分配公平感——影响机制与实证分析》，《社会学评论》2021年第3期。

张翼：《中国人社会地位的获得——阶级继承和代内流动》，《社会学研究》2004年第4期。

赵红霞、冯晓妮：《我国教育代际流动性及地区差异的比较研究——基于CHARLS2013数据分析》，《中国青年研究》2016年第8期。

赵晔琴、古荭欢：《职业稳定性与代际差异：基于上海居民职业经历的追溯调查》，《人口与发展》2023年第6期。

赵晔琴：《从毕业分配到自主择业：就业关系中的个人与国家——以1951—1999年〈人民日报〉对高校毕业分配的报道为例》，《社会科学》2016年第4期。

郑杭生、邵占鹏：《舆论焦点掩盖下的中国阶层流动现实》，《人民论坛》2014年第2期。

郑杭生：《社会公平与社会分层》，《江苏社会科学》2001年第3期。

郑杭生：《五大挑战催生中国式"紧绷"——社会弹性与社会刚性的社会学分析》，《人民论坛》2009年第10期。

郑辉、李路路：《中国城市的精英代际转化与阶层再生产》，《社会学研究》2009年第6期。

郑斯林：《贯彻四中全会精神 深化国有企业改革 进一步推进国企分离办社会职能工作》，《中国经贸导刊》1999年第21期。

中国城市独生子女人格发展课题组：《中国城市独生子女人格发展现状研究报告（摘要）》，《青年研究》1997年第6期。

中国教育和科研计算机网网络中心：《各级教育毛入学率（1990—2007）》，

https：// www. edu. cn/edu/tjsj/zhsj/gai ＿ kuang/201001/t20100121 ＿ 442081.
shtml。

中国教育在线：《数看百年：教育大国是怎样炼成的》，https：// www.
eol. cn/shuju/uni/202107/t20210707 ＿ 2133311. shtml ，2021 年 7 月 7 日。

中华全国总工会研究室：《中国工人阶级四十年》，中国工人出版社 2018
年版。

周明宝：《城市滞留型青年农民工的文化适应与身份认同》，《社会》2004
年第 5 期。

周晓虹：《口述史与社会记忆：现状与未来》，《南京社会科学》2020 年第
3 期。

周兴、张鹏：《代际间的职业流动与收入流动——来自中国城乡家庭的经
验研究》，《经济学（季刊）》2015 年第 1 期。

周雪光：《西方社会学关于中国组织与制度变迁研究状况述评》，《社会学
研究》1999 年第 4 期。

左际平、蒋永萍：《社会转型中城镇妇女的工作和家庭：兼论市场、国家、
家庭对性别建构的影响》，当代中国出版社 2009 年版。

附录一　访谈提纲

1. 访谈对象的基本信息：性别、年龄、学历、职业（岗位等级）、政治面貌、婚姻状况、收入、工作经历。您有没有兄弟姐妹？他们是从事什么职业？

2. 您父母学历是什么？原来在什么单位上班？他们的身份是干部还是工人？他们是通过什么方式进入这个单位的？（顶班、内部招考、分配、公开招聘）

3. 这个单位主要是生产什么的？有多少员工？能否用几个词语来概括这个企业的特色？您对父母供职的企业有什么样的感情？

4. 小时候您家里的生活水平状况是怎样的？父母单位有没有子弟学校、医院、电影院这些设施？跟非国企工人家庭比，父母单位有哪些福利？家里有没有享受过福利分房或者集资建房？单位集体活动多吗？

5. 您感觉生活在单位大院或家属区是一种什么样的体验？喜欢单位大院的生活吗？为什么？小时候的生活环境对您后来的性格或者人际交往有没有影响？如果有的话体现在哪里？

6. 您的求学经历怎样的（是否厂子弟学校？读高中还是职校？是否参加高考/厂招工考试）父母对您的学习成绩有什么要求？子弟学校的教学质量怎么样？国企改革有没有对您的学习生涯产生影响？有什么样的影响？

7. 小时候您家的家庭氛围属于哪种类型？（沉闷、活跃、紧张、和谐）父母对您采取哪一种类型的教育方式（民主型、专制型、娇惯型等）？您怎么看待这种教育方式？他们比较看重的是哪方面？（比如学习、品德、能力）工人家庭的成长环境对您的发展有什么影响？为什么？

8. 您小时候父母的工作单位给您的发展带来什么优势？这些优势对您后来的发展有什么影响？

9. 您找到的第一份是从事什么样的工作，您对这份工作是否满意？为什么？作为国企子弟，就业方面有没有享受到照顾政策？就业方面父母有没有动用资源给您提供支持？您选择的职业是否受到父母的职业影响？为什么？如果您有机会去国有企业中工作，您会不会去？为什么？（针对在国企工作的：您在国企工作感受怎么样？）对于国企发展的看法？

10. 您父母的单位现在怎么样？国企改革之后，父母单位发生了哪些变化？对您家里的生活有何影响？您父母是正常退休、下岗或者还是买断工龄？

他们退休之后做过其他工作吗？他们是否有养老保险？

针对父母下岗或买断工龄的：父母离开原来单位后，对您的影响有多大？（家庭经济状况、家庭关系、家庭地位）有没有补交社保？父母下岗后还做过什么工作？父母下岗之后，您有什么样的感受？现在家里生活来源是通过什么获得？

11. 近些年来，您父母的社会地位有哪些变化？如果将社会阶层分为10级，10分代表最高层，1分代表最底层，如果在1—10之间选择一个数字。小时候您父母的社会阶层能打几分？为什么？现在您父母的社会阶层能打几分？您自己社会阶层能打几分？为什么？

12. 您对国企子弟的身份有没有特别的感受？比如认同感或者自豪感等？您对这一群体有怎样的认识？这些年您这个群体身份发生过什么样的变化？就你们这个群体而言，最希望解决的问题是什么？

13. 您对自己现在的生活状况满意吗？为什么？您对自己现在工作是否满意？为什么？（如果是第一份工作或者已经退休的不问）目前这份工作发展空间怎么样？目前的这份工作有没有受到父母资源的影响？

14. 如果有孩子的问：您的孩子是怎么样的情况？（读书、就业还是做什么？）您对他们有什么期望？如果有机会，您是否还愿意让他成为国企单位的员工？为什么？您会不会担心孩子过得不好？竞争那么激烈你们教育投入大不大？

15. 针对低保家庭：您是因为什么原因被纳入低保的？您生活中主要有哪些消费？现在主要收入来源是什么？现在您住在哪里？遇到困难的时候您要向谁求助？如果不工作的时候您怎样打发时间的呢？

16. 目前经常往来的对象主要是哪些？跟同为国企子弟的朋友交往多吗？为什么？小时候的发小上大学的比例高不高？能否谈谈跟您一样是国企子弟的一两个发小的发展状况？他们毕业后选择到父母的单位工作的多吗？

17. 我还想了解你们一个家庭的职业变化。您爷爷奶奶原来是什么职业？外公外婆是什么职业？如果爷爷奶奶或者外公外婆是国企的，继续问：您父亲的兄弟姐妹有没有在国企工作的？您母亲的兄弟姐妹有没有在国企工作的？（画示意图）

我们的访谈到这里就结束了，非常感谢您的支持！如果后面有其他问题，可能还要麻烦您，谢谢！再见！

附录二 访谈对象基本信息一览表

编号	性别	出生年份	学历	父母职业	本人职业	年收入（万元）	目前本人社会阶层评分	初中时父母社会阶层评分	出生地
20210515RH	男	1990	本科	父亲是车辆厂车间主任/母亲是车辆厂工人	私企公司主管	10	1	7	江苏南京
20210525YY	女	1980	大专	父亲是电信话务员/母亲无业	旅游加盟店店主	15—20	6	5	甘肃临夏
20210526WWY	女	1973	本科	父亲是电厂工人/母亲是教师	国电专业技术人员	5—6	5	4	黑龙江哈尔滨
20210528WM	女	1985	硕士研究生	父母是石化企业工人	医院行政人员	10—11	5	4	江苏南京
20210528YXZ	女	1963	本科	父亲是木材厂职工/母亲是冶金厂职工	私立学校教师	4	6	4	黑龙江哈尔滨
20210604SXZ	男	1981	本科	父亲是水泥厂职工/母亲是农民	小学教师	5.5	6	2	甘肃临夏
20210826MXJ	男	1973	文盲	父母是化工集团工人	无业（智力残疾）	1.2	/	/	江苏南京
20210826ZYR	女	1974	中专	父亲是某化工企业职工/母亲是厂办商店负责人	自由职业	2.8	/	/	江苏南京
20210920TSQ	男	1965	初中	父母均是化工企业工人	化工企业大集体工人	1	1	7	江苏南京
20210921YY	女	1986	硕士研究生	父亲是某铁合金厂科员/母亲是商场营业员	民政局职工	11	1	1	江苏南京
20211002SQ	男	1994	本科	父母是某油田职工	私企资产评估	8	5	7—8	山东青岛
20211002WWF	男	1996	本科	父母是某铁矿工人	民政局科员	15	6	6	江苏南京

编号	性别	出生年份	学历	父母职业	本人职业	年收入（万元）	目前本人社会阶层评分	初中时父母社会阶层评分	出生地
20211005LXN	女	1995	硕士研究生	父亲是热电厂工人/母亲是造纸厂工人	初中教师	16	4—5	6—7	辽宁沈阳
20211024JN	男	1977	大专	父亲是钢铁厂工人/母亲是医生的	私营企业工程师	10	4	6	江苏南京
20211029HZH	男	1975	技校	父母都是钢铁厂工人	社区副主任	20	5	8—9	江苏南京
20211029YQX	女	1995	本科	父亲是钢铁工人/母亲是工贸公司工人	社会工作者	5	4	4	江苏南京
20211029YZX	男	1991	本科	父母钢铁厂工人	社区副主任	10	6	8—9	江苏南京
20211114XJ	女	1967	大专	父亲是钢铁厂干部/母亲是钢铁厂下属企业干部	某居委会任副书记、副主任	10	6	7—8	江苏南京
20211219ZYY	男	1987	博士研究生	父亲是工具厂工人/母亲化工商店售货员	高校讲师	12	7	4—5	黑龙江哈尔滨
20211220CN	男	1990	本科	父母是有色金属加工厂工程师/母亲是有色金属加工厂电工	民营企业弱电工程师	5—6	3	7	辽宁沈阳
20211220DWY	男	1956	高中	父母均是国营理发店职工	某省运输公司下岗工人	3.2	8	7—8	辽宁锦州
20211221QT	男	1992	本科	父亲是国有商场干部/母亲是国有汽车厂职工	铁路工程师	13—14	7	8	辽宁沈阳
20211225FXS	男	1991	本科	父母都是石油企业干部	国企石油化工设计工程师	6—7	3	7—8	辽宁抚顺
20211226LJ	男	1985	大专	父亲是外贸公司法人/母亲是国有商场会计	饭店技术开发	15	4	5	辽宁沈阳
20220108LZ	男	1991	本科	父亲是铁路部门正处级干部/母亲是街道办工厂工人	铁路工程师	13—14	7	6	辽宁沈阳

编号	性别	出生年份	学历	父母职业	本人职业	年收入（万元）	目前本人社会阶层评分	初中时父母社会阶层评分	出生地
20220226GB	男	1984	大专	父母都是摩托车厂工人	软件开发企业法人	40—70	5—6	5	河南洛阳
20220303DR	男	1983	博士研究生	父母都是摩托车厂工人	高校副教授	10—12	6	4—5	河南洛阳
20220305PYL	男	1984	本科	父亲是摩托车厂车间主任/母亲是摩托车配件厂员工	某银行信用卡中心科室经理	50—100	9	7	河南洛阳
20220306DY	男	1984	硕士研究生	父亲是摩托车厂办公室主任/母亲是摩托车厂财务人员	电力研究院副高级工程师	20	7	6	河南洛阳
20220315TJZ	男	1968	初中	父亲是某毛纺织厂工人/母亲是纺织厂临时工	某毛纺织厂工人/保安	3.6	3—4	7—8	甘肃兰州
20220319GHF	男	1965	高中	父亲是教师/母亲是纺织厂工人	某纺织厂工人/物业管理	2.6	1	8—9	甘肃兰州
20220401LJS	男	1967	高中	父亲是某石油化工机械厂车间主任/母亲是某毛纺厂工人	某石油化工机械厂工人/保安	2.8	1—2	6—7	甘肃兰州
20220402DYJ	男	1972	初中	父亲是摩托车厂工人/母亲是农民	维修工	0	6	6—7	河南洛阳
20220409HXS	男	1978	硕士研究生	父母是某铜矿工人	国企研究院主管	30	6—7	7—8	江西德兴
20220413YHB	男	1973	中专	父亲是钢铁厂工人/母亲是教师	企业司机	5—6	6	7	辽宁本溪
20220414WYS	女	1984	本科	父母都是摩托车厂工人	牙科医生	10	6	8	河南洛阳
20220415LJ	女	1974	大专	父亲是油田工人/母亲无业	国企幼儿园教师	15	7	7	辽宁本溪
20220423LYH	女	1967	大专	父母都是钢铁厂工人	某钢铁集团车间核算员	5—6	5	5	辽宁本溪

编号	性别	出生年份	学历	父母职业	本人职业	年收入（万元）	目前本人社会阶层评分	初中时父母社会阶层评分	出生地
20220505HKX	男	1966	高中	父亲是毛纺厂机修工/母亲是毛纺厂染色工	自由职业	10	8	6	甘肃兰州
20220511CJD	男	1994	博士生	父亲是国企副总经理/母亲是国企核算人员	博士生	0	7	6	吉林长春
20220513LXH	男	1994	本科	父亲是某发动机公司高级工程师/母亲是技术员（下岗）	汽车公司项目经理	20—25	6	7	辽宁沈阳
20220514GSQ	男	1994	研究生	父亲是房屋开发公司职工/母亲是疾控中心职工	临床医生	10	5	5	辽宁沈阳
20220518YC	女	1995	本科	父亲是国有粮库职工/母亲是事业单位职工	私企培训机构员工	10	7	6	吉林长春
20220519XMK	女	2000	本科	父亲是洛阳摩托车厂工人/母亲是个体户	本科生	0	2—3	4—5	河南洛阳
20220625HZJ	男	1997	本科	父亲是国企研究院工程师/母亲是教师	游戏开发工程师	20—30	4—5	5	四川绵阳
20220625XTSW	女	2000	本科	父亲是国有通信企业营销人员/母亲是国有通信企业干部	本科生	0	4	5	陕西宝鸡
20220626YYL	男	2000	本科	父母是军工企业技术工人	本科生	0	3	4	四川绵阳
20220630JXR	女	2002	本科	父母是电厂干部	本科生	0	5	6—7	山西太原
20220719XJH	女	2000	本科	父亲是钢铁公司销售人员/母亲是厂办幼儿园教师	本科生	0	7	7	四川绵阳
20220720TJP	男	2000	本科	父亲是乡政府职员/母亲是保险公司销售员	本科生	0	7	6	河南汝州
20220724LFS	男	1953	高中	父亲是化工企业干部/母亲无业	某化工集团工人	4—5	7	8	江苏南京

编号	性别	出生年份	学历	父母职业	本人职业	年收入（万元）	目前本人社会阶层评分	初中时父母社会阶层评分	出生地
20220724YJF	女	1970	大专	父亲是某煤矿工人/母亲无业	电商客服	3—4	5	5	江苏徐州
20220726WDH	女	1977	本科	父母是某油田工人	某油田档案馆档案员	11	6	7—8	黑龙江大庆
20220726ZQ	男	1972	技校	父亲是某油田干部/母亲集体工	油田燃料部班组长	12	6—7	8	黑龙江大庆
20220728CLL	女	1984	硕士研究生	父母是粮食加工厂工人	省图书馆编辑	6—7	5	9	黑龙江大庆
20220728QNS	女	1990	本科	父母是国有农垦企业工人	国企下岗后个体开零食店	30	7	6	黑龙江齐哈尔
20220728WY	男	1982	大专	父亲是国营农场干部/母亲是农场工人	家具公司销售经理	10	4—5	7—8	黑龙江齐哈尔
20220728ZCC	女	1984	硕士研究生	父亲是铜矿干部/母亲铜矿工人	省图书馆办公室	8—10	6—7	7—8	黑龙江黑河市
20220729FNS	女	1982	初中	父亲是某煤矿工人/母亲无业	家庭主妇	0	3—4	3—4	黑龙江双鸭山
20220729LBB	男	1972	小学	父亲是煤矿锅炉工/母亲是个体户	经营挖掘机	5	1	2—3	黑龙江双鸭山
20220729LYC	男	1982	本科	父母是国营农场工人	私企软件工程师	15—20	7	3—4	黑龙江齐哈尔
20220729LYY	男	1962	初中	父亲是某煤矿工人/母亲无业	商业系统下岗工人	3	6	5	黑龙江双鸭山
20220729SXS	男	1974	技校	父亲是某煤矿工人/母亲无业	私企电工	4—5	2	2	黑龙江双鸭山

编号	性别	出生年份	学历	父母职业	本人职业	年收入（万元）	目前本人社会阶层评分	初中时父母社会阶层评分	出生地
20220729TNS	女	1977	高中	父亲是某煤矿工人/母亲是个体户	个体户	2—3	4—5	5—6	黑龙江双鸭山
20220730LLZ	男	1971	本科	父亲是处级干部/母亲无业	市监局科级干部	7	4—5	5—6	黑龙江双鸭山
20220730LXS	男	1978	本科	父亲某煤矿工人/母亲无业	国企职工/无业	0.96	10	7	黑龙江双鸭山
20220730SXS	男	1982	本科	父亲是矿业集团干部/母亲是矿业集团工人	煤矿供应科处级副职	8—10	5	5	黑龙江双鸭山
20220730WBL	男	1977	大专	父亲是某煤矿干部/母亲工人	培训中心科长（副科级）	6—7	6	7—8	黑龙江双鸭山
20220730WNS	女	1978	大专	父亲是某煤矿工人/母亲无业	家庭主妇	0	6—7	5—6	黑龙江双鸭山
20220730XXJ	女	1972	本科	父亲是矿业集团工人/母亲是矿井财务	邮政公司财务人员	6	7	7—8	黑龙江双鸭山
20220730YJ	女	1976	初中	父亲是某煤矿工人/母亲是染织厂工人	个体户	20	8	7	黑龙江双鸭山
20220730ZLL	女	1982	高中	父母均是矿务局工人	个体户	10	6—7	5—6	黑龙江双鸭山
20220814SCY	女	1963	中师	父母是某盐化总厂工人	下岗工人/自谋职业	3—4	5—6	5—6	新疆哈密
20220814ZJX	女	1961	中专	父母是盐化总厂工人	殡葬管理所职工	6	6—7	6—7	新疆哈密
20220815LLQ	女	1974	技校	父母是盐化总厂工人	下岗工人/个体户	3—4	2	7	新疆哈密
20220825NGZ	女	1961	初中	父亲是某农场干部/母亲是农场职工	农场职工退休	4	5	5	新疆哈密

编号	性别	出生年份	学历	父母职业	本人职业	年收入（万元）	目前本人社会阶层评分	初中时父母社会阶层评分	出生地
20220906YYH	女	1963	高中	父母是盐化厂工人	下岗工人	3—4	4	7	新疆哈密
20220912MYP	女	1975	大专	父亲是机关干部/母亲是油墨厂工人	销售员	7	7—8	7—8	山西太原
20221021DJX	男	1974	技校	父亲是矿工/母亲无业	个体户	7—8	5—6	5—6	山西太原
20221120WY	女	1973	大专	父亲是机械厂工人/母亲是学校教师	幼儿园教师	5	8	5—6	山西晋中

后　记

　　盛夏之际，国企子弟的研究告一段落。这一研究从 2021 年 5 月启动，已经过去整整三年多时间。这一研究的缘起，来自 2020 年与南京江北新区社会服务中心桑菁华主任的交流，她所在单位的其中一项业务是社会救助，她在交流中提到辖区内原来有一些大型国有企业的职工子女需要以低保救助金为生，原来这批国企子弟生活条件都比较优渥，为何会陷入社会底层，这也是一个非常令人不解的现象。我听了也很感兴趣，虽然我多年来主要是关注社会治理，这个议题明显是属于社会流动范畴，但是很有研究价值。于是，我在桑主任的帮助下联系了第一批国企子弟开始调研，特别感谢桑主任一直以来为我的课题研究和研究生培养的支持和帮助！

　　调研从 2021 年 5 月启动，到 2022 年 11 月结束，历时一年半。由于疫情原因，我们克服重重困难深入实地调研，但是其中一些受访者的访谈只能线上进行。调研过程中，课题组得到了全国各地的国企子弟大力支持，他们热心地为我们提供资料、配合我们访谈，还热情地为我们推荐其他受访者。正是由于他们大力支持，使得这项研究得以顺利进行，感谢他们的支持和帮助。他们在访谈中阐述了个体生命历程中的喜怒哀乐，回忆父辈所经历的酸甜苦辣，给我很多启发，也给我带来深思。尤其是我们到东北的哈尔滨、双鸭山等国有企业集聚的地区实地调研，走进曾经辉煌的国有厂矿企业，其中一些地方已经破败不堪、草木丛生，只有斑驳的厂房、锈迹斑斑的机器还记录着过去的辉煌，过去繁华热闹的生活区已经荒无人烟或者只有老年人留守，令人唏嘘不已。调研过程中，我们深深地感受到时代变迁对个体命运的形塑，也体会到个体在时代大潮中主观能动性的重要性，丰富的田野资料也解答了桑主任提出的疑问。2022 年 7 月，在东北顺利完成调研任务后，我在哈尔滨机场候机时特地发了一条朋友圈："走进大东北，感受东北父老乡亲的热情好客，倾听国企子弟的人生故事，触摸历史演进的痕迹。曾经数千万关内子弟为谋生闯关东，而今东北青壮年雁南飞，个人命运总是受到社会变迁大潮推动和社会结构约束。"这既是我当时心境的真实写照，也隐含了本书的核心观点。

　　国企子弟作为一个准群体，有一定的共性特征。跟学术界关注的"富二代""官二代"等优势群体还是有所不同，这些群体中有一部分人虽然也享受到了庇护体制所带来的福利，但也并不意味着有绝对的资源优势，所以对他们不能使用有色眼镜看待。作为一项探索性的研究，我们在研究过程中秉持客观公正、科学理性的态度，尽可能完整展现这一群体的整体样貌，但是不免有疏漏和不足，期待在后续的研究中加以弥补。

本研究得到了我导师朱力教授指导并作序，感谢朱老师对我一直以来的关心、栽培！感谢南京大学社会学院的师弟们林诚彦、袁迎春、杜沙沙、朱慧劼给本书写作提供的建议！学生陆舒怡、唐楠、吴明爽、韩中远、许梦珂、汪佳悦、王雪雁、张传宇、田甜、王忠辉、江佳婧、沈倩等分别参与了田野调查、文献整理、书稿校对等工作，在此向他们致谢。通过带领他们参与此项研究，不但深化了对国企子弟群体的认识，还锻炼了学生的学术能力，可谓是"教学相长"。感谢江苏人民出版社责任编辑鲁从阳先生认真严谨的校对和蔡荣治先生的协调联络，使本书能进一步完善并顺利出版。最后，要感谢家人的全力支持，尤其是夫人为支持我的研究分担了家务和照料孩子的责任。

杜伟泉

2024 年 8 月于南京仙林寓所